동양사상과 탈현대적 삶

홍 승 표

2012년도
대한민국학술원 선정
우수학술도서

이 도서는 대한민국학술원에서 선정한
"2012년도 우수학술도서"로서 교육과학기술부의
지원으로 구입 배부한 것임.

계명대학교 출판부
Keimyung University Press

들어가는 글

'무엇을 위해 살 것인가?'라는 질문에 대한 현대의 답변은 궁색하기 짝이 없습니다. '에고[분리된 자아로서의 나][1])를 더 크고 높

1) 에고(ego)와 셀프(self)는 이 책에서 핵심 개념이며, 그 의미와 사용 이유에 대한 설명이 필요하다고 봅니다. 에고와 셀프 개념 사용에 직접적인 도움을 준 글은 C. G. 융(Carl Gustav Jung, 1875-1961)의 에고와 셀프의 개념을 정리한 M. L. 폰 프란츠(Marie-Louise von Franz)의 "個性化 過程"(1983)과 E. 톨레(Eckhart Tolle)의 『Now』(2008a)와 『지금 이 순간을 살아라』(2008b)입니다.
이 글에서 에고는 '분리된 자아로서의 나'를 지칭합니다. 에고는 현대 인간관의 관점에서 인식되는 '나'입니다. 이것은 나를 둘러싸고 있는 '세계와 시간적, 공간적으로 분리된 개체로서의 나'를 의미합니다. 그리고 이 글에서 셀프는 '우주적인 나'를 지칭합니다. 셀프는 통일체적 인간관의 관점에서 인식되는 '나'입니다. 이것은 '영원한 시간과 무한한 공간을 자신 안에 품고 있는 나'를 의미합니다.
에고의 문명은 에고의 바탕 위에 형성된 문명을 지칭하며, 셀프의 문명은 셀프의 바탕 위에 형성된 문명을 지칭합니다. 이전에 사용하던 전현대문명, 현대문명, 탈현대문명 등과 같은 문명 단계를 지칭하는 용어 대신에 에고의 문명과 셀프의 문명이란 새로운 용어를 사용하고자 하는 이유는 다음과 같습니다. 필자의 관점에서 보면, 전현대문명과 현대문명은 둘 다 에고의 문명에 속하는 반면에, 탈현대문명은 이전의 두 개 문명과는 근본적으로 다른 새로운 문명입니다. 이런 각도에서 보면, 전현대문명과 현대문명은 에고의 문명이라는 점에서 같은 문명에 속하며, 양자 간에는 정도의 차이만 있습니다.
이에 반해서, 현대문명을 포함한 에고의 문명은 셀프의 문명 탄생을 위한 과도기적인 문명 형태에 불과한 것입니다. 그러나 전현대문명, 현대문명, 탈현대문명이라는 문명 단계 구분은 현대문명을 기준으로 시대 구분이 이루어져 있을 뿐만 아니라 현대문명과 탈현대문명 간의 근본적인 차이를 잘 드러내지 못합니다. 이런 이유에서 필자는 '에고의 문명'과 '셀프의 문명'이라는 개념을 새로 만들어 사용하고자 합니다.

게 만들기 위해서…….' 그래서 현대인은 돈, 인기, 외모, 학력, 직업, 권력, 성격, 명성, 소유, 소비 등 에고의 탑을 더 높이 쌓아올리는 일에 온갖 노력을 퍼붓습니다. 하지만 현대인은 알고 있습니다. 어느 날 늙음과 죽음이 다가오면, 공들여 쌓아온 내 에고의 탑이 무너지고 마침내 흔적도 없이 사라지고 말 것이라는 사실을…….

문명의 역사에서 현대적인 삶의 양식이나 현대문명[2)]이 무의미한 것은 결코 아닙니다. 현대적인 노력을 통해, 인류는 예전에는 꿈꿀 수조차 없었을 풍요롭고 합리적인 문명을 건설했습니다. 하지만 현 인류가 빠져 있는 거대한 착각은 현대적인 삶의 목적을 달성하는 것을 인간 존재의 끝으로, 그리고 현대문명을 인류문명의 끝으로 간주하는 것입니다. 이것은 수단과 목적의 전도입니다.

우리가 현대적인 삶을 통해 얻은 것은 셀프[우주적인 나]로서의 삶을 살아가기 위한 발판이며, 현대문명이 이룬 것은 탈현대문명 건설을 위한 기반입니다. 이런 사실을 자각하면, '현재 인류는 어디에 있는가?', '현 인류가 겪고 있는 고통과 현대문명 위기의 본질은 무엇인가?', '우리는 어디로 나아가야할 것인가?' 하는 등의 문제에 대

---

2) 이 책의 서론 3장 「이 책의 목적」에 이 글에서 사용하는 '현대'와 '탈현대'의 의미에 대해 규정해 놓았습니다. 간단히 요약하면 이 글에서 '현대'는 '현 시대[the present time]'가 아니라 '전현대' 이후 그리고 '탈현대' 이전의 특정 기간 동안의 역사적인 시기를 가리킵니다. '탈현대'는 '후기 현대'가 아니라 '현대 이후의 새로운 시대[the new era after the modern time]'를 지칭하는 용어로 사용합니다.

해 분명한 대답을 할 수 있습니다. 이 책은 바로 이런 목적을 위해 써졌습니다.

대우주의 관점에서 보면, 미미하기 짝이 없는 지구라는 작은 행성에서 지금 놀라운 일이 발생하려고 합니다. 그것은 '우주적인 존재로서의 자신에 대한 자각을 바탕으로 하는 셀프의 문명이 탄생'하려고 하는 것입니다.

지금까지의 역사를 보더라도 지구는 대우주 속에서 특별한 존재였습니다. 지구는 아주 드물게 생명체가 발생할 수 있는 조건을 갖추었고, 실제 무수한 생명이 어울려 살아가는 아름다운 녹색별이 되었습니다. 더욱 놀라운 일은 인류라고 하는 고도의 지능을 가진 생명체가 출현해서 문명을 발생시켰다는 점입니다. 인류 문명은 불과 일만 년도 채 되지 않는 짧은 시간 동안 비약적인 발전을 이루었습니다. 그리고 마침내 인류는 현대문명이라고 하는 경이로운 신문명 건설에 성공했습니다.

현재 인류는 현대문명의 건설에 커다란 자부심을 느끼고 있습니다. 우주적인 차원에서 보더라도 이것은 놀라운 사건입니다. 하지만 현대문명 건설은 인류문명의 끝이 아니라 진정한 시작을 위한 준비 작업입니다. 애벌레가 고치를 짓는 것이 나비가 되기 위한 준비 작업인 것과 마찬가지로, 인류가 현대문명을 건설한 것은 탈현대의 새로운 문명 건설을 위한 준비 작업입니다. 탈현대의 새로운 삶과 문명 건설이야말로 인류문명이 나아가야할 새로운 이정표입니다. 그리고 지금 우리는 새로운 시작의 입구에서 있습니다.

그러나 현재 지구의 상황은 위태롭습니다. 현대문명 건설의 결과로 문명 위기가 깊어지고 있고, 현재에 고착해서 문제를 해결하려고 하는 노력이 문명 위기를 가속화시키고 있습니다. 이것은 어리석은 노력이며, 그 결과는 파국적입니다. 지구라는 아름다운 행성은 지금 이런 심각한 위기에 직면해 있습니다.

이 책의 목적은 인류의 존재 차원에 있어서의 혁명을 통해서만 문명 위기가 해소될 수 있고, 인류는 아름다운 신문명을 건설할 수 있다는 점을 설명하는 것입니다. 현대문명 위기는 현대 속에서 해결될 수 없습니다. 현대문명 위기는 탈현대문명 건설을 통해서만 해소될 수 있으며, 인류문명은 새로운 비약을 이룰 수 있음을 이 책은 보여주고자 합니다.

필자는 본래 미국에서 실증적인 사회학을 공부한 전형적인 현대 사회학자였습니다. 귀국 후에 개인적인 이유로 동양사상에 관심을 갖게 되었습니다. 동양사상을 공부하면서, 필자는 동양사상 속에 현대문명의 근원적인 문제를 인식할 수 있는 새로운 관점이 내포되어 있음을 알게 되었습니다. 그리고 동양사상의 바탕 위에서 현대문명을 비판하는 사회학적인 작업을 시작했습니다.

현대문명에 대한 비판 작업을 진행하면서, 필자는 현대문명 위기의 근원이 현대 세계관임을 알게 되었습니다. 이후 동양사상의 바탕 위에서 새로운 문명의 기초가 될 수 있는 세계관을 구성하는 작업을 수행해 왔습니다. 이렇게 해서 구성된 새로운 세계관을 필자는 '통일체적 세계관'[3]이라고 명명했습니다. 그리고 과거 계몽사상가들이 현대 세계관의 바탕 위에서 현대문명을 설계하는 작업을 수행했듯이, 통일체적 세계관의 바탕 위에서 탈현대문명을 설계하는 작업을 수행하고 있습니다.

이런 작업을 수행하는 과정에서, 필자는 현재의 인류문명 위기에 대한 보다 분명한 인식을 할 수 있게 되었습니다. 비유하자면, 이제

---

3) 통일체적 세계관은 필자가 이십 년 가까이 동양사상의 바탕 위에서 구축하고자 노력해온 새로운 세계관입니다. 이 책에서의 통일체적 세계관에 대한 서술은 기존에 출판한 필자의 책, 『깨달음의 사회학』(예문서원, 2002), 『노인혁명』(예문서원, 2007), 『동양사상과 새로운 유토피아』(계명대학교출판부, 2010)의 통일체적 세계관에 대한 서술을 정리·종합하고 새로운 내용을 보완한 것입니다.

통일체적 세계관이라는 용어 선택과 관점 형성에는 최봉영선생님의 『韓國人의 社會的 性格(Ⅰ)』(느티나무, 1994) 2장 1절 1항 '통체-부분자적 세계관'에 대한 서술에서 도움 받은 바가 큽니다. 최봉영선생님이 서술하고 있는 통체-부분자적 세계관에는 분명히 통일체적 세계관의 요소가 포함되어 있습니다.

예를 들어, 태극과 음양의 관계를 서술하면서 '만물은 각각 하나의 태극을 이룬다'(萬物各一太極也)(최봉영, 1994, p. 29)는 말에 대한 인용이나 '일즉다(一卽多) 다즉일(多卽一)'(최봉영, 1994, p. 30)에 대한 인용 등이 그것입니다. 하지만 통체-부분자적 세계관의 한 형태로서 '일군(一君)-만민(萬民)'에 대한 서술(최봉영, 1994, p. 31)은 통일체적 세계관과는 명백히 구분되는 봉건적인 사회질서에 대한 서술을 담고 있습니다. 최봉영선생님의 통체-부분자적 세계관의 구성 자체가 유교적인 가(家)의 원리와 실현을 중심으로 한 조선 사회의 유교 문화와 사회 조직에 대한 설명을 목적으로 한 것이라는 점을 감안하면, 전현대적 세계관이 포함되어 있는 통체-부분자적 세계관에 대한 서술은 문제될 것이 없습니다.

하지만, 이런 함의를 갖고 있는 통체-부분자적 세계관을 탈현대의 새로운 문명 설계의 기초로 삼을 수는 없습니다. 탈현대란 현대 이전으로의 회귀가 아니라, 현대적인 성취의 바탕 위에서 이루어지는 미래로의 전진이기 때문입니다. 이것이 필자가 2002년 『깨달음의 사회학』 이래 통일체적 세계관이라는 새로운 용어를 만들어 사용하는 이유입니다.

는 몸집이 커져서 더 이상 그 안에서 편안하게 살아갈 수 없는 자궁 속의 아기가 자궁 안에서 문제를 해결하려고 하는 것과 마찬가지로, 현대 세계관의 토대 위에서 현대문명 위기를 해결하려고 하는 것은 불가능할 뿐만 아니라 그 결과가 파국적인 노력이라는 것입니다. 자궁 속의 아기는 자궁 밖으로 나와 인간이 되어야만 합니다. 이것은 문명 대전환기에 처해 있는 인류문명에도 똑같이 해당됩니다.

먼 훗날 역사를 돌이켜보면, 현대문명은 탈현대문명 건설을 위한 준비기였음을 알게 될 것입니다. 현 인류는 이런 문명의 비약을 목전에 둔 중대한 시기를 살아가고 있습니다. 우리는 '문명의 파멸이나 새로운 비약이냐'를 두고 중대한 선택에 직면해 있습니다. 그리고 비약을 위해서는 현재의 상황에 대한 새로운 인식과 인류문명의 미래에 대한 새로운 비전이 필요합니다.

이 책은 바로 위의 사실을 설명하기 위한 목적으로 집필되었습니다. 이 책에서 제일 먼저 필자는 얼마나 먼 길을 걸어서 현대문명이 탄생했는가를 밝히고자 합니다. 두 번째로 현대적인 삶의 양식의 특징과 문제를 서술하고자 합니다. 마지막으로 미래 인류의 삶의 양식이 될 탈현대적인 삶의 양식을 소개하고자 합니다.

이 책이 나오기까지 도움을 주신 두 분의 스승이 있습니다. E. 톨레의 『Now』는 인류의 새로운 삶의 양식에 대한 많은 영감을 주었습니다. 이 책은 제가 읽은 어떤 책보다도 사회학적인 영감과 문명의 미래에 대한 비전을 담고 있었습니다. 그리고 김기태선생님의 <나를 찾아 떠나는 경진여행> 강의는 탈현대적인 삶의 양식인 '사랑의 삶'을 구상화하는데 많은 도움이 되었습니다. 김기태선생님의 강의를 5년 동안 들으면서, 저 자신의 에고를 자각하고 제 존재의 변화를 이루는데 큰 도움을 받았습니다. 그리고 제가 경험한 존재의 작은 변화가 이 책의 집필에 많은 도움이 되었습니다.

지난 15년 동안 함께 공부해 온 도반들의 도움은 이루 말할 수 없을 만큼 크며, 제가 이룬 모든 학문적인 업적은 공부모임에서 우리가 함께 이룬 것입니다. 오래 함께 하면 할수록 존경하는 마음이 깊어 가는 정재걸님, 공자에게 안회와 같은 존재인 이현지님, 학자적인 치열함과 인간적인 따뜻함을 겸비하고 있는 이승연님, 깊은 마음공부와 유머 감각을 갖고 있는 백진호님 등과 함께 <동양사상과 탈현대 연구회>를 결성하고, 꾸준하게 경전공부를 하고 토론을 하며 우리의 사상을 단련하고 있습니다. 이제 공부모임은 우리의 삶과 떼어놓을 수 없는 일부가 되었으며, 우리는 죽을 때까지 함께 하며 인류의 새로운 삶과 문명을 구상화하는 작업을 수행할 것입니다. 이제는 한 가족처럼 느껴지는 그 분들께 깊은 감사를 표합니다. 특히 편집, 교정, 표지 디자인 등에 많은 수고를 기울여 준 이현지님께 깊이 감사드립니다.

바쁜 가운데서도 매일 두 끼 도시락을 싸주는 아내의 내조에 감사하며, 이 책을 그 어느 때보다도 깊이 사랑하는 아내에게 바칩니다.

목 차

서 론

우리는 지금 인간 의식의 진화에 있어서
기념비적인 전환점의 한가운데에 있다.4)

이 책에서 필자는 문명 단계를 바라보는 새로운 관점을 제기하고자 합니다. 그것은 인류 문명 3단계론 입니다. 1단계는 약 3백만 년 전 인류가 출현하고 난 이후 대부분에 해당하는 문명 이전 시기를 지칭합니다. 2단계는 약 1만 년 전 문명 출현 이후 현재까지의 문명 시기를 지칭하며, 이를 에고의 문명기라고 명명합니다. 최종 단계인 3단계는 앞으로 도래할 새로운 문명 시기를 지칭하며, 이를 셀프의 문명기라고 명명합니다. 2단계인 에고의 문명기는 다시 집단 에고의 문명기와 개별 에고의 문명기로 구분합니다.

다음으로 '인류가 현재 어떤 상황에 놓여 있는가?'에 대한 이 책의 관점을 밝히고자 합니다. 현재 시점에 대한 이 책의 관점은 에고의 문명에서 셀프의 문명으로 넘어가는 문명 대전환기라는 것입니다. 비유하자면, 물이 액체에서 기체로 전환되는 임계점과 같은 시기를 현 인류는 살아가고 있습니다. 현 시점은 셀프의 문명 탄생이라는 대과업을 앞에 두고서, 인류가 새로운 문명 창조를 위해 고통을 겪고 있는 중대한 시기입니다.

---

4) E. Tolle, 류시화 옮김, 『Now』(조화로운 삶, 2008), p. 346.

마지막으로 이 책의 집필 목적을 밝힐 것입니다. 이 책을 집필하는 목적은 동양사상의 바탕 위에서 탈현대적인 삶의 양식을 구축하고자 하는 것입니다. 동양사상은 셀프[우주적인 나]가 주체가 되는 인류의 새로운 삶을 형상화할 수 있는 풍부한 자원을 갖고 있습니다. 인류 미래의 삶의 모습에 대한 청사진을 제공함으로써, 이 책은 현 인류에게 현재 상황에 대한 분명한 인식과 인류가 지향해야할 새로운 삶의 양식에 대한 비전을 제시하고자 합니다.

1. 문명사를 바라보는 이 책의 관점

이 책에서 필자는 인류문명 3단계론을 제시합니다. 문명의 각 단계에 따라 인류 존재 차원의 변화가 수반됩니다. 문명 단계와 존재 차원 변화의 상관관계를 표로 그려보면 아래와 같습니다.

<그림 1> 문명 단계와 인류의 존재 차원

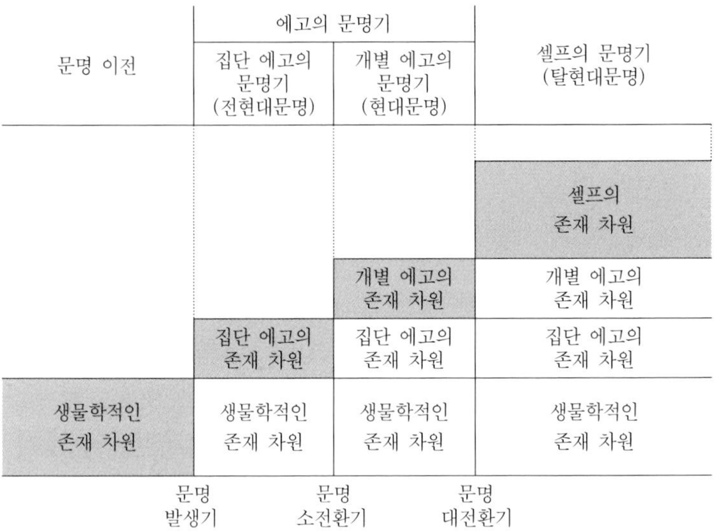

1단계인 문명 이전의 단계에서 인간은 생물학적인 차원에서만 존재했었습니다. 인류는 지구상에 출현한 이래 대부분의 시간을 문명 이전의 상태로 지냈습니다. 이 시기에 인간은 자연의 일부였습니다. 이들에게는 '외부 세계와 분리된 나'에 대한 인식이 없었습니다. 이들은 자신을 둘러싼 세계와 하나가 되어 살아갔지만, 이들에게 '세계와 자신이 하나'라고 하는 자각은 존재하지 않았습니다. 당시 인류의 삶의 목표는 '번식과 생존' 그 자체였습니다. 다시 말하자면, 생물학적인 본능이 이 시기 인류의 삶을 지배했습니다.

2단계인 에고의 문명에서 인간에게는 생물학적인 존재 차원과 더불어 에고의 존재 차원이 생겨납니다. 그리고 에고의 존재 차원이 궁극적인 의미를 갖게 됩니다. 인류 역사 3백만 년 중, 약 1만 년 전에 문명이 발생했습니다. 문명의 발생과 자신을 세계와 분리해서 인식하는 에고의 발생은 거의 동시적으로 이루어졌습니다. 그리고 지금에 이르기까지 에고의 문명이라는 테두리 내에서 문명의 발전이 이루어졌습니다. 에고의 문명은 다시 집단 에고의 문명과 개별 에고의 문명으로 구분됩니다.

문명 발생 이후, 오랜 기간 집단 에고가 지배하는 집단 에고의 문명이 지속했었습니다. 그러다가 약 3백 년 전쯤 서구사회를 중심으로 개별 에고에 대한 인식이 확산되면서 개별 에고가 지배하는 새로운 문명이 탄생했습니다. 오늘날에 이르러 개별 에고의 문명은 범세계적으로 확산되었습니다.

문명 발생 이후 현대 이전까지의 전 시기에 해당하는 집단 에고의 문명에서, 인간은 자신의 소속집단에서 자아정체성을 찾으며, 소속집단의 번영을 위해 헌신하는 삶을 살았습니다. 문명 출현으로 인해, 인간은 지구 생명체 중에서 최초로 단순한 자연의 일부가 아니라 자연과 자신을 구분하는 존재가 되었습니다. 이리하여 인간은 자연을 능동적으로 이용하는 주체로 재탄생했습니다.

집단 에고의 문명을 형성한 이후에도 인간은 생물학적인 차원에서의 존재를 계속했습니다. 하지만 이 시대의 인류에게는 집단 에고의 차원이 새로 덧붙여졌습니다. 뿐만 아니라, 집단 에고의 차원이 자신의 정체성을 확인하고 삶을 헌신하는 핵심적인 존재 차원으로 부각되었습니다.

문명권에 따라 개인이 헌신하는 대상 집단의 차이점은 있지만, 집단 에고의 문명에서는 '집단에 헌신하는 삶'이 전형적인 삶의 양식으로 자리 잡았습니다. 전현대사회에서 인간은 자신이 소속집단에 종속되어 있었으며, 자신이 속한 집단의 일원으로서의 자아정체성을 가졌습니다. 이에 따라서, 개인적인 영달보다는 소속집단의 번영이 우선시되었고, 소속집단을 위한 개인의 헌신과 희생이 강조되었습니다. 그러므로 전현대사회에서 인간다운 삶이란 집단에 헌신하는 심성을 갖고서 소속집단에 헌신하는 삶을 의미했습니다.

현재에 해당하는 개별 에고의 문명에서는 생물학적인 존재 차원과 집단 에고의 존재 차원에 개별 에고의 존재 차원이 더해집니다. 그리고 개별 에고의 존재 차원이 인간의 궁극적인 존재 차원이 됩니다. 이 시기의 사람들은 개별 에고를 더 크고 높게 만드는 데 헌신하는 삶을 살아갑니다.

개별 에고의 문명에서, 삶이란 '분리된 자아로서의 내[에고]'가 주체가 되어 살아가는 것입니다. 사람들의 삶의 목표는 자신의 개별 에고를 더 크고 높게 만드는 것이며, 또 그 결과를 향유하는 것입니다. 개별 에고를 더 크고 높게 만들기 위한 노력은 다양한 형태로 나타납니다. 직업 노동의 추구, 외모 가꾸기, 인기의 추구, 권력의 추구, 소유와 소비의 추구 등은 그 대표적인 양상입니다.

3단계이자 마지막 단계는 미래의 새로운 문명인 셀프의 문명입니다. 여기에서는 셀프의 존재 차원이 새롭게 더해집니다. 그리고 이것이 인간의 궁극적인 존재 차원이 됩니다. 새로운 시대에는 셀프를 자각하고 즐기는 것이 삶의 목적이 됩니다.

현재까지의 문명은 에고의 문명이었습니다. 에고 이후의 새로운 문명이 셀프의 문명입니다. 셀프의 문명기에는 셀프[우주적인 나]가 주체가 되어 살아가는 존재 혁명이 일어납니다. 자신과 세계의 통일성에 대한 자각이 일어나고, 노동과 소비로부터 수행과 낙도로 삶의 중심축이 극적으로 변화합니다. 자신의 셀프를 자각하기 위해 노력을 기울이는 수행으로서의 삶과 셀프를 즐기는 낙도로서의 삶이 중심적인 존재 차원으로 부각됩니다.

수행으로서의 삶이란 내 삶의 주인공이 에고[분리된 자아로서의 나]로부터 셀프[우주적인 나]로 바뀌도록 하기 위해 주체적인 노력을 기울이는 것을 의미합니다. 수행이란 셀프와 무관하며 셀프를 외면하고 억압하는 무의미한 삶의 양식으로부터 벗어나서, 셀프가 깨어나 활동할 수 있도록 노력을 기울이는 것을 말합니다.

수행으로서의 삶이 '우주적인 존재로서의 나'를 깨어나게 하기 위한 노력을 기울이는 삶이라면, 낙도로서의 삶은 깨어난 '우주적인 존재로서의 내'가 주인공이 되어 살아가는 삶입니다. 외적으로 볼 때 동일한 행위를 하더라도 '분리된 자아로서의 나'의 행위는 결핍감이나 이해타산 또는 성취 등이 동기가 되지만, '우주적인 존재로서의 나'의 행위는 충만함이나 사랑 또는 기쁨 등이 동기가 됩니다. '분리된 자아로서의 나'는 에고를 더 크고 높게 만드는데 매진하는 자아확장 투쟁으로서의 삶을 살아가지만, '우주적인 존재로서의 나'는 지금 이 순간 속에 깊이 머물며 단순한 것에서 기쁨을 느끼는 삶을 살아갑니다. 이렇듯 '우주적인 존재로서의 내'가 자신의 존재를 즐기며 살아가는 삶을 낙도로서의 삶이라고 합니다.

문명 발생 이후 인류는 집단 에고의 문명으로부터 개별 에고의 문명으로의 문명 대전환을 경험했습니다. 하지만 이것은 에고의 문명 내에서 이루어진 전환입니다. 현 인류는 과거 인류가 경험했던 전환보다 더 근본적인 문명 대전환을 목전에 두고 있습니다. 그것은 에고의 문명으로부터 셀프의 문명으로의 대전환입니다.

현 인류는 지금 존재 차원의 혁명을 위한 용트림을 하고 있습니다. 존재 혁명의 핵심은 셀프로서의 나에 대한 자각과 셀프의 삶을 살아가는 것입니다. 이것은 인류의 제 3의 탄생이라고 불릴만한 혁명적인 변화입니다. 제 1의 탄생이 동물적인 차원에서의 탄생을 가리킨다면, 제 2의 탄생은 에고의 탄생이며, 제 3의 탄생은 셀프의 탄생을 뜻합니다. 이것은 문명 차원에서 보면 미래의 새로운 문명 출현을 의미합니다.

사실 현재 이전에도 제 3의 탄생은 존재했습니다. 석가모니, 공자, 노자, 예수 등과 같이 성현이라 불리어지는 분들이 그 대표적인 경우입니다. 이들의 각성 이후 지구촌 곳곳에서 제 3의 탄생을 이룬 사람들이 속출했습니다. 하지만 이들이 제 3의 문명을 이룰 수 있었던 것은 아닙니다. 이들은 봄의 전령이며, 철 이르게 핀 꽃과 같은 분들입니다. 그래서 마침내 봄이 오면, 모든 나무와 풀들이 새잎을 내고 꽃을 피우면서 제 3의 문명을 이룰 것입니다. 지금은 바로 제 3의 문명이 출현하기 직전의 가장 어두운 문명의 여명기입니다.

위의 논의에서와 같이, 이 책은 인류 문명사를 새로운 관점에서 바라보고자 합니다. 지금까지 문명의 시대구분은 문명 이전 시기, 고대문명, 중세문명, 현대문명의 네 시기로의 분류가 전형적입니다. 하지만 이 책에서는 문명 이전의 시기, 에고에 바탕을 둔 문명의 단계, 셀프에 바탕을 둔 문명의 단계라고 하는 세 시기로의 분류를 행했습니다.

기존의 고대문명, 중세문명, 현대문명은 이 책에서의 분류에 따르면 모두 에고에 바탕을 둔 문명 단계에 속합니다. 에고에 바탕을 둔 문명은 다시 두 개의 하위단위로 구분되는데, 집단 에고에 바탕을 둔 전현대문명과 개별 에고에 바탕을 둔 현대문명이 거기에 해당합니다. 이런 새로운 시대구분에 따르면 고대문명과 중세문명은 집단 에고에 바탕을 둔 전현대문명에 해당하며, 현대문명은 개별 에고에 바탕을 둔 현대문명에 해당합니다. 그리고 셀프에 바탕을 둔 문명 단계를 탈현대문명이라고 명명했습니다.

이 책에서 제시하고 있는 문명의 세 시기는 다음과 같이 설명될 수 있습니다. 문명 이전 시기는 모든 존재가 도(道)와 하나인 상태에 해당합니다. 이는 소외가 발생하기 이전 시기입니다. 에고에 바탕을 둔 문명 시기는 의식이 발생하여 나와 세계의 분리가 이루어진 시대를 가리킵니다. 이는 소외가 발생한 시기입니다. 셀프에 바탕을 둔 문명의 시기는 의식이 자신과 세계의 통일성을 자각한 상태에 해당합니다. 이는 소외가 극복된 시기입니다.

이 책이 제시하는 이런 문명 단계에 대한 논의 내용을 표로 정리하면 다음과 같습니다.

<표 1> 문명의 3단계

		문명 이전	에고의 문명		셀프의 문명
			전현대문명	현대문명	탈현대 문명
사회구조	생산력	수렵과 채취	자연력을 이용한 생산	기계력을 이용한 생산	인공지능을 이용한 생산
사회구조	새로운 사회구조의 출현	없음	거주지의 확산 왕국의 출현 문자의 발명	도시의 확산 현대국가의 출현 자본주의의 출현	도시적인 농촌의 확산 지구촌사회의 출현 다문화사회의 보편화
사회구조	학문의 지배적인 형태	없음	신학	과학	도학(道學)
사회구조	여가	여가 없음	소수 지배자의 여가 독점	대중의 여가 향유	여가 중심의 삶
사회구조	사회 구조물	없음	신분제도 자급자족 경제 왕권 정치	자본주의 민주주의 현대국가	가족마을 세계정부 다문화사회
사회구조	지역 사회	유목	농촌	도시	도시적인 농촌
사회구조	사회 집단	없음	1차 집단 [공동사회]	2차 집단 [이익사회]	통일체적 집단 [통일체적 사회]
세계관		없음	집단 중심적인 관점 [전현대 세계관]	개인 중심적인 관점 [현대 세계관]	통일체적 세계관 [탈현대 세계관]
나와 세계의 관계		자각이 없는 상태에서 나와 세계는 하나임	나와 세계의 분리		나와 세계의 통일성의 회복
나의 정체성		자연과 분리된 나에 대한 의식이 없음	소속집단의 일원으로서의 집단 에고의 발달	분리·독립된 개체로서의 개별 에고의 발달	우주적인 존재로서의 나에 대한 자각
삶의 목표		생존과 번식	소속집단의 번창	개별 에고를 더 높고 크게 만듦	'우주적인 나'의 자각과 활동
이상적인 삶		장수와 많은 번식	소속 집단에 뿌리를 내린 화목한 삶	욕망 충족 대상물을 사용하는 욕망 충족적인 삶	'참된 자기'의 자연을 즐기는 삶[낙도(樂道)]
이상적인 삶에 이르는 방법		생존과 번식을 위한 투쟁	가족, 국가, 교회 등에 헌신	욕망 충족 대상물을 획득하기 위한 노동, 경쟁, 갈등	'참된 자기'에 도달하기 위한 노력 [수행(修行)]
삶의 차원 [시간과 존재]		자각이 없는 상태로 현재를 살아감	과거, 현재, 미래로 이어지는 수평적인 시간을 살아감		'지금 이 순간'에 깊이 머무는 수직적인 시간을 살아감

인류문명의 역사를 1만년으로 잡는다면, 전체 지구의 역사에서 문명 이후 시기가 차지하는 비중은 오십만 분의 일정도 밖에 되지 않습니다. 하지만 질적인 측면에서 보면, 지구상에서 문명이 생겨나고 발전해온 것이야말로 지구가 대우주 속에서 특별한 행성으로서의 지위를 갖게 된 이유입니다.

인류문명의 탄생은 지구 역사에서 일대 혁명적인 사건이었습니다. 문명 탄생은 자신의 존재를 자연과 구분하는 에고라는 놀라운 의식의 출현을 의미합니다. 문명 탄생과 동시에 출현한 에고는 자신을 둘러싸고 있는 세계를 자신과 구분되는 대상세계로 인식하기 시작했습니다.

지금까지 인류문명의 역사는 에고의 바탕 위에서 건설된 것입니다. 이 책의 관점에서 볼 때, 현재까지 문명의 역사는 전현대문명과 현대문명의 두 시기로 나눌 수 있습니다. 이 중에서 인류문명의 대부분을 차지하고 있는 시기는 전현대문명입니다.

전현대문명은 집단 에고가 지배하던 시기였습니다. 집단 에고란 각각의 개인이 자신이 속해 있는 집단에서 자아정체성을 찾는 것을 뜻합니다. 이 시기의 사람들은 가족, 마을, 동족, 신분, 지역, 민족, 국가, 종교, 성(性) 등 자신이 속해 있는 집단과 그 집단 속에서 자신의 위치에 의해서 자아정체성을 파악했습니다. 이 시대 사람들에게 자신의 소속집단을 떠난 자신의 존재란 상상할 수 없는 것이었습니다.

전현대문명 이후, 인류문명은 현대문명의 시기로 진입해서 오늘에 이르고 있습니다. 이 시기에 이르러서, 자연이나 외집단으로부터 뿐만 아니라 자신의 소속집단과도 구분되는 개별 에고가 본격적으로 발달하게 됩니다. 인간은 우주만물과 시간적·공간적으로 분리된 고립적인 개체라는 새로운 생각이 생겨났고, 이런 자기의식이 인류를 지배하게 되었습니다.

이런 극적인 변화를 거쳐서 마침내 현 인류는 그야말로 획기적인 변화를 목전에 두고 있습니다. 탈현대라 이름 지은 새로운 시대는 '우주적인 나'가 활짝 꽃피는 시기입니다. 에고의 발달이라는 자기소외의 과정을 거쳐서, 마침내 인류는 자기회복을 이루어냄으로써, 다시 자연과의 합일을 이루어내는 찬란한 신문명을 열어갈 것입니다. 이 책은 인류문명의 여명기에서부터 미래의 신문명에 이르기까지 인류문명의 오디세이를 서술하고자 합니다. 특히 이 책의 주안점은 셀프에 바탕을 둔 새로운 삶과 문명을 그리는 작업에 있습니다.

2. 현재 시점에 대한 이 책의 관점

지구상에서 일어난 인류문명의 출현과 발전은 우주적인 사건이라 할 만합니다. 그런데 지금 우리는 지구상에서 일어난 놀라운 드라마의 클라이맥스에 해당하는 지점에 위치해 있습니다. 현 인류는 에고에 바탕을 둔 삶과 문명으로부터 셀프에 바탕을 둔 삶과 문명으로의 대전환기를 살아가고 있는 것입니다.

아기가 자궁 속에서 편안하게 머물 수 있는 기간은 9개월입니다. 어렵게 헤엄쳐서 최초로 자궁에 도달한 정자가 난자 껍질을 뚫고 수정에 성공했을 때, 자궁은 그에게 우주와 같이 무한한 크기로 느껴졌을 것입니다. 자궁 속의 아기는 완전한 충족 속에서 편안한 삶을 보냅니다. 하지만 아기는 계속해서 성장하고, 출산 시기가 가까워질수록 자궁은 아기에게 비좁게 느껴집니다. 그리고 마침내 아기는 더 이상 자궁 속에서는 생존을 계속할 수 없는 시기에 이르게 됩니다. 이때, 아기는 자궁 밖으로 나오는 아주 고통스런 길을 걸어가야만 합니다.

현 인류의 상황이 출생을 앞둔 아기의 상황과 같습니다. 한 때는 현대문명이라는 자궁이 인류에게 아주 편안하고 광활한 곳이었습니다. 하지만 현 인류에게 현대문명은 도저히 그 안에서는 살 수 없는 좁고 불편한 곳이 되어버렸습니다.

자궁 속의 아기가 출생 직전까지도 자궁을 자신이 영원히 살아가야할 터전으로 착각할 수 있듯이, 현 인류는 문명 대전환기에 처한 지금도 여전히 현대문명을 영원히 살아가야할 세상으로 여기는 경향이 있습니다. 하지만 아기가 세상으로 나오고 나면, 자궁이 세상살이를 준비하는 임시 거처였음을 알게 됩니다. 이와 마찬가지로, 인류가 현대문명의 자궁을 벗어나 탈현대라는 세상으로 나오고 나면, 현대문명이 탈현대문명을 준비하는 임시 거처였을 뿐임을 깨닫게 될 것입니다.

하지만 출산과정에서 아기가 느끼는 것은 죽을 것만 같은 커다란 고통입니다. 그 고통은 탄생을 위해 반드시 겪어야만 하는 창조적인 것입니다. 하지만 아기는 그것을 알지 못합니다. 현 인류도 마찬가지입니다. 현대로부터 탈현대로의 전환기를 살아가는 현 인류가 느끼는 것은 극심한 고통뿐입니다. 그 고통은 새로운 문명 탄생을 위해 겪어야만 하는 창조적인 것이지만 현 인류는 그것을 알지 못합니다. 이 책은 지금 인류가 겪고 있는 고통의 실체가 무엇인가를 알리고, 다가오고 있는 새로운 세상에 대한 비전을 제시하고자 합니다.

문명 대전환기에는 가장 높은 곳에 있던 것이 가장 낮은 곳으로 떨어지고, 가장 낮은 곳에 있던 것이 가장 높은 것으로 받들어집니다. 에고에 바탕을 둔 문명으로부터 셀프에 바탕을 둔 문명으로의 대전환이 이루어지고 있는 지금 인류는 그런 혼돈을 경험하고 있습니다. 지금만큼은 아니지만 집단 에고에 바탕을 둔 전현대문명으로부터 개별 에고에 바탕을 둔 현대문명으로의 전환기에도 형식적으로 이와 똑같은 일이 일어났습니다.

그 대표적인 사례가 노동과 기도에 대한 평가의 극적인 변화였습니다. 종교개혁가인 M. 루터(Martin Luther, 1483-1546)는 바로 이런 변화를 주도한 혁명가였습니다. 그는 중세사회에서 가장 높이 평가하던 수도원에서의 기도하는 삶을 기생충과 같은 삶이라고 비판했으며, 그 당시 사람들이 하찮게 생각하던 직업적인 노동 활동이야말로 신의 뜻에 부합하는 삶이라고 하는 새로운 삶에 대한 관점을 제시했습니다. 지금 우리는 그때보다 더 근본적인 문명 대전환기를 맞이하고 있습니다. 변화의 핵심은 노동과 소비를 추구하는 현대적인 삶으로부터 수행과 낙도를 추구하는 탈현대적인 삶으로의 대전환입니다.

각 시대마다 그 시대와 부합할 수 있는 세계관이 정립되며, 세계관에 따라 궁극적인 가치와 헌신의 대상도 변화합니다. 전현대사회에서는 집단 중심적인 관점이 지배했습니다. 이에 따라서, 효나 충 또는 집단 규범에의 동조 등에 궁극적인 가치가 부여되었습니다. 현대사회에는 개인 중심적인 관점이 지배하고 있습니다. 이에 따라서, 쾌락을 얻는 것이나 돈을 버는 것 또는 권력을 획득하는 것 등과 같은 욕망 충족에 높은 가치가 부여되고 있습니다. 통일체적 세계관이 지배하게 될 탈현대사회에서는 자신과 세계의 근원적인 통일성에 대한 자각과 이를 즐기는 것에 궁극적인 가치가 부여됩니다.

이런 각 시대가 갖고 있는 궁극적인 가치의 차이로 인해서, 인간다움에 대한 평가 역시 달라집니다. 전현대사회에서는, 효성스런 사람, 충성심이 큰 사람 등과 같이 집단에 헌신하는 심성을 가진 사람을 인간다운 인간으로 간주했습니다. 현대사회에서는, 돈이나 권력을 많이 갖고 있는 사람 또는 멋진 외모를 갖고 있는 사람 등과 같이 욕망 충족을 위한 자원을 많이 소유하고 있는 사람을 인간다운 인간으로 간주합니다. 이에 반해서, 탈현대사회에서는 '얼마나 높은 깨달음의 경지에 도달 했으며 얼마나 깊이 사랑할 수 있는가' 하는 것이 인간의 가치를 평가하는 새로운 잣대가 될 것입니다.

탈현대사회에서는 노동 대신 수행(修行)이 목적적인 가치의 자리를 차지합니다. 현대산업사회는 노동활동과 노동자에게 커다란 가치를 부여합니다. 교육을 포함한 모든 사회 조직과 삶은 노동을 중심으로 조직되어 있습니다. 노동이 이렇듯 현대사회에서 중요한 가치를 차지하게 된 것은 현대 세계관의 필연적인 귀결입니다.

현대 세계관의 관점에서 보면, 인간은 무엇보다도 욕망의 주체입니다. 그리고 노동은 인간의 욕망 충족에 적합한 형태로 자연을 변형시켜가는 과정입니다. 다시 말하자면, 욕망 충족의 대상물을 생산하는 활동이 바로 노동인 것입니다. 결국, 현대적인 의미에서 인간다운 삶과 문명을 건설하기 위해서는 노동에 의존해야 합니다. 바로 이런 맥락에서 현대사회에는 인류 역사상 아주 예외적으로 노동에 높은 가치를 부여하고, 직업을 갖는 것을 소중하게 생각하는 가치가 팽배해 있습니다.

하지만 탈현대사회에서는 사정이 전혀 달라집니다. 통일체적 세계관의 관점에서 볼 때, 인간다움을 이루어간다는 것의 핵심적인 의미는 통일체로서의 세계를 깨닫는 것입니다. 이런 깨달음에 이르기 위한 노력을 수행이라고 합니다. 그러므로 탈현대사회에서는 노동이 차지했던 목적적인 가치의 자리를 수행이 차지하게 됩니다.

탈현대사회에서는 소비 대신에 낙도(樂道)가 궁극적인 가치의 자리를 차지합니다. 노동이 욕망 충족의 대상물을 생산하는 활동이라면, 소비는 노동의 산물을 실제적으로 향유하는 욕망 충족적인 활동입니다. 그러므로 인간을 욕망의 주체로 보는 현대 세계관의 관점에서 보면, 소비는 궁극적인 가치의 자리를 차지합니다. 현대 세계관이 지배하는 현대사회에서 인간다움의 정도가 자동차나 집, 의상, 문화 상품 등과 같은 그 사람의 소비 수준으로 자리매김 되는 경우가 많은 것도 이 때문입니다.

하지만 탈현대사회에서 인간다운 삶의 지표는 낙도입니다. 탈현대인은 자신이 온 우주와 하나임을 자각하고 있기 때문에 더 이상 '이것 아닌 저것'에 대한 추구가 없습니다. 탈현대인은 삶의 매순간에 깊이 머물며, 이를 즐깁니다. 탈현대인은 자신과 세계를 깊이 사랑합니다.

지금까지의 설명에서와 같이, 현재는 에고의 문명으로부터 셀프의 문명으로의 대전환이 이루어지고 있는 중대한 시기입니다. 현재 우리는 '파멸이냐 아니면 존재의 비상이냐'하는 중대한 기로에 서 있습니다. 현 인류는 큰 혼란과 고통을 겪고 있지만, 이것은 창조의 고통입니다. 인류가 처한 현 상태에 대한 보다 명료한 인식이 이루어진다면, 셀프의 삶과 문명을 탄생시키는 일은 보다 손쉬워질 것입니다.

3. 이 책의 목적

대우주는 인간의 상상을 초월하는 광대한 크기를 갖고 있습니다. 대우주의 관점에서 보면 지구는 티끌 하나에 지나지 않습니다. 그런데 지구라는 작은 행성에서 1만 년 전에 의식을 가진 인류에 의해 문명이 출현했습니다. 그리고 지금 '자신과 대우주가 하나임'을 자각하는 새로운 의식과 문명이 탄생하려하고 있습니다. 이것은 대우주 전체를 뒤흔들어 놓을 정말 놀라운 사건입니다. 현 인류는 지금 광활한 대우주 속에 피어나는 찬란한 꽃인 셀프에 바탕을 둔 문명의 꽃봉오리가 막 터지려고 하는 놀라운 시대를 살아가고 있는 것입니다.

현대문명이 지구상에 출현한 것은 지구의 시간표에서 보면 '찰나'라고 할 만큼 짧은 시간입니다. 하지만 비약적인 과학기술의 발전에 기반 해서, 이 기간 동안 인류의 힘은 엄청나게 커졌고, 인류의 삶 역시 놀랍게 변화했습니다. 그리고 마침내 새로운 탈현대문명이 탄생을 위한 산통을 시작했습니다.

이 책에서 말하는 탈현대문명은 현대문명과 연속적인 시기가 아닙니다. 현대문명은 고대에서부터 현대에 이르기까지 '에고[분리된 자아로서의 나]'의 기반 위에 성립된 문명의 일부이며, 에고의 문명 후기에 해당하는 '개별 에고'의 기반 위에 형성된 문명입니다. 이에 반해서, 탈현대문명은 '셀프[우주적인 나]'의 기반 위에 성립되는 새로운 문명입니다. 그러므로 탈현대문명은 현대문명과는 그 구성 원리를 달리하는 전혀 다른 문명입니다.

이 책의 목표는 동양사상의 바탕 위에서 탈현대적인 삶의 양식을 구상하는 것입니다. 이 책 전체의 키워드는 '탈현대'입니다. 그런데 이 책 안에서 '탈현대'의 의미는 이 용어의 일반적인 용례와 차이가 있기 때문에, 탈현대에 대한 본격적인 논의에 앞서서 이 책에서 사용되는 '탈현대'의 의미에 대한 명확한 규정이 필요하다고 봅니다. '탈현대'라는 용어에 대한 규정을 하자면, 이에 앞서서 '현대'라는 용어에 대한 이 책에서의 의미 규정이 선행되어야 합니다. 왜냐하면 '현대[modern]'라는 용어에는 두 가지 상이한 뜻이 있기 때문입니다.

첫째, '현대'라는 용어는 '현 시대[the present time]'를 지칭합니다. 이 경우, 그것이 13세기이던 20세기이던 27세기이던, '현대'라는 용어는 본인이 속해 살고 있는 당대(當代)를 가리킵니다. 둘째, '현대'라는 용어는 '전현대' 이후 그리고 '탈현대' 이전의 특정 기간 동안의 역사적인 시기를 가리킵니다. 이럴 경우, 20세기는 '현대'에 속하지만, 13세기나 27세기는 현대에 속하지 않습니다. 이 책은 바로 이 두 번째 의미로 '현대'라는 용어를 사용함을 밝힙니다.

이 책에서 사용하는 '현대'라는 용어의 의미에 대한 규정을 바탕으로, 이 책에서 사용하는 '탈현대'라는 용어의 의미를 밝히도록 하겠습니다. 이미 『노인 혁명』(2007)이란 저서에서, 필자는 '탈현대'가 '후기 현대'가 아니라 '현대 이후의 새로운 시대'를 지칭하는 용어로 사용하는 것임을 밝힌 바 있습니다.

영어로 '탈현대'에 해당하는 'post-modern'에서 'post'의 의미는 두 가지입니다. 하나는 '후기'라는 의미이고, 다른 하나는 '탈(脫)'이라는 의미입니다. 영어로 'post-modern'이라고 했을 때는 이 두 가지 의미가 모두 내포되어 있으며, 실제로 혼용되어 사용되기도 합니다.

하지만 이 책에서의 '탈현대'라는 용어의 사용에서, '탈'은 '후기'라는 의미는 배제되며, '탈(脫)'이라는 의미로만 한정해서 사용됨을 밝힙니다. 이 책에서 '탈현대'는 '현대 이후의 새로운 시대[the new era after the modern time]'를 가리킵니다. 이 책에서 '탈현대'는 '현대'와 연속적인 '후기 현대'의 의미가 아닐 뿐만 아니라, '전현대'와 '현대' 간의 차이보다, '현대'와 '탈현대' 간의 차이가 더욱 근본적인 것입니다.

'전현대'와 '현대'는 모두 '에고[분리된 나]'에 기반을 둔 문명입니다. '전현대'에는 '집단 에고'가 지배적이었고, '현대'에는 '개별 에고'가 지배적이었다는 점에서 두 시대 간에는 차이가 있습니다. 하지만 두 시대는 '에고'에 기반을 둔 문명이라는 점에서 공통점을 갖고 있습니다.

이에 반해서, '탈현대'는 '에고'가 아니라 '참된 자기'에 기반을 둔 시대입니다. 이런 의미에서 '탈현대'와 '현대'는 '현대'와 '전현대'보다 훨씬 근본적인 차이를 갖고 있는 시대입니다.

이 책은 바로 위의 의미에서 '탈현대적인 삶의 양식'을 서술하고자 합니다. 그러므로 이 책에서의 '탈현대'에 대한 논의는 기존의 '탈현대' 논의와 비록 외관상 같은 용어를 사용하고 있지만, 내용적인 측면에서는 근본적으로 다른 내용을 서술하는 것입니다. 그럼에도 불구하고, 이 책이 '탈현대'라는 용어를 사용하는 이유는 이 용어보다 미래에 우리에게 다가올 새로운 시대를 가리키는 더 적합한 명칭을 찾을 수 없었기 때문입니다.

이 책은 동양사상의 기반 위에서, '탈현대적인 삶의 양식'을 서술하고자 합니다. 이 책이 굳이 동양사상의 기반 위에서 이런 작업을 수행하고자 하는 이유는 무엇일까요? 그 이유는 동양사상이 '탈현대적인 삶의 양식' 구축의 기반이 될 수 있는 새로운 세계관을 풍부하게 내장하고 있기 때문입니다.

'탈현대적인 삶의 양식'이라고 하는 새로운 삶의 양식을 구상하기 위해서는 새로운 세계관적인 토대가 필요합니다. 왜냐하면 현재의 지배적인 세계관인 현대 세계관은 '탈현대적인 삶의 양식' 구축을 위한 기반이 될 수 없기 때문입니다. 그래서 이 책은 동양사상의 기반 위에서 새로운 세계관인 통일체적 세계관을 구성하고, 통일체적 세계관의 기반 위에서 '탈현대적인 삶의 양식'을 구상하고자 합니다.

시대를 거슬러 중세 말·현대 초로 돌아가 보기로 하겠습니다. 그 당시에는 신대륙의 발견, 새로운 과학적인 발견, 도시와 상공업의 발달 등 현대적인 사회구조가 출현하는 가운데, 중세문명은 활력을 상실하고 중세 말 문명 위기가 고조되었습니다. 중세 말 사회문제의 핵심은 빈곤, 전염병, 비합리적인 사회관행, 부자유, 불평등 등과 같은 것이었습니다.

그런데 중세문명의 기반이 되었던 중세 세계관의 바탕 위에서는 이런 중세 말 사회문제를 해결할 수 없었습니다. 왜냐하면 중세 세계관과 중세 말 사회문제는 내재적으로 연관되어 있었을 뿐만 아니라 중세 말 사회문제의 세계관적인 근원이 중세 세계관이었기 때문입니다.

그러므로 현대를 구축했던 선구자들은 고대 그리스와 로마의 사상과 문화를 제련해서 새로운 시대의 초석이 될 수 있는 새로운 세계관을 구축하고자 했습니다. 그 당시 구축된 새로운 세계관이 현대 세계관입니다. 고대 그리스와 로마의 사상과 문화에는 현대 세계관의 단초가 될 수 있는 것들이 많이 내장되어 있었습니다. 인간의 육체, 욕망, 감정, 이성에 대한 긍정 같은 것이 그 대표적인 예라고 하겠습니다. 이리하여 현대의 선구자들은 새로운 세계관의 기반 위에서 새로운 삶의 양식인 '현대적인 삶의 양식'을 구상했습니다.

이 책의 목표인 '탈현대적인[after-modern[5)]] 삶의 양식'[6)]의 구축 역시 논리적으로 보면 과거 '현대적인 삶의 양식'의 구축 작업과 동일한 과제를 갖고 있습니다. 현대문명은 심각한 위기에 직면해 있습니다. 생태계 붕괴와 환경오염을 비롯한 환경문제, 모든 수준에서의 행위 주체 간의 경쟁과 갈등의 심화로 인한 관계 악화의 문제, 삶의 고통의 증가와 비인간화의 문제를 포함하는 인간 소외 문제 등 다양한 차원에서 문명위기가 고조되고 있습니다. 그런데 현대문명 위기는 현대 세계관의 기반 위에서 발전을 추구하고 달성한 필연적인 귀결로서 초래된 것입니다. 그러므로 현대 세계관의 기반 위에서는 문명위기를 해결할 수 없을 뿐만 아니라 문제인식조차도 쉽지 않습니다.

---

5) 'post-modern'이란 용어에는 '탈현대'와 '후기 현대'라는 의미가 복합적으로 내포되어 있기 때문에, 본 연구에서는 '탈현대'란 의미를 명백하게 하기 위해서 'after-modern'이란 용어를 사용합니다.

6) 이 책에서 '탈현대적 삶의 양식'이란 삶의 중심에 '수행(修行)'과 '낙도(樂道)'를 두는 삶의 양식을 가리키며, '현대적 삶의 양식'이란 삶의 중심에 '노동'과 '소비'를 두는 삶의 양식을 가리킵니다.

그러므로 현대문명 위기의 해결을 위해서는 새로운 세계관의 구축이 절실히 필요합니다. 고대 서양사상에 현대 세계관의 요소가 풍부하게 내장되어 있듯이, 고대 동양사상에는 탈현대 세계관의 요소가 풍부하게 내장되어 있습니다. 동양사상에 내재해 있는 탈현대 세계관의 핵심은 인간과 세계를 바라보는 관점입니다. 동양사상의 관점에서 보면, 인간은 시공간적인 한계를 초월해서 영원한 시간과 무한한 공간과 맞닿아 있는 우주적인 존재이며, 이 세계는 시간적 · 공간적으로 상즉(相卽) · 상입(相入)하는 통일체적 세계입니다.

이 책은 동양사상에 내장되어 있는 이런 탈현대적인 요소를 추출해서, 통일체적 세계관이라고 명명한 탈현대 세계관을 구축하고자 합니다. 그리고 통일체적 세계관의 기반 위에서, '탈현대적인 삶의 양식'을 구상하고자 합니다. 이 책에서 서술하고자 하는 '탈현대적인 삶의 양식'의 요점은 '수행(修行)과 낙도(樂道)로서의 삶'입니다.

1부

문명 이전부터 전현대문명까지 지구의 역사

1부에서는 문명 발생 이전부터 현대문명 탄생까지의 지구 역사를 서술하고자 합니다. 돌이켜 생각해보면, 대우주가 지금의 모습을 갖게 된 것도, 지구라는 작은 행성의 출현도, 지구가 생명발생의 조건을 갖춘 것도, 지구에 무수한 생명이 번성한 것도, 인류라는 고도의 지능을 갖춘 새로운 생명체가 출현한 것도, 인류가 문명을 형성한 것도, 모두 기적이라고 밖에 말할 수 없는 놀라운 일입니다.

필자는 천체물리학자도 생물학자도 고고학자도 아니기 때문에, 필자가 활용하는 지식은 이 분야에서의 상식에 속하는 것입니다. 이 책에서 서술하는 내용은 상식적인 것이지만, 필자는 우리들이 상식으로 알고 있는 그 사실들이 얼마나 경이로운 것인가를 환기하고자 합니다. 그리고 지구의 탄생, 생명의 진화, 인류의 출현, 문명의 발생과 발전 등이 모두 돌이켜 생각해보면 현재 인류가 형성하려하는 미래의 새로운 문명 형성을 위한 준비 단계였음을 서술해보고자 합니다.

통일체적 세계관의 관점에서 볼 때, 삶의 목적이 삶 자체를 사랑하고 즐기는 것[樂道]이듯이, 문명의 목적은 사랑과 평화가 충만한 신문명의 건설입니다. 그리고 우리는 그런 미래를 향해 나아가고 있습니다. 인류의 과거를 추적해서, 이를 바탕으로 미래의 새로운 문명에 대한 예지를 키우는 것이 1부의 서술 목적입니다.

1장 문명 이전까지 지구의 오딧세이

광대한 대우주에서 지금 우리들이 살고 있는 지구라는 행성이
지금과 같은 형태로 탄생할 수 있는 확률은 얼마나 될까요?
그것은 정확하게 영[zero]입니다.

문명의 출현과 자신과 자신을 둘러싸고 있는 세계를 구분하는 의식의 출현은 동시적으로 발생한 사건입니다. 인류 문명의 역사를 1만년으로 본다면, 지구상에 의식이 존재하지 않았던 시간은 지구 탄생 이후 대부분의 시간에 해당합니다.

문명 이전의 시기에는 모든 존재가 자연[道]과 하나인 상태였습니다. 그러나 물론 그 시기에는 모든 존재가 자연[道]과 하나라는 사실에 대한 자각적인 의식은 존재하지 않았습니다. 대우주의 탄생에서부터 지구 문명 발생 이전까지의 오랜 과정을 이 장에서 간략히 서술해보도록 하겠습니다.

1. 현 우주와 지구의 탄생 과정

극적인 과정을 거쳐서 지금의 대우주와 지구가 탄생했습니다. 현 우주의 탄생에 관해서는 많은 학설이 있지만, 가장 유력한 것은 빅뱅이론입니다. 빅뱅이론에 의하면 지금의 대우주는 137억년 경 이전에 일어난 대폭발[Big Bang]의 결과로 탄생되었다고 합니다.

대폭발이 일어나기 이전 대우주는 플랑크 길이[Planck length] 10^-35cm 정도로 수축 되어있었다고 합니다. 육안으로는 도저히 볼 수 없는 정말 미소한 크기 안에 대우주가 들어 있었다는 것입니다. 정말 놀라운 일입니다. 이런 천체물리학적인 지식은 '갠지스 강의 모래 한 알에도 대우주가 온전히 들어있습니다.'라는 『화엄경』 구절을 떠올리게 합니다.

그런데 어느 날 갑자기 10^-43초 후 정말 눈 깜짝할 사이에 빅뱅이 일어났고 지금의 우주가 탄생했다는 것입니다. 빅뱅으로부터 수십억 년이 지나고 나서, 지금으로부터 100억 년 전쯤 우리 태양계가 속해 있는 은하계가 탄생했다고 합니다. 그로부터 50억 년이 넘는 시간이 지나, 지구상의 생명과 인류의 삶의 터전이 된 태양계가 지금으로부터 45억 7천만 년 전에 생성되었습니다. 그리고 아름다운 행성 지구 역시 그때 함께 생겨났습니다. 그때 당시, 지구는 하나의 작은 불덩어리에 불과했습니다.

대우주에 빗대 보았을 때, 지구의 크기는 어떠할까요? 그것은 무(無)라고 할 수밖에 없는 작은 것입니다. 대우주의 직경은 1,560억 광년으로 추산됩니다. 빛의 속도로 1,560억 년을 가야지만 대우주의 한 쪽 끝에서 다른 쪽 끝에 도달할 수 있다는 것입니다. 이것은 인간의 상상을 초월하는 무한(無限)이라고 밖에 할 수 없는 광대한 공간입니다. 은하계의 직경이 100만 광년 정도이므로 은하계는 대우주 속에서 하나의 점에 불과합니다.

또 은하계 내에서 보면, 태양계의 직경이 빛의 속도로 11시간 정도 밖에 되지 않으니, 태양계는 은하계에서 하나의 점에 불과하다고 할 수 있습니다. 지구의 직경은 12,756km에 불과하니 빛의 속도로는 1초도 되지 않습니다. 그러므로 태양계 안에서 보면, 지구는 하나의 점에 불과합니다. 다시 대우주의 크기에 견주어보면, 1,560억 광년에 이르는 대우주 속에서 직경이 광속으로 1/20초도 되지 않는 지구의 존재는 무엇일까요? 그야말로 대우주에서 지구의 탄생은 하나의 작은 에피소드도 되지 않을 하찮은 일입니다.

이런 광대한 대우주에서 지금 우리들이 살고 있는 지구라는 행성이 지금과 같은 형태로 탄생할 수 있는 확률은 얼마나 될까요? 그것은 정확하게 영[zero]입니다. 만일에 현 우주의 빅뱅이 잠깐이라도 빨리 혹은 늦게 일어났다고 한다면 명백하게 현재의 지구는 존재하지 않을 것입니다. 이 같은 가정은 은하계나 태양의 탄생에도 그대로 적용됩니다. 그러니 우리는 확률적으로는 존재가 불가능한 기적의 행성 위에서 살고 있는 것입니다.

2. 생명의 출현과 진화

지구라는 행성이 생겨날 수 있는 확률은 정확하게 영[Zero]이었습니다. 지구의 탄생은 기적이었던 것입니다. 이 지구에 또 한 번의 기적이 일어났습니다. 생명체의 출현이 그것입니다. 지금으로부터 38억 년 전 쯤, 그러니까 지구가 탄생하고 7억 년 이상이 지나고 나서, 지구상에는 첫 생명체가 출현했습니다. 소우주인 은하계에만 하더라도 1천억 개 이상의 항성과 그 이상의 행성이 존재하지만 생명체를 갖고 있는 행성은 그리 많지 않을 것입니다. 지구에는 생명체가 출현했을 뿐만 아니라 이후 무수한 생명체의 번성이 이루어졌습니다.

최초 생명체가 출현한 것은 38억 년 전 선캄브리아대에서 였습니다.[7] 당시 지구에는 산소가 없었기 때문에, 첫 생명체는 무기호흡을 했습니다. 이들은 바이러스와 같은 것이었는데, 이것은 아메바와 같은 단세포 생명체로 진화했습니다. 그리고 이후 이것은 더욱 복잡한 다세포 생명체로 진화했습니다.

지금의 '나'라고 하는 개체의 근원을 쫓아 올라간다면, 무기호흡을 했던 바이러스로까지 추적이 가능할 것입니다. 그리고 만일 나의 직계 조상인 바이러스가 사고로 인해 번식 이전에 죽었다면, 지금의 '나'도 나의 조상도 존재하지 않았을 것입니다. 인류의 운명도 마찬가지입니다. 지구상에서 생명을 출현시키는 조건이 조금 더 일찍 혹은 조금 이후에 갖춰졌다면, 생명의 진화는 전혀 다른 과정을 거쳤을 것입니다.

하나의 물결이 끝없이 다른 물결을 일으키는 것과 같은 방식으로 이 세계는 존재하고 있습니다. 지금 우리가 경험하는 현실은 끝없는 과거의 무수한 사건들이 정확하게 그대로 일어났을 때만 성립하는 기적 중의 기적으로서의 현실인 것입니다.

38억 년 전부터 5억 7천만 년 전까지에 이르는 선캄브리아대의 전기에는 해조류가 출현했습니다. 선캄브리아대에 출현한 녹조류[엽록소를 가지고 있어 녹색을 띠는 해초]는 산소를 배출했고, 바다 속에

7) 지구상 생명의 진화과정에 대한 설명은 부로타니 츠네조(2007)의 책 『만화 세계사 1: 인류의 출현과 고대 문명의 발생』을 주로 참고해서 작성했음을 밝힙니다.

는 다량의 산소가 생겨났습니다. 그 이후부터 바다 속에는 산소를 호흡하는 생명체들이 번성하게 되었습니다. 녹조류의 출현은 예상치 못했던 놀라운 결과를 초래했습니다. 오늘날 우리는 잠시라도 산소 없이는 살 수 없습니다. 산소가 풍부한 행성으로 지구를 바꿔놓은 것은 바로 그들의 공이었습니다.

녹조류가 생성한 산소는 바다 속 생태계를 완전히 뒤바꾸어 놓았습니다. 바다 속에 산소가 풍부해지면서, 고생대의 첫 시기인 캄브리아기[5억 7천만 년에서 5억만 년 전까지]와 두 번째 시기인 오르도비스기[5억만 년에서 4억 3천만 년 전까지]에 이르러서는 바다 속이 다양한 생명체의 출현으로 활기를 띠게 되었습니다. 그 중에는 삼엽충도 포함되어 있었습니다.

고생대 세 번째 시기인 실루리아기[4억 3천만 년에서 3억 9천 5백만 년 전까지]에 이르러서는 드디어 어류의 조상이 출현했습니다. 이 시기에 생명체의 진화에서 중요한 사건이 일어났는데, 바다 속 생명체가 처음으로 육지로 올라왔습니다. 육지로 올라온 최초의 생명체는 해조류였습니다. 프실로피돈이라고 하는 양치식물이 가장 먼저 육지로 올라왔습니다. 이들 육상 식물들은 다량의 산소를 대기에 뿜어내었고, 이로 인해 대기 중에는 많은 산소가 생겨났습니다. 이에 따라서, 바다 전갈, 노래기, 거미류 등이 속속 육상으로 올라와 살게 되었습니다.

고생대 네 번째 시기인 데본기[3억 9천 5백만 년에서 3억 4천 5백만 년 전까지]가 되자 바다 속에는 어류가 점점 많아지게 되었습니다. 어류는 가장 오래된 척추동물로 약 4억 년 전에 처음 출현했습니다. 이 시기에 물속에서는 아가미로 호흡하고 육지에서는 부레로 호흡하는 폐어가 출현했습니다. 폐어는 점차 지느러미가 다리로 변해서 양서류로 진화했습니다.

고생대 다섯 번째 시기인 석탄기[3억 4천 5백만 년에서 2억 8천만 년 전까지]에는 당시 적도 부근이었던 북아메리카와 유럽 일대에는 열대 숲이 형성되었습니다. 양치식물이 큰 숲을 이루고 양서류가 번성했습니다.

이후 고생대 마지막 시기인 페름기[2억 8천만 년에서 2억 4천 5백만 년 전까지]에 이르러서는 1억 년 동안 계속되던 숲의 시대가 막을 내렸습니다. 이 시기에는 기후가 건조해지고 사막이 늘어났습니다. 페름기 말기에는 대부분의 육지와 바다 생명체들이 멸종했습니다. 물과 숲이 사라져감에 따라서, 양서류가 퇴조하고 건조한 기후에도 살 수 있는 파충류가 지배하는 시대가 되었습니다.

중생대 첫 번째 시기인 트라이아스기[2억 4천 5백만 년에서 1억 9천만 년 전까지]에는 포유류형 파충류인 키노나타스가 출현했습니다. 이것이 진화해서 델타테리듐이 출현했는데, 델타테리듐은 인류와 고래의 조상이 됩니다.

중생대 두 번째 시기인 쥐라기[1억 9천만 년에서 1억 3천 6백만 년 전까지]와 중생대의 마지막 시기인 백악기[1억 3천 6백만 년에서 6천 6백만 년 전까지]는 바다와 육지에서 거대한 파충류가 지배하던 시기였습니다. 델타테리듐은 이 시기에 존재했습니다. 백악기 말기에 이르러서 거대한 파충류는 전멸하게 됩니다.

3. 인류의 출현과 진화

신생대[6천 6백만 년 전에서 현재까지]에는 기온 변화에 강한 적응력을 가진 포유류가 지배했습니다. 약 7천만 년 전 북아메리카 대륙에서 최초의 영장류인 원시 원숭이가 등장했습니다. 원시 원숭이는 델타테리듐으로부터 진화했습니다. 원시 원숭이 중 일부는 더욱 진화해서 약 3천만 년 전에 아시아와 아프리카 그리고 유럽의 삼림 지대에서 드리오피테쿠스라고 호칭되는 원숭이가 출현했습니다.

드리오피테쿠스는 기후 변화로 숲이 줄어들자 땅으로 내려왔으며, 두 다리로 걸었습니다. 드리오피테쿠스류는 2천 수백만 년 전에 일부는 유인원[고릴라, 오랑우탄, 침팬지]으로 진화하는 길을 걸었고, 일부는 인류로 진화했습니다.

인류로의 진화의 길을 걷게 된 드리오피테구스류는 진화를 계속해서 마침내 3백만 년 전에 원인(猿人)이 출현했습니다. 남아프리카에서 발견된 원인(猿人)을 오스트랄로피테쿠스라고 하는데, 이는 최초의 인류입니다. 그들은 원숭이와 비슷했지만, 두 발로 서서 걸었으며, 도구를 사용하기 시작했습니다.

원인(猿人)은 50만 년 전에 원인(原人)으로 진화하는데, 이를 직립 원인(原人) 또는 호모 에렉투스라고 합니다. 이들은 완전한 직립 보행이 가능했으므로, 돌도끼로 동물을 사냥하고 집단생활을 했으며, 불을 발견했습니다. 또한 이들은 언어를 사용하기 시작했습니다. 자바 원인, 베이징 원인, 하이델베르크인 등이 여기에 해당합니다.

15만 년 전부터 3만 년 전까지 살았던 구인(舊人)이 출현했는데, 이들은 뇌의 골격이나 용량이 현대인과 유사한 원시 인류입니다. 불과 간단한 언어를 사용했고, 정교한 석기를 만들어 사용했습니다. 네안데르탈인, 로디지아인, 솔로인 등이 이에 해당합니다. 이들은 사후 세계를 믿고, 시체를 매장하기 시작했습니다.

약 3만 년 전에는 네안데르탈인보다 더 진화한 현생 인류가 출현했습니다. 크로마뇽인이나 그리말디인 등이 이에 해당합니다. 그들은 오늘날의 인류와 거의 같은 지능을 가졌습니다. 이들은 수렵생활을 했고, 동굴에 벽화를 그리기도 했습니다.

진화가 이루어지면서 고등 생명체가 출현했고, 마침내 인류가 출현했습니다. 그러나 문명이 출현한 것은 인류의 출현 이후에도 긴 세월이 지나고 나서였습니다. 인류 문명의 출발은 길게 잡아도 1만 년을 넘지 못합니다.

인류문명이 탄생하기 이전의 오랜 기간 동안 지구상의 모든 생명체는 자연의 일부로서의 삶을 계속해 왔습니다. 어떤 생명체도 자신과 자연을 분리해서 인식하지 않았습니다. 도가(道家)적인 의미에서 말한다면, 이 지상의 모든 존재는 도(道)와 하나인 상태로 존재해왔던 것입니다.

2장 문명의 출현

1억 1천 4백만 년 전 지구, 태양이 떠오른 어느 아침.
그 태양 광선을 받아들이기 위해 최초의 꽃이
이 행성 위에 얼굴을 나타냈다.8)

인류 문명의 출현은 45억 년이 넘는 지구 역사에서 가장 극적인 사건일 것입니다. 문명 출현으로 인해, 인간은 지구 생명체 중에서 최초로 단순히 자연의 일부가 아니라 자연과 자신을 구분하는 존재가 되었습니다. 이리하여 인간은 자연을 능동적으로 이용하는 주체로 재탄생하게 됩니다.

문명 발생의 획기적인 계기는 농업혁명입니다. 고대 4대 문명이 모두 농업이 가장 먼저 발달한 강 유역에서 발생했다는 점이 이를 분명히 보여줍니다. 농업의 발달과 더불어 인류는 정착생활을 시작하게 되었고, 이웃과 화평하게 지낼 수 있는 법률이나 윤리가 필요해졌습니다. 또한 자연으로부터의 단순한 채취가 아니라 스스로 경

8) E. Tolle, 류시화 옮김, 『Now』(조화로운 삶, 2008), p. 9.

작을 통해 먹을거리를 생산함으로써 경제적으로도 이전에 비해 풍요와 안정을 누릴 수 있게 되었습니다.

인류는 과거보다 자연의 위협으로부터 안전해졌으며, 분업과 사회계층의 분화가 이루어졌습니다. 도시의 발생과 발전도 문명 출현의 중요한 지표입니다. 문명 출현과 더불어, 인류는 다른 생명체들과는 질적으로 다른 존재 지위를 갖게 되었습니다.

1. 불의 발견

인류가 최초로 불을 발견하고 사용하게 된 것은 30만 년 전이었습니다. 처음에는 화산지대의 것이나 벼락으로 일어난 자연적인 불 또는 나무의 마찰로 인한 산불 등을 이용했습니다. 하지만 그들은 곧 돌을 서로 부딪거나 나무토막을 서로 비벼 불을 얻을 수 있다는 것을 발견했습니다. 불의 발견과 사용은 인류의 삶에 커다란 변화를 초래했습니다. 인류는 불의 사용을 통해 자연으로부터의 이탈을 시작했습니다.

불의 발견을 통해, 인류는 추위에서 벗어나게 되었고, 추운 지역에서도 거주할 수 있게 되었습니다. 또한 불의 발견으로 어둠을 극복할 수 있었습니다. 불의 발견은 식생활에도 큰 변화를 초래했습니다. 인류의 식생활은 생식(生食)에서 화식(火食)으로 바뀌었습니다. 사냥한 짐승을 구워먹을 수 있게 되었고, 곡식이나 채소도 끓여먹을 수 있었습니다. 익힌 음식은 소화가 잘되었으므로 전보다 풍부한 영양섭취를 가능하게 했습니다. 때문에 근력뿐 아니라 두뇌발달이 촉진되어 두뇌용적이 비약적으로 커졌습니다.

불의 발견을 통해 사나운 맹수를 물리칠 수 있게 되었음과 동시에 불은 맹수를 사냥하는데도 큰 도움이 되었습니다. 불의 발견은 토기의 발전에도 결정적인 영향을 미치게 됩니다. 뿐만 아니라 광석의 제련에는 불의 사용이 필수적인 것이어서, 청동기문화나 철기문화 발전의 기술적인 기초 역시 불의 사용이라고 해야 할 것입니다.

2. 언어와 문자의 발명

현재 세계에는 3,000여 개의 언어와 100여 개의 문자가 존재한다고 합니다. 언어는 생각을 표현하는 핵심적인 도구임과 더불어 생각을 가능하게 하는 기초라고 할 수 있습니다. 언어의 발명으로 인해 복잡한 사회관계 형성이 가능해지고 다양한 상호작용이 이루어질 수 있었던 것은 의심의 여지가 없습니다. 또한 언어 사용을 통해 인류의 문화적인 진화가 가속화됩니다.

문자의 발명은 언어의 발명보다 훨씬 후대에 이루어졌습니다. 인류 최초 문자는 수메르 문자입니다. 수메르 문자는 지금으로부터 6천 년 정도 전에 메소포타미아 지역에서 만들어졌습니다. 처음에는 그림문자였으나 차차 설형문자로 변형되었습니다. 이집트 상형문자도 비슷한 시기에 출현했습니다. 고대 페니키아인들은 오늘날 알파벳의 시조가 되는 페니키아 문자를 창제했습니다. 중국에서는 4천 년 정도 전에 한자(漢字)의 원형인 갑골문자를 창제했습니다.

문자 발명으로 기록을 통해 정보를 전달하고 공유하는 일이 가능해졌습니다. 문명이 습득한 것을 뒤에 오는 세대에게 전달함으로써 문화발전이 가능했던 것은 문자의 힘이라고 할 수 있습니다. 문자는 문명의 중요한 요소임과 동시에 문명 형성과 발전을 가능하게 하는 기초적인 요소입니다.

3. 농경기술의 발달

농경기술의 발달과 문명 발생은 불가분의 관계가 있습니다. 인류가 농경생활을 시작한 것은 약 1만 년 전 신석기 시대였습니다. 이때부터 인류는 농작물을 재배하기 시작했으며, 들짐승을 길들여 목축을 했습니다. 또한 토기를 만들어 곡식을 저장했습니다. 농경생활을 시작하면서, 인류는 한 곳에 정착해서 생활하고, 마을을 이루기 시작했습니다.

큰 강 유역에서는 관개 농업이 발달했는데, 4대 고대문명이 모두 큰 강 유역에서 발생한 것은 우연이 아닙니다. 제방을 쌓고 관개 시설을 마련하기 위해서는 사람들이 협동해야 했고, 이를 위해 정치권력이 생성되었습니다. 또한 치수를 위해서 수학과 과학기술적인 발전이 이루어졌습니다.

농경생활이 계속되면서, 농업기술 혁신이 이루어졌습니다. 소에 메어 땅을 가는 쟁기와 땅을 갈면서 동시에 씨앗을 뿌리는 파종기의 발명은 대표적인 예입니다. 농경기술 발전으로 인해 생산량이 늘어나고 인구가 증가했습니다. 생산량이 늘어나자 사유재산이 생겨나고, 계층이 형성되었습니다.

4. 고대 문명의 발생

상기한 기술적인 발달의 결과로 마침내 5천 년 전쯤에 이집트문명, 메소포타미아문명, 인더스문명, 황하문명 등 4대 문명이 출현했습니다. 4대 문명 발상지는 모두 큰 강을 끼고 있었습니다. 메소포타미아 문명은 티그리스·유프라테스 강 유역에서 발생했고, 이집트

문명은 나일 강 유역에서, 인도 문명은 인더스 강 유역에서, 그리고 중국 문명은 황하 유역에서 출현했습니다.

이들 고대 문명에서는 각각의 문자가 발명되고 사용되었습니다. 계층 분화가 촉진되어 주인과 노예가 생겨났습니다. 체계적인 종교가 출현했고, 정치 권력자들은 종교의 후광을 입었습니다. 비옥한 토지를 차지하기 위한 전쟁이 빈발했고, 자연히 군대조직이 발달하게 되었습니다. 숫자와 수학의 발전이 이루어졌고, 바퀴와 달력 등 많은 발명품들이 생겨났습니다. 학교가 생겨나고 교육이 실시되었습니다. 수공업과 상업이 발달하고 교역이 이루어졌습니다. 법률과 윤리의 발달 역시 고대 문명의 중요한 측면입니다.

3장 전현대적 삶의 양식

자연의 일부로 살아왔던 인류가 자연으로부터 떨어져 나와
자연을 이용하게 된 것은 정말 놀라운 일입니다.
이것은 마치 지구의 중력을 벗어나려는 노력과 같이 아주 어려운 일이었습니다.

전현대는 현대 이전의 인류 문명 전 시기를 가리킵니다. 전현대는 집단 에고가 지배하는 시기였습니다. 전현대에는 소속집단의 번영에 헌신하는 전현대적인 삶의 양식이 출현하고 확산되었습니다. 여기에서는 먼저 전현대문명의 기술적인 기초를 밝히고, 전현대 세계관의 특징을 서술하며, 전현대적인 삶의 양식의 특징을 살펴보도록 하겠습니다.

1. 전현대문명의 기술적인 기초와 사회구조

다른 생명체들과 마찬가지로 자연의 일부로 살아왔던 인류가 자연으로부터 떨어져 나와 자연을 이용하게 된 것은 정말 놀라운 일입니

다. 이것은 인류가 경험한 제 1차적인 존재 차원의 혁명이었습니다. 이것은 마치 지구의 중력을 벗어나려는 노력과 같이 아주 어려운 일이었습니다.

이 변화는 매우 더디게 일어났습니다. 중력권을 벗어나는 순간 우리는 중력으로부터 자유로워지지만, 중력권을 벗어나기까지는 아주 힘겨운 노력이 필요합니다. 인류는 이런 노력을 기울였고, 마침내 이에 성공했습니다. 그 결과 형성된 것이 전현대문명입니다.

문명이 건설되면서, 인간의 근력이나 가축력과 같은 자연력을 이용하고, 정교한 도구들을 광범위하게 사용하면서, 생산의 비약적인 증대가 이루어졌습니다. 잉여생산이 늘어나면서, 불평등한 계층구조도 구조화되었습니다. 노동하지 않아도 되는 유한계급의 출현은 인류역사에서 중대한 의미를 갖습니다. 그들은 한편으로는 여가시간을 향락적으로 소비했지만, 다른 한편으로는 문화 창조에 활용했습니다. 수학이나 기하학을 포함한 과학의 발달, 문학과 음악이나 미술을 포함한 예술의 발달, 철학이나 역사학을 포함한 인문학의 발달 등이 모두 이들의 주도하에 이루어졌습니다.

행정조직이 발달했고, 도시가 형성되었습니다. 종교의 발달은 전현대문명의 중심을 차지하게 됩니다. 이런 문명 발달을 통해, 인류는 자연의 위협으로부터 훨씬 안전해졌습니다. 군집생활이 본격화되면서, 집단내부의 갈등을 해소할 수 있는 윤리와 법률의 발달도 촉진되었습니다.

2. 전현대적 삶의 양식의 세계관적 기초

전현대 세계관은 다양한 스펙트럼을 갖고 있어서 하나로 요약하기 어렵습니다. 최봉영(1998)은 문화권에 따라 전현대 세계관을 셋으로 나누었습니다. 유럽과 중동 지역 중세 문화권의 '통체 – 종속자적 세계관', 남아시아 문화권의 '통체 – 연기자적 세계관', 동아시아 문화권의 '통체 – 부분자적 세계관'이 그것입니다.

이 책의 주된 목적은 탈현대적인 삶의 양식을 구상하는데 있기 때문에, 각각의 전현대 세계관의 특징을 서술할 필요는 없습니다. 단지 현대 세계관과 구분되는 전현대 세계관의 공통된 특징을 간략하게 정리하려고 합니다. 전현대 세계관에 대한 이 책에서의 논의는 이후 설명하고자 하는 전현대적인 삶의 양식이 출현하고 확립되는데 전현대 세계관이 어떻게 작용했는가 하는 것을 이해할 수 있을 정도면 충분합니다.

2.1. 전현대 세계상

전현대인이 바라본 세계의 모습을 한 마디로 요약하자면, 그것은 '유기체로서의 세계'라고 할 수 있습니다. 어떤 생명체에서 그 생명체를 구성하는 기관들은 독자적인 생명을 갖지 못하는 반면에 그 기관들의 총체인 생명체는 살아 움직입니다. 전현대인들은 유기체와 마찬가지로 이 세계도 전체로서 하나의 생명을 가진 실체로 인식했습니다.

전현대인은 모든 존재에 영혼이 깃들어 있다고 생각했습니다. 동물이나 식물과 같은 생명체들은 물론이고, 바위나 물과 같은 생명이 없는 존재들에게도 영혼이 있다고 믿었습니다. 전현대인의 의식을 지배했던 것은 모든 것이 살아있는 생명의 세계였습니다.

이런 유기체적 세계상의 영향으로, 개인과 사회의 관계를 생각할 때도 사회에 무게 중심이 가 있었습니다. 전현대인은 사회를 개인들의 단순한 합을 넘어서는 객관적인 실재로 인식했습니다. 그리고 사회를

구성하고 있는 부분들 간의 유기적인 연관 관계를 중시했습니다.[9)]

전현대 세계관의 관점에서 보면, 사회는 사회를 구성하고 있는 개인들의 단순한 합을 넘어서는 독자적인 실재입니다. 사회를 구성하고 있는 부분들은 상호 의존적이고 관련되어 있으며, 과거에 깊은 뿌리를 둔 유기적인 통합체입니다. 이렇듯, 사회가 사회를 구성하고 있는 부분들의 합을 넘어서는 실재가 될 수 있는 근거는 부분들 간에 형성되어 있는 유기적인 연관성에 기인합니다.[10)]

사회를 구성하고 있는 주요 요소들인 가치·규범·법률·지위와 역할의 체계·제도·집단·기술 등은 뿔뿔이 흩어져서 존재하는 것이 아니라 유기적인 연관 관계를 형성하고 있습니다. 기계는 분해와 조립이 가능하지만 사회는 그렇지 않습니다. 생명체는 일단 분해해 버리면 다시 조립할 수 없습니다. 이와 마찬가지로, 전현대적인 관점에서 보면, 사회는 인간이 마음대로 개조할 수 있는 것이 아닙니다. 사회는 통합성을 갖고 있음과 동시에 시간적인 지속성을 갖고 있습니다. 사회를 구성하고 있는 구성원들은 나고 죽지만 사회는 개인의 생사를 넘어서 지속합니다.

2.2. 전현대 인간관

전현대 세계관의 관점에서 보았을 때, 인간이란 어떤 존재일까요? 전현대 사회에서 인간은 무엇보다 자신이 속해 있는 집단의 일원으로 인식되었습니다. 개인은 오직 자신이 속한 집단과의 관계 속에서만 존재의 의미가 드러납니다. 그러므로 사회와 떼어놓고서는 인간

---

9) 전경갑, 『현대와 탈현대의 사회사상』(한길사, 1993), p. 53 참조.
10) I. Zeitlin, 이경용·김동노 옮김, 『사회학 이론의 발달사』(한울 아카데미, 1985), p. 87 참조.

을 이해할 수 없습니다. 사회 구성원들 각자의 개성이나 자율성, 자유는 인정되지 않았습니다.

전현대 사회에서, 인간은 자신이 속한 집단의 도움을 받아서 비로소 인간다운 존재가 되어갈 수 있었습니다.[11] 중세 사회에 대한 J. 부룩크하르트(Jacob Burckhardt)의 묘사는 집단 중심적 관점에서 인간이 자신을 인식하는 방식을 잘 드러내어 줍니다. "인간은 민족, 인민, 단체, 가족 또는 조합 등의 성원과 같이 오직 어떤 일반적 범주의 일원으로서만 자기 자신을 의식했던 것이다."[12]

전현대 세계관의 관점에서 볼 때, 사회는 인간 형성에 커다란 영향을 미치며, 그 주된 수단은 사회화 과정입니다. 인간은 사회화 과정을 거치면서 그 사회의 가치·규범·지위와 역할에 따른 행위 방식 등을 내면화하게 됩니다. 이런 과정을 통해서 비로소 인간은 인간다운 인간이 될 수 있습니다. 그러므로 인간의 특성은 자신이 속해 있는 집단과 그 집단에 의해서 공유되는 문화 등과 같은 사회적 환경의 차이에 따라서 달라집니다. 또한 집단 속에서의 자신의 지위와 역할에 따라서도 다른 인성을 형성하게 됩니다.

전현대 사회의 도덕과 윤리의 핵심은 자신이 속한 집단에 대한 헌신을 강조하는 것이었습니다. 전현대 인간관의 관점에서 볼 때, 이상적인 삶은 개별 의지를 공동체의 번영을 위해서 헌신하고 매몰시키는 삶이었습니다.[13]

---

11) I. Zeitlin, 이경용·김동노 옮김, 『사회학 이론의 발달사』(한울 아카데미, 1985), p. 76 참조.

12) J. Burckhardt, *The Civilization of the Renaissance in Italy*, New York: Harper & Row, Publishers, 1958, p. 143.

13) R. A. Nisbet, 「공동체 이론의 역사」, 신용하 편, 『공동체 이론』(문학과 지성사, 1985), pp. 102-103 참조.

2.3. 전현대 관계관

전현대 관계관의 가장 큰 특징은 위계적인 관계를 정상적인 것으로 받아들인다는 점과 자신이 점유하고 있는 지위에 따른 관계윤리가 발전했다는 점입니다. 그리고 전현대 관계관은 내집단 내의 관계관과 외집단과의 관계관 사이에 상당한 차이가 있습니다. 그래서 양자를 구분해서 전현대 관계관을 설명하도록 하겠습니다.

내집단 내의 관계관

경우에 따라, 자신이 속한 가족집단, 종교집단, 직업집단, 마을집단, 지역집단, 신분집단, 국가집단, 민족집단 등이 자신의 내집단이 될 수 있습니다. 전현대 관계관의 관점에서 볼 때, 내집단 내에서 이상적인 사회관계의 형태는 밀접하게 연관되어 있는 구성원들 간의 공동체적 유대 관계입니다.

내집단 내에서는 서로 간의 협력이 중시되었습니다. 전현대사회에서는 농사를 지을 때, 집을 지을 때, 저수지나 제방을 만들 때나 수리할 때, 마을의 공동시설을 만들 때 등과 같이 서로 간의 협력이 필요한 일이 많았습니다. 이럴 때는 서로 협력했고, 이를 어길 시에는 강한 제재가 뒤따랐습니다.

내집단 내에서는 이웃이 어려운 일을 당하면 도울 것이 강조되었습니다. 전현대사회는 여전히 자연의 위협으로 인해 곤란을 겪을 때가 많았습니다. 전염병의 유행, 홍수나 가뭄으로 인한 기근, 태풍이나 지진으로 인한 재해, 혹한이나 혹서로 인한 재해 등과 같은 자연재해를 겪을 때나 외침 등으로 인한 사회적인 재난을 겪을 때, 어려움에 처한 이웃을 돕는 것이 규범으로 강제되었습니다. 또한 혼사나 장례와 같이 큰일을 치를 때도 이웃 간의 상부상조가 강조되었습니다.

내집단 전체가 위험에 처했을 때는 내집단을 구제하기 위해서 집단에 대한 충성심이 강조되었습니다. 이차 대전 당시 자살공격을 감행하던 일본 조종사들은 전현대사회의 이런 측면을 잘 보여주는 사례입니다. 내집단이 존망의 위협에 처하게 되면 목숨을 바쳐서라도 집단을 구할 것이 그들에게 요청되었습니다. 임진왜란 때의 의병들이나 적장을 안고 남강 절벽 아래로 몸을 던진 기생 논개 등 이런 사례는 풍부합니다.

전현대사회에는 연장자와 상급자에 대한 복종의 윤리와 연소자와 하급자에 대한 돌봄의 윤리가 많이 발달되었습니다. 전현대사회는 사회조직 자체도 위계적인 특징을 갖고 있었고, 상하 간의 위계 윤리가 발달했었습니다. 상급자에 대한 불복종은 내집단에서 용납되지 않았고 심한 처벌을 받았습니다. 지역에 따라 다소 차이가 있지만, 상급자들 역시 하급자들에 대한 보살핌이 강조되었습니다.

우애관계를 해치는 개인의 이해추구는 엄격하게 규제되었습니다. 대부분의 전현대사회에서는 사사로운 이익 추구 자체를 부정적인 시각으로 바라보았습니다. 조선시대 신분서열은 사농공상(士農工商)이었는데, 상인을 가장 하위에 둔 것은 그들 직업의 본성이 이익을 추구하는 것이기 때문이었습니다. 『죄와 벌』에서 라스콜니코프에 의해 살해되는 전당포 노파나 『베니스의 상인』에 등장하는 베니스의 상인 샤일록 등은 수전노이며 사회의 기생충과 같은 존재로 묘사되고 있습니다.

외집단과의 관계관

전현대사회 내집단 내에서의 관계에서는 서로 간의 유대, 협력, 상조, 복종과 충성 등이 강조되었음에 반해서, 외집단 간의 관계를 바라보는 관점은 판이했습니다. 전현대사회에서 사람들은 외집단에 대해 심한 편견을 갖고 있었고, 이들에 대한 강한 차별이 존재했습니다. 이들은 서로 첨예하게 대립하고 갈등하는 경우가 많았습니다. 전현대사회는 외집단과의 교류가 상당히 제한적이었던 것이 그 주된 원인이었습니다. 대부분의 전현대사회에서는 자신의 민족이나 국가집단 바깥의 집단을 야만인으로 간주했습니다.

중국인은 자신들 외부에 위치한 동서남북 사방의 민족들을 모두 오랑캐라고 불렀고, 한국인도 일본을 야만국으로 생각했습니다. 서구인도 자기 문명 바깥의 부족을 모두 바바리안[미개인]이라 불렀습니다. 흑인을 포함해서, 멀리 떨어진 지역 사람들에 대해서는 '그들은 인간이 아니다.'라는 생각도 광범위하게 유포되어 있었습니다.

외집단에 대한 편견이 심한 만큼이나 외집단과의 갈등이 빈번하고 강렬했습니다. 서양의 경우, 종교나 종파를 달리하는 사람들 간의 피비린내 나는 전쟁이 끊이지 않았습니다. 십자군 원정이나 신교도와 구교도 간의 갈등이 그 대표적인 예입니다. 조선시대의 당파 간 갈등 역시 처절한 것이었습니다. 중동지역에서의 시아파와 수니파 사이의 오랜 갈등도 여기에 해당합니다.

3. 전현대적 삶의 양식

문명권에 따라 개인이 헌신하는 대상 집단의 차이점은 있지만, 전현대적인 삶의 양식의 가장 핵심적인 특징은 '집단에 헌신하는 삶'이라는 점입니다. 전현대사회에서 개인은 자신의 소속집단에 종속되어 있었으며, 개인은 자신이 속한 집단의 일원으로서의 자아정체성을 가졌습니다.

이에 따라서, 개인의 영달보다는 집단의 번영이 우선시되었고, 집단을 위한 개인의 헌신과 희생이 강조되었습니다. 그러므로 전현대 사회에서 인간다운 삶이란 집단에 헌신하는 삶이었습니다. '집단에 헌신하는 삶'이라고 하는 전현대적인 삶의 양식이 대상 집단에 따라 어떤 형태로 나타나는가를 살펴보기로 하겠습니다.

3.1. 가족과 가문에 대한 헌신

가족과 가문에 대한 헌신은 전현대사회에서 '집단에 헌신하는 삶'의 가장 보편적인 형태입니다. 전현대의 어떤 시대 어떤 지역에서도 가족과 가문에 대한 헌신이 강조되었습니다. 이 중에서도 조선시대 유교사회는 가족과 가문에 대한 헌신이 특히 강조된 사회였습니다. 조선시대 사람들의 가장 큰 바람은 효자나 열부가 되는 것이었을 것입니다.

조선사회에서는 효(孝)를 인간윤리의 근본으로 간주했습니다. 아버지의 눈을 뜨게 하기 위해 자신의 목숨을 바치는 설화의 주인공인 심청은 효녀의 상징이 되고, 그 시대 사람들에 의해 추앙되었습니다. 『삼강행실도(三綱行實圖)』나 『오륜행실도(五倫行實圖)』 등과 같이 효자와 효녀의 모델을 담은 책을 발간해서 자녀들의 효심을 고무하기도 했습니다. 효행이 지극한 사람에게는 효자문을 세워줌으로써, 모든 사람들에게 본이 되도록 했습니다. 여성에게 요구된 윤리는 시부모를 잘 봉양하는 것과 정절을 지키는 것 등이었습니다. 수절을 한 과부 등에게는 열녀문을 세워줘서 그 가문의 영광이 되게 했습니다.

효자나 열부와 같이 직접적인 경우가 아니더라도, 가족과 가문에 대한 헌신은 조선시대 사람들의 삶의 목적이고 행위의 동기인 경우가 많았습니다. 입신양명을 위해 노력하는 경우에도, 그 행위의 동기는 가족과 가문을 영광되게 하고자하는 것이 주된 요인이었습니다. 또한 자녀의 입신양명을 위해 애쓰는 부모들의 경우에도 자녀의 출세를 통해 가족과 가문을 빛내고자 하는 동기가 크게 작용했습니다.

3.2. 국가에 대한 헌신

군주 또는 국가는 전현대 사람들이 헌신을 바치는 주요 대상의 하나였습니다. 군주나 국가에 대한 충성심은 거의 모든 전현대사회에서 중시되는 덕목이었습니다. 특히 유교사회였던 조선사회에서는 충성심에 대한 강조가 컸습니다.

일례를 들어보도록 하겠습니다. 병자호란(丙子胡亂)때, 쌍령(雙嶺) 전투에서 순국한 영남사람 이서우의 사적을 신유한이 기록한 「절사증군기부정광릉이공충렬록(節士贈軍器副正廣陵李公忠烈錄)」에는 다음과 같은 기록이 있습니다.

> 전쟁터로 가는 아들로 인해 집안 식구가 모두 눈물을 흘리는데 어머니는 홀로 얼굴색 하나 변치 않은 채 절사의 손을 잡고 "네가 평생 나를 효성으로 섬김을 볼 때 이런 마음으로 국가에 반드시 충성을 다할 것이라 믿는다. 대장부가 천지에 우뚝 서서 왕의 일을 위해 죽는 것이 어찌 아녀자의 죽음과 같으리오?"라 하고는, 채색 실을 두른 옷을 만들어 주었습니다.(飭兵西驅, 兵行過邑, 望家門十里, 不遑就訣於母, 母擊家屬出路左, 婦子啼呼, 泣涕如雨, 母獨顏色不變, 執公毛曰: '知汝平生事我孝, 以是知汝必忠於國, 大丈夫頭天跟地, 死王事何如死兒女子?' 以采線縫公戰袍裾, 使人易識.) 그 의도는 전사했을 때 시신을 식별하기 좋게 한 것이었습니다.(公男道鳴道源, 即與鐵偕奔所指處, 得公屍, 衣裾采線, 歷歷可驗, 奉而歸葬.)
>
> 일찍이 어머니의 뜻을 따라 무인이 되었던 절사는 부인과 자식에게 "내가 목숨을 바쳐 적과 싸우는 것은 쉽지만 어머니 마음에서 나를 지우

는 것이 어려웠다. 너희들은 내 몸과 같으니 어머니를 잘 모시거라. 어머니께서 나로 인해 한을 품지 않으실 수 있으니 나는 눈을 감을 수 있다."(公拜而起, 上馬摩婦子去曰: '吾以身死敵易, 使吾母忘我難. 爾吾身也, 善事母. 母能無憾於吾, 吾目瞑矣.)라고 말했습니다. 결국 그는 어머니의 뜻을 따라 전장에서 장렬하게 전사하고 맙니다.[14)]

이 일화는 전현대인의 국가에 대한 충성심을 잘 보여주는 사례입니다.

3.3. 신분집단에 대한 헌신

전현대사회에서 신분집단은 삶의 형태에 크게 영향을 주었습니다. 전현대사회는 생산을 자연력에 의존했으므로, 잉여생산량에는 명백한 한계가 있었습니다. 그러므로 전현대사회에서 대부분의 사람들은 노동을 생업으로 삼는 하층 신분집단에 소속되어 있었습니다.

하층 신분집단에 속하는 사람들이 자신의 소속신분을 선호했던 것은 아니었습니다. 하지만 전현대인은 운명에 순응하는 심성을 갖고 있었습니다. 그래서 자기 소속신분의 지위에 따르는 역할을 충실히 이행했습니다. 대부분 지역에서 이들은 삶과 죽음의 경계선 상에서 힘들게 연명했고, 이들의 삶은 고역으로서의 삶이었습니다. 종교적인 믿음이 제공하는 내세에서의 편안한 삶이 이들의 고통스런 삶에 위안을 제공해주는 경우가 많았습니다.

이에 반해서, 상층 신분집단에 소속되어 있는 소수의 사람들은 자신의 신분집단에 대한 적극적인 소속감을 갖고 있었습니다. 지배 이데올로기의 형성과 유포 그리고 제도적인 장치의 마련 등을 통해,

---

14) 송혁기, 「신유한 산문의 일고찰: 기사(記事)의 문학성을 중심으로」, 『한국학논집』 39집(계명대 한국학연구원, 2009), pp. 22-23에서 재인용.

이들은 자신의 기득권을 유지하고 확대하기 위해 노력했습니다. 이들은 때로 신분집단의 이익을 달성하기 위해 왕권과의 충돌도 마다하지 않았습니다.

전현대사회가 부양할 수 있는 상층 신분집단의 규모가 한정되어 있었던 반면에, 상층 신분집단의 규모는 자연적으로 증가하는 경향이 있었습니다. 그러므로 필연적으로 상층집단 내부에서는 권력투쟁이 전개되었습니다. 조선사회의 경우, 상층집단 내부 투쟁은 네 개의 당파 간 투쟁의 형태를 띠었습니다. 각각의 당파는 학연과 혈연으로 결속이 이루어졌고, 자신의 이데올로기를 개발했습니다. 당파의 사활은 가문의 사활과 직결되었으므로, 때로는 당파를 위해 죽음도 불사할 만큼 이들의 당파에 대한 헌신 정도는 높았습니다.

3.4. 종교집단에 대한 헌신

종교집단에 대한 헌신은 전현대적인 삶의 양식의 전형이라 할 수 있습니다. 마르크스가 '종교는 인민의 아편'이라고 말했듯이, 종교는 전현대사회에서의 가혹한 삶을 위로받을 수 있는 가장 중요한 제도적인 장치였습니다. 종교가 늙음이나 죽음과 같은 실존적인 문제에 해답을 제공해준다는 점에서 보면, 종교는 신분집단과 무관하게 전현대사회의 모든 계층 사람들이 의지하는 바였습니다. 하지만 종교가 내세에서의 편안한 영생을 약속했다는 점에서 보면, 종교의 영향은 하층민에게 더 컸습니다. 그래서 일반적으로 삶이 더 혹독한 하층민일수록 종교에 더 의지했고 깊은 신앙심을 갖고 있었습니다.

미국 남부의 흑인 노예는 그 대표적인 사례입니다. 그들에게 삶은 지극히 고통스런 것이었고, 현실의 삶 속에서는 어떤 희망도 기회도 찾을 수가 없었습니다. 그들은 백인 농장주들이 마련해준 주일 예배를 통해 하느님의 존재와 내세에서의 영생을 알게 되었습니다. 현실이 암담했던 만큼이나, 그들은 종교에 헌신했습니다. 지금도 불리는 흑인 영가의 대부분은 현세에서의 삶의 고달픔과 내세에서의 영원히 복된 삶에 대한 기대를 담고 있습니다.

2부

현대적 삶의 양식 :
노동과 소비로서의 삶

2부의 주제는 노동과 소비[15]에 삶의 중심을 두는 현대적인 삶의 양식을 서술하는 것입니다. '현대적인 삶의 양식이 출현하게 된 역사적인 요인은 무엇인지', '현대적인 삶의 양식의 세계관적인 기초는 무엇인지', '현대적인 삶의 양식의 특징은 어떤 것인지'에 대한 논의를 진행하고자 합니다. 그리고 마지막으로 현대적인 삶을 추구한 결과가 어떻게 탈현대적인 삶을 촉발시키는가를 설명하고자 합니다.

현대적인 삶의 양식이 출현하게 된 근본적인 원인은 전현대적인 삶의 양식에 대한 불만입니다. 중세 세계관은 빈곤 문제나 비합리성의 문제 등과 같은 중세 말 문명 위기에 대한 해법을 제시할 수 없었습니다. 뿐만 아니라 중세 세계관은 근대과학이나 자본주의와 같이 새롭게 출현하는 사회구조와 충돌하면서 문명 위기가 고조되었고, 그 결과 현대적인 삶의 양식이 출현하게 되었습니다.

현대적인 삶의 양식의 세계관적인 기초는 현대 세계관입니다. 현

15) 이 책에서 노동과 소비 개념은 경제적인 의미를 포함하지만 그것을 넘어서 포괄적인 의미로 사용됩니다. 즉 노동은 인간이 자신의 에고를 더 크고 높은 것으로 만들기 위해 기울이는 모든 형태의 노력을 포괄하는 의미로 사용될 것입니다. 노동이란 용어의 일반적인 용례인 경제적인 재화를 생산하는 활동으로서의 노동을 지칭하는 개념으로는 직업 노동이라는 용어를 사용할 것입니다. 이 책에서 소비는 노동에 의해 확보된 자원을 사용하는 모든 유형의 활동을 포괄합니다. 소비라는 용어의 일반적인 용례인 경제적인 재화를 소비하는 활동으로서의 소비를 지칭하는 개념으로는 경제적인 소비라는 용어를 사용할 것입니다.

대 세계관은 인간과 세계를 바라보는 새로운 관점을 제시했습니다. 현대 세계관은 시공간적으로 모든 존재들 간의 근원적인 분리를 대전제로 삼고 있습니다. 현대 세계관이 바라보는 자연은 기계와 같이 법칙에 따라 움직이는 것이며, 사회는 개인들의 집합체와 같은 것입니다. 현대 인간관은 인간을 세계와 근원적으로 단절된 개체로 인식하며, 욕망 주체로서의 인간과 이성적인 존재로서의 인간이라고 하는 관점을 형성했습니다. 현대 관계관은 모든 대립물 간의 관계를 적대적으로 인식하는 새로운 관점을 발전시켰습니다.

현대 세계관을 설명한 후에, 노동과 소비에 중심을 두는 현대적인 삶의 양식을 설명할 것입니다. 현대적인 삶의 양식은 바로 현대 세계관의 바탕 위에서 형성된 것입니다. 현대 인간관이 바라보는 인간은 본래 우연하게 생겨난 무의미하고 유한한 존재입니다. 또한 인간은 거대한 세계 앞에서 무력한 존재입니다. 이런 현대 인간관의 관점에서 유래하는 인간 실존의 특징이 현대적인 삶의 양식을 결정짓는 근원으로 작용했습니다.

현대인은 현재보다 나은 미래를 추구합니다. 추구의 목표는 외부세계의 개조를 통한 외물(外物)의 획득입니다. 이런 미래에 대한 추구는 현재 상태에 대한 불만에서 비롯됩니다. 현대 인간관의 관점에서 볼 때, 인간 실존 자체가 결핍입니다. 이 때문에, 불만족스런 현재를 벗어나 만족스런 미래를 추구하는 것이 현대적인 삶의 양식의 핵심적인 양상입니다. 이 책에서는 이런 유형의 현대적인 삶의 양식을 '노동으로서의 삶'이라고 규정합니다. '노동으로서의 삶'이란 개별에고를 더 크고, 높게 만들기 위한 성취지향적인 삶을 가리킵니다.

현대적인 삶의 양식의 또 한 가지 측면은 '소비로서의 삶'입니다. 이것은 '노동으로서의 삶'을 통한 성취를 바탕으로 합니다. '소비로서의 삶'은 욕망 충족을 위한 경제적인 소비, 과시적인 소비를 통한 우월감의 획득, 쾌락의 추구 등을 포함합니다.

마지막으로 2부에서는 현대적인 삶의 양식이 초래하는 문제를 서술할 것입니다. 현대적인 삶에 있어서의 모든 추구는 강박적인 성격을 갖고 있습니다. 자기 존재의 무의미함, 유한함, 무력함에서 비롯되는 불안을 해소하고자 강박적인 노력을 기울이는 것이 현대적인 삶의 본질입니다. 하지만 모든 강박적인 노력이 그러하듯이 이런 노력은 실패합니다. 현대적인 삶의 추구에서는 행복과 만족에 도달하기가 어려우며, 도달한다고 하더라도 그것은 순간적인 것에 불과합니다. 그러므로 현대적인 삶의 양식은 고통과 불행을 양산합니다.

4장 중세문명 위기와 새로운 세계관에 대한 시대적인 요청

중세 말 문명 위기는 새로운 시대에 대한 비전을 제시하고 새로운 사회구조와 조화를 이룰 수 있는 새로운 세계관의 출현을 재촉하게 됩니다.

중세 말에 이르면 중세문명 위기가 심화됩니다. 경제적인 빈곤문제, 비합리적인 사회 관행의 문제 등을 포함해서 중세 세계관의 기반 위에서는 해결할 수 없는 새로운 사회문제가 부각됩니다. 또 이 시기에는 현대과학의 발달이나 자본주의 경제체제의 발달을 포함해서 새로운 사회구조가 급속히 등장했습니다. 그리고 새로운 사회구조와 중세 세계관 간에 격심한 충돌이 일어납니다. 결과적으로 중세 말 문명 위기는 새로운 시대에 대한 비전을 제시하고 새로운 사회구조와 조화를 이룰 수 있는 새로운 세계관의 출현을 재촉하게 됩니다. 여기에서는 중세문명 위기와 새로운 세계관에 대한 시대적인 요청에 관해 설명해보도록 하겠습니다.

1. 새로운 사회문제 인식과 중세 세계관의 위기

현대의 선구자들이 중세사회를 암흑시대라고 호칭했을 만큼, 현대의 눈으로 본다면 중세 말 사회는 빈곤, 비합리, 부자유, 불평등, 무지, 미신, 전염병 등 많은 문제로 점철된 사회였습니다. 중세에서 현대로의 전환기에 이르게 되면, 사회 내부적으로 자신의 문명에 내재해 있는 상기 사회문제들에 대한 인식이 생겨납니다. 이 문제들은 중세 세계관의 기반 위에서는 해결할 수 없는 것이었으므로, 결과적으로 새로운 세계관 출현의 원인으로 작용하게 됩니다.

1.1. 경제적인 빈곤 문제와 중세 세계관의 위기

물론 전현대사회에도 경제적으로 안정된 시기와 곤란을 겪는 시기의 사이클이 있었을 것입니다. 하지만 현대의 눈으로 보면, 전현대사회 일반이 지극히 빈곤한 사회였습니다. 고대 로마제국이 누렸던 경제적인 번영과 같은 현상은 약탈의 기초 위에서 잠시 생겨날 수 있는 것이었지, 지속될 수는 없는 것이었습니다. 전현대사회가 갖고 있던 생산력의 한계로 인해서 빈곤은 전현대사회 일반의 특징이었습니다.

하지만 대부분의 전현대인에게 그들이 빈곤하다는 의식은 없었습니다. 인류문명이 시작된 이래, 인류가 겪었던 결핍은 지속적인 것이었습니다. 오히려 문명 이전의 상태와 비교해보면, 문명 이후의 사람들은 괄목할만한 경제적인 안정과 풍요를 누렸던 것이었습니다. 뿐만 아니라, 문명이 시작된 이후 우여곡절이 있었던 것은 사실이지만, 인류의 경제적인 상태는 더딘 속도로나마 지속적으로 나아지고 있었습니다.

중세 말을 암흑시대라고 일컬을 때, 경제적인 빈곤은 이의 주요 항목입니다. 그러나 암흑시대란 중세적인 시각이 아니라 현대의 시각에서 바라본 중세 말의 상태라는 점을 인식해야 합니다. 중요한 점은 중세 말 사람들이 경제적으로 빈곤했다는 점이 아니고, 중세 말 사람들에게 자신들의 경제적인 빈곤에 대한 새로운 인식이 이루어지기 시작했다는 점입니다.

경제적인 빈곤에 대한 자각은 경제적인 풍요에 대한 상상을 전제로만 이루어질 수 있습니다. 실제로 서구 중세 말에는 과학과 기술의 발달 등으로 인해, 사람들은 인류 최초로 빈곤하지 않은 경제 상황에 대한 꿈을 꾸기 시작했습니다. 중세를 바라보는 현대적인 시각이 생겨나기 시작했던 것입니다. 이때 비로소 중세의 경제적인 빈곤은 사회문제가 되기 시작했습니다.

이와 같이, 중세의 경제적인 빈곤이 심각한 사회문제로 부각되자, 그때까지 중세인의 의식을 지배하고 있었던 중세 세계관은 쓸모없는 것이 되어버렸습니다. 중세의 종교적 세계관은 중세인의 경제적인 빈곤에서 야기되는 고통을 위로하는 데는 효과적이었습니다. 하지만 경제적인 빈곤 자체를 해결하는 데 있어서, 종교적 세계관은 무력했습니다. 다시 말하자면, 경제적인 빈곤으로부터의 탈출이라고 하는 새로운 시대의 요청을 달성해 가는데 있어서, 중세 세계관은 무용했습니다. 따라서 이런 시대적인 요청이 거세지면서 세계관의 위기는 가속화되었습니다.

1.2. 비합리성의 문제와 중세 세계관의 위기

중세사회의 비합리성의 문제도 위에서 논의한 경제적인 빈곤문제와 내용은 다르지만 형식적으로는 동일한 구조를 갖고 있습니다. 현대의 눈으로 본다면, 중세 말 사회는 심각한 수준으로 비합리적인 사회 관행이 만연해 있는 사회였습니다. 중세 말 사회에는 신분에 따른 차별 문제, 성별에 따른 차별 문제, 권력의 자의적인 행사, 부자유, 인권 유린, 민주적인 의사소통구조의 부재 등 비합리성의 문제가 산적해 있었습니다.

그러나 중세 말 사회가 안고 있었던 비합리성의 문제는 단지 중세 말 사회만의 문제가 아니었고, 문명이 시작된 이래 현대 이전의 모든 사회가 공유했던 문제였습니다. 다만 전현대와 현대의 문명 대전환기에 처해 합리성의 잣대를 갖고서 사회를 바라보는 새로운 시각이 출현하면서 비합리성의 문제가 사회문제로 인식되기 시작했던 것입니다.

예를 들면, J. J. 루소(Jean Jacques Rouseau, 1712-1778)는 『사회계약론』 첫 줄에서, "인간은 자유인으로 태어났으나 어디에서나 쇠사슬에 얽매여 있다."[16]라고 썼습니다. 루소가 이 글을 쓰기 전에도 인류는 어디에서나 쇠사슬에 얽매여 있었습니다. 하지만 '인간은 본래 자유롭게 태어났다.'라고 하는 인간의 본래적인 자유에 대한 현대적인 인식이 생겨나기 이전의 사람들에게는 그들이 부자유하다는 의식이 희박했습니다. 따라서 그들은 부자유를 해결해야 할 사회문제로 인식하지 않았습니다.

여하튼 문명 대전환기에 이르러 현대사회에 내재해 있는 비합리성의 문제가 사회문제로 인식되었습니다. 그런데 중세 세계관은 이것을 문제로 삼을 수조차 없었습니다. 더군다나 이것을 해결할 수 있는 관점을 제공하는 것은 불가능한 일이었습니다. 오히려 중세 세계관은 사회의 비합리적인 관행을 묵인하고 때로는 지지하는 경향도

16) J. J. Rousseau, 정영하 옮김, 『사회계약론』(산수야, 2005), p. 27.

있었습니다. 그러므로 비합리성에 대한 문제인식의 확산은 새로운 세계관의 출현을 촉발하는 요인이 되었습니다.

2. 새로운 사회구조와 중세 세계관의 충돌

중세 말·근대 초에 이르게 되면서, 새로운 사회구조가 출현했습니다. 현대과학과 기술의 발달, 지리상의 발견, 자본주의의 발달 등이 대표적인 예입니다. 새롭게 출현한 사회구조는 중세 세계관과 충돌을 일으킵니다. 새로운 사회구조와 낡은 세계관 중에서 변화해야 하는 것은 낡은 세계관입니다. 이런 이유로 새로운 사회구조의 출현은 세계관의 변화를 촉발시키는 요인이 됩니다. 여기에서는 근대과학과 자본주의의 발달이 어떻게 중세 세계관과 충돌을 일으켰는가에 대해서만 살펴보도록 하겠습니다.

2.1. 근대과학의 발달과 중세 세계관의 충돌

새로운 과학적인 발견은 중세 세계관과 충돌을 일으켰습니다. 지동설은 그 대표적인 사례입니다. 16세기에 이르러, N. 코페르니쿠스(Nicolaus Copernicus, 1473-1543)는 태양이 우주의 중심이고 지구가 태양 주위를 돌고 있다는 지동설을 주장했습니다. 지동설은 가톨릭의 우주에 관한 전통 학설인 천동설과 정면으로 충돌했습니다. K. 프톨레마이오스(Klaudios Ptolemaeos, 85?-165?)가 2세기에 천동설을 주장한 이래, 약 1,400여 년 동안 사람들은 지구가 우주의 중심에 있다고 믿게 되었으며, 이것은 가톨릭의 공식 교리가 되었습니다.

지동설은 중세적 세계관을 크게 뒤흔든 사건이었습니다. 천동설은 전체 가톨릭 교리 중에서 아주 작은 일부분에 지나지 않았습니다. 하지만 가톨릭 교리란 절대자인 하느님의 말씀이므로, 교리의 아주 작은 부분에 대한 부정도 하느님의 절대성을 붕괴시키기에는 충분한 것이었습니다. 왜냐하면 절대자란 결점이 없는 완전한 존재이기 때문입니다.

바로 이런 이유로 교회는 새로운 과학의 발견과 정면으로 충돌하게 되었습니다. 교회는 새로운 과학적 발견을 부정하고 억압하려 했습니다. 도미니코회 수도사이자 신비주의자였던 G. 브루노(Giordano Bruno, 1548-1600)는 지동설을 강경하게 부르짖었습니다. 그는 1592년 베네치아에서 이단신문에 회부되어 종교재판을 받았습니다. 그는 거기에서도 소신을 굽히지 않았기 때문에 마침내 1600년에 로마 캄포 데이 피오리 광장에서 화형에 처해졌습니다. 갈릴레오 갈릴레이(Galileo Galilei, 1564-1642) 역시 지동설을 담은 자신의 저술이 금서가 되었을 뿐만 아니라, 1633년 로마의 이단 심문소의 명령으로 로마로 소환되어 종교재판을 받았습니다.

그러나 과학적인 발견에 대한 종교의 탄압에도 불구하고, 갈릴레이의 말처럼 '그래도 지구는 도는 것'이었기 때문에, 지동설은 일반인들에게 점차 과학적인 사실로 받아들여졌습니다. 지동설의 발견과 확산은 중세 세계관의 붕괴를 촉진시켰으며, 기독교인들의 신앙심을 뿌리에서부터 뒤흔드는 계기가 되었습니다. 과학과 종교의 충돌은 지동설에 한정된 것이 아닙니다. 생명의 기원에 대한 과학계와 기독교계의 논쟁은 또 하나의 충돌 사례입니다. C. R. 다윈(Charles Robert Darwin, 1809-1882)이 진화론을 발표하면서, 기독교의 창조설과 다윈의 진화론 간에 충돌이 발생했습니다.

과학과 종교의 충돌에서 초반에는 종교가 과학에 대해 공세를 취하는 것이 주류를 이루었습니다. 하지만 나중에는 과학이 종교에 대한 공세를 취하기도 합니다. 과학 내부에서 유물론의 발전이 그 전형적인 사례입니다. L. A. 포이어바흐(Ludwig Andreas Feuerbach, 1804-1872)는 『기독교의 본질』(1841)이란 책에서 '신이 인간을 만든 것이 아니라, 인간이 신을 만들었다.'라고 하는 유물론적인 주장을 전개했습니다. 포이어바흐의 유물론은 K. H. 마르크스(Karl Heinrich Marx, 1818-1883)에게 계승되면서 훗날 인류 역사에 큰 영향을 미쳤습니다.

이렇듯 과학과 종교 간의 충돌이 일어나면서, 중세 세계관은 상당한 타격을 입었습니다. 양자의 충돌에서 일시적으로는 종교가 우위를 점하기도 했습니다. 하지만, 결국 사라져야할 것은 새로운 과학이 아니라 낡은 종교적인 세계관임이 분명해졌습니다. 이에 따라서, 과학과 조화를 이룰 수 있는 새로운 세계관에 대한 시대적인 요청이 강화되었고, 이는 현대 세계관의 출현을 가속화시키는 계기가 되었습니다.

2.2. 자본주의의 발달과 중세 세계관의 충돌

이 시기에 출현한 새로운 사회구조의 하나인 자본주의 경제체제는 지리상의 발견이 활발히 이루어지던 16세기 무렵부터 점차로 봉건제도 속에 싹트기 시작했습니다. 자본주의는 18세기 중엽 이후 영국과 프랑스 등을 중심으로 발달했고, 산업혁명 발발이 자본주의 체제 확립에 커다란 영향을 미쳤습니다. 19세기에 들어와 독일과 미국 등으로 자본주의 체제의 파급이 이루어졌습니다.

초기 자본주의 시대에는, 이윤 획득을 목적으로 하는 상품생산과 유통이 이루어지기 시작했으며, 자본주의 정신이 태동했습니다. 상거래나 고리대금업 등을 통해 자본 축적이 일어나고, 노동력이 상품화되기 시작했습니다. 봉건 경제체제와 자본주의 경제체제가 혼재하던 시기를 지나, 점차로 자본주의 경제체제가 봉건 경제체제를 압도해 나가기 시작했습니다.

초기 자본주의 발달의 주역은 수공업적 가내공업을 도매상제(都賣商制)를 통해 지배하던 전기 상업자본가였습니다. 이들은 봉건시대의 전통적인 생산방식을 타파하고 새로운 공장제 생산조직을 구축했습니다. 이들은 절대주의국가와 상호의존하면서 유통단계에서부터 사회의 자본주의화를 추진했습니다. 산업혁명의 발발과 더불어 산업자본이 확산되고, 산업자본가가 자본주의 경제체제 발달의 주역을 맡게 됩니다.

자본주의 경제체제의 발달에 따라, 생산력이 증대하고 도시의 발달이 촉진되었습니다. 사회분업도 복잡화되고, 노동자계급과 자본가계급이 형성되기 시작했습니다. 점차 직장과 가정의 분리도 일어났습니다.

자본주의의 발달 역시 중세 세계관과 충돌을 빚었습니다. 중세 세계관은 자본 축적과 노동에 대해 부정적인 입장을 갖고 있었습니다. 그러므로 중세 세계관의 관점에서 보았을 때, 자본주의의 양축을 담당하는 자본가와 노동자 모두에 대한 부정적인 태도가 나타납니다. 중세 세계관이 적극적인 노동윤리와 자본가 정신을 제공함으로써 자본주의 발전에 적극적으로 기여하는 것은 원천적으로 불가능한 일이었던 것입니다.

실제로 M. 베버(Max Weber, 1864-1920)가 저술한 『프로테스탄티즘의 윤리와 자본주의의 정신』에서 보면, 유럽의 개신교 지역이 가톨릭 지역보다 자본주의의 발달이 빠르게 진행되었음을 알 수 있습니다. 이와 같은 이유에서 자본주의가 발달할수록, 중세 세계관의 붕괴는 가속화되고 새로운 세계관의 출현이 촉발되었습니다.

5장 현대적 삶의 양식의 세계관적 기초 : 현대 세계관

모든 존재가 자신을 둘러싸고 있는 세계와 단절되어 있다는 것이
현대가 세계를 바라보는 기본적인 관점입니다.

현대 세계관이란 서구 근대기에 출현한 인간과 세계를 바라보는 새로운 관점을 지칭합니다. 현대 세계관은 17세기를 전후하여 서구 사회에서 출현했습니다. 현대 세계관은 이후 전 세계로 확산되었고, 오늘날에 이르기까지 현대사회의 지배적인 세계관으로 작용하고 있습니다.

16세기에 이르게 되면, 중세 세계관은 중세 말 사회가 직면하고 있는 사회문제에 창조적으로 응전할 수 없을 뿐만 아니라 새롭게 출현하는 현대 사회구조와도 충돌을 빚게 됩니다. 이에 중세 세계관의 붕괴가 가속화되었습니다. 중세 세계관의 붕괴는 그 시대를 살아가던 사람들에게는 세계의 흔들림이었으며, 삶의 혼란과 고통의 가중을 의미하는 것이었습니다. 바로 이런 무질서가 새로운 질서를 모색케 하는 원동력으로 작용하여, 현대 세계관을 출현시킨 근원적인 힘

이 되었다고 볼 수 있습니다.

현대 세계관의 핵심은 시공간적으로 '모든 존재들 간의 근원적인 분리'에 대한 가정입니다. 현대 세계관의 출현에 가장 직접적인 영향을 미친 것은 물리학에서 새롭게 출현한 기계론적 자연관입니다. 기계론적 자연관의 유추를 통해 원자론적 사회관이 형성되었습니다. 그리고 이것은 다시 욕망 주체로서의 인간관과 진화론에서 주장하는 바와 같은 적대적 대립관의 토대가 되었습니다. 여기에서는 현대 세계관을 현대 세계상, 현대 인간관, 현대 관계관으로 나누어 살펴보도록 하겠습니다.

1. 현대 세계상

현대 세계상의 핵심은 '모든 존재들 간의 근원적인 분리'에 대한 가정입니다. 특정의 인간, 특정의 사회, 특정의 자연물 등 모든 존재가 근원적으로 자신을 둘러싸고 있는 세계와 단절되어 있다는 것이 현대가 세계를 바라보는 기본적인 관점입니다. 현대 세계관의 관점에서 볼 때, 나와 너, 나와 세계는 근원적으로 분리된 존재입니다. 현대 세계관은 이렇듯 상호 분리된 존재로 세계를 이해하고자 합니다. 이 책에서는 현대 세계상을 현대 자연관과 현대 사회관으로 나누어 설명하도록 하겠습니다.

1.1. 현대 자연관

현대 이전의 사회에서는 동서양을 막론하고, 자연은 영혼을 갖고 있으며 신에 의해 움직여지는 것이라는 관념이 지배했습니다. '만물은 신들로 가득 차 있다.'라는 탈레스(Thales, B.C. 624?- 546?)의 말은 고대인의 자연관을 잘 보여줍니다. 자연은 스스로 성장과 발생을 거듭하는 하나의 거대한 생명체로 인식되었습니다. 전현대인은 자연에 대한 외경심을 갖고 있었습니다.

그러나 현대기에 이르면서, 자연은 무수히 분리된 물질들로 조립된 거대한 기계와 같은 것으로 간주되기 시작했습니다. 이것을 기계론적 자연관이라고 합니다. 기계론적 자연관이란 자연이 기계적인 법칙에 따라서 움직이는 생명 없는 물질의 세계라고 하는 새로운 자연관입니다. 현대 초 물리학의 발달은 새로운 자연관 형성에 큰 영향을 미쳤습니다.

기계론적 자연관 출현의 기초가 된 것은 정신과 물질을 이원론적으로 파악하는 새로운 관점의 확산이었습니다. T. 홉스(Thomas Hobbes, 1588-1679), R. 데카르트(Rene Descartes, 1596-1650), B. 스피노자(Baruch de Spinoza, 1632-1677), L. 라메트리(La Mettrie, 1709-1751) 등은 정신과 물질의 이원론 확립에 기여한 대표적인 학자들입니다.

이 중에서도 데카르트는 가장 중요한 인물입니다. 그는 정신과 물질을 철저히 구분하는 이원론을 전개했습니다. 데카르트적인 이원론에 따르면, 자연은 물질세계에 속합니다. 이리하여 자연에서 신성(神性)이 제거되었습니다. 그는 순수한 물질적인 운동 법칙으로 자연의 변화를 설명하려 했습니다.

I. 뉴턴(Isaac Newton, 1642-1727)과 같은 선구적인 과학자들은 세계를 구성하고 있는 요소는 물질의 입자이며, 자연에는 그것이 작동하는 정확한 법칙이 존재한다고 생각했습니다. 그들은 수학적으로 작동하는 자연이라고 하는 기계론적 자연관을 확립했습니다.

기계론적 자연관은 자연을 영혼 없는 하나의 기계와 같은 물질세계로만 바라보는 관점을 확산시켰습니다. 기계론적 자연관의 확립과 더불어, 인류는 자연에 대한 외경심을 더 이상 갖지 않게 되었습니다. 뿐만 아니라 자연의 작동 법칙에 대한 이해의 기반 위에서, 자연을 인간의 욕망 충족을 위해 이용, 지배, 착취해도 좋은 대상으로 간주하게 되었습니다. 결과적으로, 기계론적 자연관은 물질적으로 풍요한 현대문명 형성의 원천이 되기도 했지만, 다른 한편으로는 자연에 대한 무분별한 개발과 파괴를 초래한 세계관적인 기초가 되었습니다.

1.2. 현대 사회관

현대 사회관 형성에는 현대 자연관이 큰 영향을 미쳤습니다. 현대가 사회를 바라보는 관점은 한 마디로 원자론적 사회관이라고 할 수 있습니다. 원자론적 사회관의 요점은 다음과 같습니다. 사회는 독립적인 개인들이 단순히 모여 있는 집합체에 불과한 것이며, 그러므로 사회는 자신의 독자적인 실체를 갖지 못한다는 것입니다.

뉴턴이나 갈릴레이 같은 과학자들은 인간 원자들로 구성된 인공적인 구조물로서의 사회 모델을 형성하는 데 기여했습니다. 뉴턴 물리학의 영향을 받은 J. 로크(John Locke, 1632-1704)는 개인을 기본 구성체로 하는 원자론적 사회관을 발전시켰습니다.[17] 로크는 인간은 본래 자유롭고, 평등하며, 독립된 존재라고 하면서, 개인들은 자신의 안전과 재산의 보호를 위해 사회를 구성하기로 합의했다고 주창했습니다.[18]

J. J. 루소(Jean-Jacques Rousseau, 1712-1778) 역시 현대 사회관

17) F. Capra, 이성범 · 구윤서 옮김, 『새로운 科學과 文明의 轉換』(범양사출판부, 1985), p. 65 참조.
18) J. Locke, 강정인 · 문지영 옮김, 『통치론』(까치, 1996), p. 93 참조.

형성에 기여했습니다. 그는 『사회계약론』에서 사회는 개인들의 자유로운 의사에 따라 구성될 수도 있고 해체될 수도 있는 집합체와 같은 것이라고 설명했습니다. 사회란 개인들이 맺은 약속의 결과에 불과한 것이며, 그러므로 사회는 얼마든지 그리고 언제든지 변조와 해체가 가능하다는 것이 그의 입장이었습니다.

J. 벤담(Jeremy Bentham, 1748-1832)도 현대 사회관 형성에 기여했습니다. 벤담은 사회를 이해할 때, 개인들이 이익을 추구하는 측면을 강조했습니다. 사회란 각자 자신의 이익을 추구하는 개인들에 의해서 형성된 거래의 장이라는 '시장[market]으로서의 사회상'을 구축했습니다. 또한 그는 사회란 쾌락을 추구하고 고통을 회피하려고 하는 개인들의 집합체라고 주장했습니다.

이들의 논의를 거치면서 확립된 현대 사회관의 특징은 다음과 같습니다. 사회란 개인들의 집합체에 불과하며 독자적인 실체를 갖지 않습니다. 사회는 현대적인 의미에서의 자연과 마찬가지로 인과법칙에 따라 움직이는 일종의 기계와 같은 것입니다. 그러므로 사회는 기계와 같이 분해와 조립, 변조가 가능하다는 것입니다. 프랑스 대혁명을 포함해서 현대 역사상의 혁명 운동들은 모두 합리적으로 개조 가능한 사회라고 하는 현대 사회관에 바탕을 두고 있습니다.

2. 현대 인간관

현대 인간관은 인간을 바라보는 새롭고 독특한 관점을 제공했습니다. 발전론적으로 보자면, 현대 인간관은 중세사회에서 신에 예속되어 있던 인간을 해방시키는 과정에서 형성된 것입니다. 결과적으로 보자면, 현대 인간관의 핵심은 '시간적·공간적으로 분리된 유한한 개체로서의 인간'을 가정한다는 점입니다. 현대 인간관은 다양한 형태로 표현되지만, 여기에서는 가장 중요한 양상인 욕망 주체로서의 현대 인간관과 이성적인 존재로서의 현대 인간관을 살펴보도록 하겠습니다.

2.1. 현대 인간관의 탄생과정

르네상스기에 접어들면서, 중세의 신 중심적인 질서가 무너지고, 인간 중심적인 새로운 질서가 출현하게 된 것이 현대 인간관 탄생의 계기가 되었습니다. 인간 중심적인 새로운 질서가 형성되면서, 중세 사회에서 신에게 부여되었던 권위와 능력이 인간에게 부여되었습니다. 이리하여, 인간은 자유롭고 자율적이며 창조력을 갖고 있는 존엄한 존재라고 하는 새로운 인간관이 탄생하게 된 것입니다.[19]

G. P. D. 미란돌라(Giovanni Pico della Mirandola, 1463-1494)의 다음 말은 이 시대에 생성된 인간에 대한 새로운 관점을 잘 드러내어줍니다. 미란돌라는 "인간은 우주에서 가장 경이로운 존재로서, 모든 찬사를 받을 가치가 있으며, 자신의 이성의 힘으로 신적인 존재로 상승할 수 있는 자기규정의 능력을 가진 존재"라고 말했습니다.[20]

미란돌라를 포함해서 르네상스기 휴머니스트들은 인간에 대해 새로운 관점을 제시했습니다. 그들은 초자연적이고 탈세속적인 중세 인간관에 반대했으며, 인간이 갖고 있는 감성적이고 육체적인 특성을

19) 신오현, 「르네상스 휴머니즘과 철학」, 신오현 외 6인 공저, 『르네상스 휴머니즘의 현대적 의의』(영남대학교 출판부, 1990), pp. 96-97 참조.

20) G. P. D. Mirandola, "Oration on the Dignity of Man", In *The Renaissance Philosophy of Man,* edited by Ernst Cassirer, Paul Oskar Kristeller, and John Herman Randall, Chicago: The University of Chicago Press, 1948, p. 223 참조.

긍정했습니다.[21] 이 시대에는 인간의 육체적인 아름다움에 대한 인식이 증가하고, 청춘의 즐거움과 쾌락을 찬미하는 경우가 많았습니다. 그들은 내세에서의 삶이나 구원보다는 현세에서의 세속적인 생활에 더 큰 의미를 부여했습니다.[22] 또한 그들은 인간이 역사를 형성해 나가는 과정에서 주도적인 역할을 수행할 수 있다고 믿었습니다.[23]

또한 개신교에서 종교적인 개인주의의 발전이나 도시 발달이 개인의 출현을 가속화했습니다. 이런 여러 가지 요인에 힘입어 현대 인간관이 확립되었습니다. 마침내 '천부적으로 자유로운 존재이며 자율성과 독자성을 갖고 있는 역사의 창조자로서의 개인'이라고 하는 새로운 인간 인식이 출현했습니다.[24] 또한 현대인들도 인간은 자유롭고 평등한 존재이며, 자신의 생명·자유·재산에 대해서 양도할 수 없는 권리를 갖는다고 하는 현대적인 신념을 갖게 됩니다.[25]

2.2. 욕망 주체로서의 인간

욕망 주체로서의 인간관은 현대 인간관의 전형이라고 할 수 있습니다. 현대 세계관의 관점에서 보았을 때, 인간이란 어떤 존재일까요? 인간이란 자기 바깥에 있는 모든 존재들과 근원적으로 분리·독립된 고립적인 존재입니다. 이런 존재론적인 특징을 갖고 있는 개개의 인간은 더 이상 자신이 속한 집단이나 친밀한 사람들과의 관계를

21) 허재윤, 「르네상스 휴머니즘의 종교적 의의」, 신오현 외 6인 공저, 『르네상스 휴머니즘의 현대적 의의』(영남대학교 출판부, 1990), p. 168 참조.
22) 차하순, 『르네상스의 사회와 사상』(탐구당, 1991), p. 248 참조.
23) 같은 책, p. 71 참조.
24) 전경갑, 『현대와 탈현대의 사회사상』(한길사, 1993), p. 54 참조.
25) J. Bronowski and B. Mazlish, 차하순 옮김, 『西洋의 知的 傳統』(학연사, 1986), p. 243 참조.

통해 자신의 정체성을 파악하고 삶의 의미를 발견하며 집단적인 삶에 자신을 헌신할 수 없습니다. 개인에게 남아있는 유일한 삶의 의미는 외부 세계와 분리된 자기 자신뿐입니다. 이렇게 되었을 때, 자기 자신의 실체는 바로 자신의 욕망입니다. 따라서 현대사회에는 '자신의 욕망 충족의 극대화를 추구하는 존재로서의 인간'이라고 하는 인식이 팽배하게 되었습니다.

욕망 추구자로서의 인간관을 확립하는 데 기여한 대표적인 학자는 홉스였습니다. 홉스에게 있어서 인간이란 권력을 위시하여 부, 명예, 육감적인 쾌락, 안락, 지식 등 자신의 이기적인 욕망을 끝없이 추구하는 존재였습니다.[26] 이런 인간 본성을 방치하였을 때, 인간은 타인을 이용하거나 때로는 희생시켜서라도 자신의 이익을 달성하려 하게 되고, '만인에 의한 만인의 투쟁 상태'가 벌어지게 될 것이라는 것입니다.

인간의 자연 본성에 대한 홉스의 견해는 현대 세계에 광범위한 영향을 끼쳤습니다. 현대 학문들은 대부분 홉스적인 인간관의 바탕 위에 구축되었습니다. 현대 정치학은 '인간이란 권력을 추구하는 존재'라고 하는 전제 위에 형성·발전해 왔습니다. 또한 정치적 인간관의 한 변형으로 경제학에서는 인간이란 '자신의 이윤의 극대화를 추구하는 존재'로 간주되었으며, 경제인[homo economicus] 개념이 형성되었습니다. 심리학에서는 프로이드를 중심으로 인간이란 '본능 특히 성적 본능을 추구하는 존재'라고 전제했습니다.

이렇듯, 자신의 욕망을 추구하는 존재로 인간을 규정했을 때, 세계는 단지 자신의 욕망 충족을 위한 자원을 공급하는 대상으로서의 도구적인 가치만을 갖게 됩니다. 각각의 인간은 살아남기 위해 자신과

---

26) T. Hobbes, *Leviathan*, Indianapolis, Indiana: Hackett Publishing Company, Inc., 1994, pp. 58-59 참조.

마주하고 있는 대상 세계와 투쟁하여 그것을 정복하고 자신이 필요로 하는 자원을 탈취해야만 합니다.

이리하여 현대사회에서 '자아와 비아(非我)로서의 세계'는 근원적으로 분리된 가운데 본래적인 적대 관계를 갖게 되었습니다. 인간에게 있어서 외부 세계는 투쟁을 통해 정복하고 탈취해야 할 대상으로 변했습니다.[27] 이런 세계관 변화의 결과로 자연의 의미는 근대기에 접어들면서 급진적으로 바뀌었습니다. 자연은 인간이 자신의 욕망을 충족시키기 위해 이용하고 착취하고 극복해야 할 대상이 되어 버린 것입니다.

또한 욕망 주체로서의 인간관은 현대 이상사회관에 큰 영향을 미쳤습니다. 현대 이상사회관의 전형은 욕망 충족적인 사회입니다. 이것은 경제적인 측면에서 보면 풍요한 사회 건설로 나타나고, 문화적인 측면에서 보면 쾌락주의 문화의 확산으로 나타납니다. 현대사회에서 우리가 개인적으로나 사회적으로 추구하는 것은 이 두 가지를 크게 벗어나지 않으며, 이런 현대적인 현상의 원천은 욕망 주체로서의 인간관입니다.

2.3. 이성적인 존재로서의 인간

현대세계의 특징적인 인간관의 또 다른 모습은 '이성적인 존재'로서의 인간관입니다. 이성적인 인간관은 특히 서구 역사에서 오래된 그리고 지속적인 인간에 대한 관점의 하나입니다. 하지만 이성적인 인간관에서 '이성'의 의미는 시대에 따라 차이가 있습니다. 중세사회에서 이성이라고 할 때는 무엇보다도 '신을 알 수 있

27) 이규성, 「우주적 연대 속의 인간과 욕망」, 김종철 편, 『녹색평론선집1』(녹색평론사, 1993), p. 136 참조.

는 능력'을 의미했습니다. 하지만 현대 인간관의 하나로 이성적인 인간을 말할 때, 이성의 의미는 과거와 다릅니다.

현대 인간관에서 이성이란 크게 보아 두 가지 의미를 갖고 있습니다. 첫째로 이성이란 현상을 관찰하여 그로부터 법칙적 지식을 산출할 수 있는 능력을 의미합니다. 이런 유형의 이성은 과학발달의 기초가 됩니다. 둘째로 이성이란 비합리적인 기존 제도와 관행을 비판적으로 인식하고 합리적인 사회를 추구할 수 있는 능력을 뜻합니다.[28] 이런 유형의 이성은 사회비판과 개혁의 기초가 됩니다.

현대적인 의미에서의 이성관에 바탕 하여, 인간은 완전한 독립성을 가진 행위 주체로 규정되었으며, 이제까지 자신을 속박해 왔던 전통의 힘으로부터 벗어나게 되었습니다.[29] 인간은 이성에 입각해서 종교적·정치적인 신념을 결정하고 자신의 삶을 영위하며 사회를 개혁해 나가는 존재로 인식되었습니다.[30]

현대사회가 추구해 온 두 가지 이상은 욕망 충족적인 풍요한 사회 건설과 이성적인 사회 건설이라고 할 수 있습니다. 풍요한 사회 건설의 원동력은 과학기술의 발달이며, 과학기술 발달의 원동력은 인간 이성의 계몽입니다. 이성적인 사회 건설의 원동력은 비판적인 사회인식과 합리적인 사회이상의 제시이며, 이런 활동의 바탕은 이성입니다. 그러므로 현대문명이 추구하는 모든 것의 전제에는 이성적인 존재로서의 현대 인간관이 있습니다.

---

28) D. L. Westby, *The Growth of Sociological Theory: Human Nature, Knowledge, and Social Change*, New Jersey: Prentice Hall, 1991, p. 21 참조.

29) A. Laurent, 김용민 옮김, 『개인주의의 역사』(한길사, 2001), p. 60 참조.

30) 최석만, 「사회윤리로서의 합리주의와 유교의 비교」, 『東洋社會思想』 제1집(東洋社會思想學會, 1998), p. 137 참조.

3. 현대 관계관

현대 세계관의 관점에서 볼 때, 나와 너의 관계의 본질은 무엇일까요? '나는 너에게' 그리고 '너는 나에게' 아무런 본래적인 의미도 없는 존재입니다. 왜냐하면, 현대 세계관은 인간을 포함해서 이 세상 모든 존재가 다른 존재와 근원적으로 분리·독립된 고립적인 개체라고 인식하기 때문입니다.

이런 까닭으로, 자기 바깥의 세계는 근본적으로 자신과 아무런 관련이 없습니다. 자기 바깥의 대상 세계가 자신에게 어떤 의미를 갖는 것은 오직 자신의 욕망을 충족시킬 수 있는 대상물이 될 때뿐입니다. 그러므로 '나에게 있어서 너'는 그리고 '너에게 있어서 나'는 자신의 욕망을 충족시키기 위해서 극복하거나 이용해야 할 대상일 따름입니다. 서로가 서로를 이용과 착취의 대상으로 바라보게 될 때, 거기에는 필연적으로 이해관계의 대립이 존재하게 되며, 적대적인 대립이 생겨나게 됩니다.

적대적 관계관, 이것이 바로 현대 관계관의 전형입니다. 진화론적 세계관은 현대 적대적 관계관의 대표이며, 또한 현대 적대적 관계관 형성에 큰 영향을 미칩니다. 그래서 여기에서는 진화론적 세계관을 중심으로 현대 관계관을 설명하도록 하겠습니다.

3.1. 진화론적 세계관의 형성

진화론은 적대적 대립관을 잘 형상화하고 있습니다. 진화론의 관점에서 보면, 모든 생명체는 살아남기 위해 처절한 경쟁과 갈등을 벌여야합니다. 진화론을 확립한 학자는 C. R. 다윈(Charles Robert Darwin, 1809-1882)이었습니다. 다윈의 진화론, 그 중에서도 생존투쟁을 통한 적자생존의 개념 형성은 T. R. 맬서스(Thomas R. Malthus, 1766-1834)의 『인구론』의 영향을 크게 받았습니다.

맬서스는 『인구론』에서, 인구의 증가력과 토지의 생산력 간에는 자연적인 불균형이 존재함을 주장했습니다.[31] 즉, '식량공급은 기껏해야 산술적으로 증가하는 반면 인구는 제한을 받지 않는다면 기하급수적으로 증가한다.'고 하는 인구법칙을 제시했습니다.[32] 그러므로 자연에 의한 생계수단의 공급과 인간의 필요 사이에는 불가피하게 불균형이 존재하며, 살아남기 위한 투쟁은 불가피한 것이 된다는 것입니다.

다윈은 맬서스의 『인구론』에서 인류 문명발전 과정에서 식량공급과 인구증가 간의 불균형의 문제를 모든 생명체들에게 있어서 먹이의 양과 번식속도 간의 불균형의 문제로 일반화시킵니다. 모든 생명체의 숙명인 양자 간의 불균형은 필연적으로 불가피한 생존경쟁을 유발시킨다는 것입니다.

"생존경쟁은 모든 유기체가 높은 비율로써 증가하려는 데에서 필연적으로 생기게 된다."[33]고 다윈은 말했습니다. 모든 유기체는 만약 이들의 자손이 모두 생존하여 자손을 출산하는 일이 계속된다면 단 한 쌍의 자손들에 의해 지구가 모두 덮여질 정도의 높은 율로 자연적인 증가를 해나갈 것이기 때문에, 살아남기 위한 생존경쟁은 필연적이라는 것입니다.[34]

그러므로 개체 간에는 생존을 위해 전력을 다하는 투쟁이 전개되며, 이런 개체간의 투쟁 과정을 통해서, 생존에 유리한 개체적인 차이와 변이는 보존되며, 불리한 것들은 파괴됩니다.[35] 즉, "모든 유기

31) T. R. Malthus 김일곤 옮김, 『인구론』(대양서적, 1972), p. 85 참조.
32) 같은 책, p. 86 참조.
33) C. R. Darwin 이민재 옮김, 『種의 起源』(을유문화사, 1983), p. 81.
34) 같은 책, p. 82 참조.
35) 같은 책, p. 95 참조.

체는 자연 질서에 있어서 각기 자기의 지위를 획득하려 노력하고 있으므로, 만약 어떤 한 종이라도 그의 경쟁자와 비슷한 정도로 변화되고 개량되지 못한다면 그것은 절멸해 버리고"[36] 말게 됩니다. 진화는 이런 최적자생존 또는 자연도태 과정을 통해서 이루어진다는 것입니다.

진화론은 현대 관계론에 두 가지 측면에서 큰 영향을 미치게 됩니다. 하나는 '나에게 있어서 너'는 내가 살아남기 위해 극복하고 이용하고 착취해야할 적이라는 것이며, 이것은 너에게 있어서도 동일합니다. 그러므로 너와 나 간에는 살아남기 위한 갈등과 경쟁이 불가피하다는 것입니다. 다른 하나는 경쟁과 갈등은 불가피한 것일 뿐만 아니라 긍정적인 변화를 초래한다는 것입니다. 경쟁과 갈등의 부정적인 결과에만 주목하던 전현대적인 관점에서 보면, 이것은 아주 새로운 주장입니다.

본래 다윈의 생물학적인 진화론의 핵심 관념은 맬서스의 『인구론』에서 차용한 것인데, 이제 다시 생물학적인 진화론은 사회 진화론으로 발전합니다. 생명체와 마찬가지로 인류사회도 생존을 위한 투쟁이 필연적이며, 투쟁의 결과로 사회발전이 이루어진다는 것이 사회 진화론의 요점입니다.

W. 바조트(Walter Bagehot, 1826-1877), L. 굼플로비츠(Ludwig Gumplowicz, 1838-1909), G. 라첸호퍼(Gustav Ratzenhofer, 1842-1904) 등은 사회 진화론을 형성한 대표적인 학자들입니다. 이들은 사회 변화를 이해하는데 있어서, 집단 간 투쟁의 중요성을 주장하면서, 집단 간 투쟁의 과정을 통해 적자생존이 이루어지고, 역사는 진보하는 것이라고 주장했습니다.[37] 사회 진화론을 본격적인 사회이론

36) 같은 책, p. 114.
37) N. S. Timasheff and G. A. Theodorson, 박재묵 · 이정옥 옮김, 『사회학사:

으로 발전시킨 사람은 마르크스와 F. 엥겔스(Friedrich Engels, 1820-1895)입니다.

3.2. 진화론적 세계관의 확산

진화론적 세계관은 다툼에 대한 관점 전환에 결정적인 영향을 끼쳤습니다. 동서양을 막론하고 근대 서구 이전 사회에서는 개인 간 또는 집단 간 다툼에 대해 늘 부정적이고 파괴적인 것으로 생각했습니다. 사람들에게 윤리적인 판단 기준을 제공해주었던 유력한 원천인 기독교, 불교와 같은 종교들은 한결같이 '다투지 말 것', '사랑할 것'을 강조해 왔습니다. 그러나 19세기 서구 사회에서 형성된, 진화론적 세계관에서는, 다툼은 인간의 욕구 충족에 충당될 수 있는 자원이 희소하다는 조건에서 연유하는, 필연적이며 자연스러운 현상으로 간주되고, 또한 발전의 핵심원리로써 생물체와 사회의 진화에 기여하는 것으로 생각했습니다.

이런 진화론적 세계관의 영향 아래서, A. R. 월러스(Alfred Russel Wallace, 1823-1913)는 생존경쟁이야말로 "도덕적 능력을 발휘케 하고 천재의 잠재적 불꽃을 불러일으키는"[38] 것이라고 주장했습니다. 마르크스 역시 계급투쟁이 이상사회에 이르는데 있어서 결정적인 요인으로 작용함을 주장했습니다. G. 짐멜(Georg Simmel, 1858-1918)은 갈등이 전체사회 통합에 기여하는 측면을 탐구했습니다.

갈등을 분석하는데 있어서 이들의 강조점에는 차이가 있을지라도 이들의 논의는 문제해결 방식으로써 갈등의 긍정적 측면을 강조하고

사회학 이론의 성격과 발전』(풀빛, 1976), p. 77-91 참조.

38) R. Young, 「맬더스와 진화론자들」, 김영식 편, 『근대사회와 과학』(창작과 비평사, 1989), p. 233.

있다는 점에서는 동일합니다. 이런 인식 형태는 오늘날 한국사회를 포함하는 현대 자본주의사회에 만연해 있는 견해이기도 합니다.

생존경쟁의 결과로 부적합한 존재의 자연도태가 이루어지고, 환경에 가장 적합한 존재만이 생존·번식하게 됨으로써, 진화가 이루어진다는 진화론적 세계관은 그 논리적인 귀결로 강자를 찬양하고, 약자를 경멸하는 강자의 철학을 내포하고 있습니다.

맬서스는 다른 사람에게 의지하는 빈곤은 불명예스러운 것이며, 가족을 부양하지 못하면서 결혼하는 노동자는 같은 계급의 모든 사람에게 적이라고 말했습니다. 또한 가난한 사람을 구호하기 위한 구빈법을 비난했습니다.[39] "구빈법은 일반 민중의 저축의 힘과 의지를 감퇴시키며, 또 따라서 절제와 근로, 그리고 행복에 대한 가장 강한 유인의 하나를 약하게 만든다."[40]고 맬서스는 주장했습니다. 구빈법은 인구를 그 부양수단의 증가 없이 증가시킴으로써, 일반인의 생활수준을 하락시키고, 결과적으로는 더 많은 빈민을 만들어낸다는 것입니다.[41]

이런 맬서스의 주장을 직설적으로 표현하면, 스스로 생존능력이 없는 사회적인 약자는 구제되기보다는 기아나 질병으로 죽어버리는 것이 사회적으로 바람직하다는 것입니다. 다음 구절은 약자는 도태되어야한다는 그의 생각을 압축하고 있습니다.

> 만약 여러 가지 구빈법이 전에 존재하지 않았다고 한다면, 매우 가혹한 곤궁의 사례가 좀 더 많았을지도 모르겠으나, 일반 사람들 사이에 있어서 행복의 총량은 현재보다는 훨씬 컸을 것이라고 나는 마음속으로 믿고 있다.[42]

---

39) T. R. Malthus, 위의 책, p. 106 참조.
40) 같은 책, 같은 곳.
41) 같은 책, p. 109 참조.

마르크스와 엥겔스는 진화론적 세계관의 확산에 크게 기여했습니다. 마르크스와 엥겔스가 공동 집필했던 『도이치 이데올로기』의 다음 구절은 진화론적 관점에서의 세계상을 잘 보여줍니다.

> 인간은 자연 속의 동식물들 가운데서 일어나는 처절한 경쟁을 관찰할 수 있다. 예를 들면, 인간은 참나무 숲을 이루고 있는 식물의 군락지에서 어떻게 키가 크고 위풍당당한 참나무들이 작은 덤불들의 영양 공급원들을 침해하는가를 볼 수 있다. 작은 덤불들은 이렇게 외칠 것입니다. '나는 땅, 수분, 공기와 햇빛을 빼앗기고 있다.' 그는 또한 식물 세계의 이데올로기스트인 기생 식물들을 관찰할 수 있다. 그는 또한 숲새들과 여러 곤충들 간의, 그리고 초원의 풀들과 혈기왕성한 말들 간의 공공연한 전쟁을 관찰할 수 있다.[43]

마르크스는 『자본론』을 다윈에게 헌정하고자 했을 정도로 진화론적 세계관의 영향을 강하게 받았습니다. 그는 모든 인류의 역사는 계급투쟁의 역사라고 주장했습니다.

> 지금까지 존재한 모든 사회의 역사는 계급투쟁의 역사이다.
>
> 자유인과 노예, 귀족과 평민, 영주와 농노, 장인과 직인, 한 마디로 억압자와 피억압자는 항상 서로 대립하면서, 때로는 숨겨진, 때로는 공공연한 싸움을 벌였다.[44]

마르크스는 인류는 늘 투쟁을 벌여왔을 뿐만 아니라 바로 이 계급

---

42) 같은 책, p. 108.
43) K. Marx and F. Engels, *The German Ideology,* Karl Marx and Frederick Engels Collected Works Vol. 5, Moscow, U.S.S.R.: Progress Publishers, 1984, p. 471.
44) K. Marx, and F. Engels, *Manifesto of the Communist Party*, Karl Marx and Frederick Engels Collected Works Vol. 6, Moscow, U.S.S.R.: Progress Publishers, 1984, p. 482.

투쟁을 통해서 이상 사회에 이를 수 있다고 주장했습니다.

진화론적 세계관은 살아남기 위한 경쟁과 갈등의 불가피성을 말하고, 경쟁이나 갈등이 미치는 긍정적인 영향을 강조합니다. 진화론은 현대사회에서 모든 존재들 간의 관계를 설명하는 지배적인 패러다임이 되었습니다.

진화론의 관점에서 볼 때, 인간을 포함해서 모든 생명체는 자신의 생존과 종족의 번성을 추구합니다. 그러므로 모든 생명체는 살아남기 위한 처절한 싸움을 벌여야만 합니다. 그 결과로 적자생존의 원리에 바탕 하여 환경에 적합한 것은 살아남고 환경에 부적합한 것은 도태됩니다.

적자생존의 원리란 밀림의 원리입니다. 이런 원리에 비추어 볼 때, 강자가 약자를 잡아먹고 지배하고 착취하는 것은 자연스러운 일로 간주됩니다. 앞선 군사력을 갖고 있었던 서구 국가들이 제 3세계를 침략하거나 자본가들이 노동자들을 착취하는 것이, 이런 이유에서 정당화되었습니다. 현대사회에는 자신의 이익을 확보하기 위해서는 상대편과 경쟁하고 투쟁해야 한다는 생각이 널리 확산되어 있습니다.

미국이 주도하고 있는 신자유주의적 세계 질서론 역시 '무한 경쟁과 적자생존의 과정을 통한 사회 발전'이라는 생각을 바탕으로 하고 있습니다. 신자유주의적 세계 질서론은 국가 간의 또는 기업 간의 자유로운 경쟁과 적자생존의 과정을 통해 전체적으로 생산성이 높은 사회에 도달할 수 있다는 적대적 대립관에 바탕하고 있습니다.

진화론적 세계관은 현대 학문의 관점에도 광범위한 영향을 끼쳤습니다. 예를 들어서, 여성학에서 남녀 간의 관계를 바라보는 관점에는 진화론의 영향이 뚜렷하게 나타납니다. 이현지는 진화론적 세계관이 여성학의 남녀 관계관에 미친 영향을 다음과 같이 명료하게 정리했습니다. “여성학은 출발부터 남성과 여성의 대립을, 이해관계를 달리하는 지배와 피지배의 적대적 대립으로 인식해 왔다.”[45] 또한 여성학에서는 남녀 관계에서 존재하는 문제를 해결하기 위한 방법으로 갈등과 투쟁의 방법을 제시했습니다.[46]

45) 이현지, 「음양론의 여성학적 함의」, 『東洋社會思想』 제4집(東洋社會思想學會, 2001), p. 257.
46) 같은 글, p. 261 참조.

6장 현대적 삶의 양식

많은 사람들의 삶의 대부분이 사물에 대한 도를 넘은 집착으로 소비되고 있습니다.47)

현대적인 삶이란 '분리된 자아로서의 내[에고]'가 주체가 되어 살아가는 삶입니다. 현대 인간관의 관점에서 보면, '분리된 자아로서의 내'가 바로 나 자신입니다. 그러므로 현대 인간관이 지배하고 있는 현대사회에서 현대인은 에고가 삶의 주체가 되어 살아가고 있습니다.

현대 인간관의 관점에서 보면, 인간은 지금 현재의 상태로는 불완전한 존재입니다. 인간의 출생은 우연한 것이며 거기에는 어떤 필연성도 없습니다. 인간은 영원한 시간과 무한한 공간으로부터 단절된 유한한 존재입니다. 그러므로 그의 존재에는 어떤 본래적인 의미도 없으며, 광대한 세계 속에서 그는 무력한 존재입니다.

현대 인간관의 관점에서 보면, 인간 존재의 이런 우연성, 유한성,

47) E. Tolle, 류시화 옮김, 『Now』(조화로운 삶, 2008), pp. 49.

무의미성, 무력성이 자기 존재의 실존적인 특징이 되며, 이것은 고통스러운 것입니다. 그래서 현대인은 이로부터 벗어나기 위해 강박적인 노력을 기울이게 됩니다. '불완전한 현재로부터 완전한 미래로의 추구', 이것이 현대인의 삶을 특징짓는 것입니다. 그래서 현대인의 삶에는 자족(自足)과 지지(知止)가 없습니다. 현재는 어떤 모양을 하고 있더라도 불완전한 것이기 때문에, 현대인은 끊임없이 완전한 미래를 향해 치달립니다.

이리하여 현대인은 '분리된 자아'로서의 자신을 더 높이고, 강하게 하며, 의미 있는 존재로 만들기 위한 자아확장 투쟁으로서의 삶을 살아가게 됩니다. 자신이 의미 있는 존재라는 느낌, 힘이 있는 존재라는 느낌, 영원한 존재라는 느낌을 확보하기 위해서, 현대인은 끝없이 나아갑니다. 이런 나아감의 두 가지 양태가 '노동과 소비'입니다.

여기에서 노동이란 자신이 이런 존재라는 느낌을 얻기 위해서, 욕망 충족을 위한 자원을 확보하고 확장하기 위해 벌이는 활동을 가리킵니다. 소비란 자신이 이런 존재라는 느낌을 얻기 위해서, 이미 확보한 욕망 충족을 위한 자원을 사용하는 활동을 가리킵니다. 이리하여 '노동과 소비로서의 삶'이라고 하는 현대적인 삶의 양식이 확립된 것입니다.

이와 더불어 설명할 '현실로부터 도피로서의 삶'은 이런 자원 획득을 위한 경쟁에 실패한 사람들이 선택하는 삶의 양식입니다. '노동과 소비로서의 삶'의 목표는 다른 사람들보다 우월한 존재가 되는 것입니다. 자신의 에고의 파도를 더 크고 높게 만들어서 세상 사람들이 부러워하는 존재가 되는 것이 현대인의 삶의 목표입니다. 반면에 '현실로부터 도피로서의 삶'은 이런 목표 달성에 실패한 사람들이 좌절감을 갖고 살아가는 방식입니다.

1. 노동으로서의 삶

노동으로서의 삶은 현대적인 삶의 양식의 중심에 위치해 있습니다. 노동으로서의 삶의 전제는 현재에 대한 불만입니다. 불만스런 현재를 노력을 통해 극복하고 보다 만족스런 미래에 도달하고자하는 것이 노동으로서의 삶입니다. 이것은 다시 말하자면, 현재의 상태에서 불완전한 자신의 에고를 보다 완전하게 만들고자 노력하는 삶입니다. 노동으로서의 삶의 목표는 노력을 통해 다른 사람들보다 보다 우월한 존재가 되는 것입니다.

노동으로서의 삶은 자아확장 투쟁으로서의 삶의 전형입니다. 에고를 더 높고 큰 것으로 만들기 위한 노동으로서의 삶은 다양한 형태로 나타납니다. 직업 노동의 추구, 외모의 추구, 인기의 추구, 권력의 추구, 명성의 추구, 소유의 추구, 학력의 추구 등이 그 대표적인 예입니다.

1.1. 직업 노동의 추구

현대인은 직업 노동에 높은 가치를 부여합니다. 하지만 인류의 전체 역사를 통해 보면, 사람들이 노동에 이렇듯 높은 가치를 부여하는 것은 매우 특이한 현상입니다. 전현대사회에서는 동서양을 막론하고 노동에 대한 부정적인 입장이 지배적이었습니다. '노동에 대한 강렬한 욕구'는 16세기 이후 서구사회에서 생겨난 지극히 현대적인 현상입니다.[48)]

48) E. Fromm, 이종오 옮김, 『자유로부터의 도피』(계명대학교 출판부, 1998), p. 31 참조.

전현대사회 사람들은 전반적으로 생산 활동에 대해 소극적이고 부정적인 태도를 갖고 있었습니다. 생산 노동이란 상민이나 천민과 같이 신분이 낮은 사람들의 몫이라고 그들은 생각했습니다. 또한 전현대 노동자들은 노동을 불명예스런 고역으로 간주했습니다.

고대의 노동기원설들은 전현대인에게 보편적이었던 소극적이고 부정적인 노동에 대한 태도를 잘 보여줍니다. 서구문화와 사상의 두 가지 원류는 그리스와 로마의 사상인 헬레니즘(Hellenism)과 기독교 사상인 헤브라이즘(Hebraism)입니다. 이 두 가지 흐름은 서로 화합하기도 하고 대립하기도 하면서 다채로운 문화와 사상의 꽃을 피워 왔습니다. 그런데 주목할 점은 헬레니즘과 헤브라이즘 모두 그들이 이상적인 사회로 꿈꾸는 황금시대에 대한 중요한 이미지 중의 하나가 '노동의 고역이 없는 사회'라는 점입니다.

그리스 신화에서 과거 황금시대에 대한 주요 이미지는 '인간이 밭을 갈고 씨를 뿌리며 노동하지 않더라도 대지가 인간에게 필요한 모든 것을 산출하는 세상'이었습니다. 황금시대에 대한 묘사를 보면, 땅은 돌보지 않아도 스스로 풍성한 수확을 가져다주었기에 이들은 모든 것을 평화롭게 나누었고 욕심을 부리지 않았다고 합니다. 기독교에서도 타락 이전의 황금시대인 에덴동산에서의 삶에는 노동의 고역이 없었습니다.

이들 두 사회 모두에서 노동은 신의 명령을 어긴데 대한 처벌로서 시작됩니다. 『성경』 「창세기」에서 여호와는 아담에게 다음과 같이 말했습니다. "아담에게 이르시되 네가 네 아내의 말을 듣고 내가 너더러 먹지 말라한 나무 실과를 먹었은즉 땅은 너로 인하여 저주를 받고 너는 종신토록 수고하여야 그 소산을 먹으리라."[49] 이것이 바

49) 『베스트 성경』, 「창세기」(성서교재간행사, 1995), p. 5.

로 『성경』에 나타난 노동 기원설입니다. 기독교적인 관점에서 보면, 인간이 원죄를 범하기 전인 에덴동산에서의 삶에서는 노동 없는 삶이 가능했습니다. 하지만 아담과 이브가 하나님의 명령을 어긴 것에 대해, 남성에게 내린 징벌이 바로 노동이었습니다.

고대 그리스 신화에서도 유사한 노동 기원설을 찾아볼 수 있습니다. 불을 훔쳐간 프로메테우스에 대한 제우스의 보복으로 인간은 농사를 짓고 노동을 해야만 곡물을 얻을 수 있게 되었습니다.[50] 또한 프로메테우스의 동생 에피메테우스가 판도라의 상자를 열였을 때, 그 안에서 온갖 재앙이 튀어나왔는데, 그 중 첫 번째가 '힘든 노동'이었습니다. 다시 말하자면, 노동은 인류가 직면한 가장 중대한 재앙이었던 것입니다. 이런 노동 기원설들은 그 당시의 사람들이 노동을 얼마나 고통스럽게 여겼으며, 노동이 없는 삶에 대한 동경이 얼마나 간절했던가를 잘 보여줍니다.

실제로 고대 그리스와 로마사회에서, 경제적인 생산 활동의 주역은 노예계급이었습니다. 노예들은 육체노동을 담당하고, 자유인들은 정치, 문화, 예술과 같은 영역에 힘을 기울였습니다. 이들에게는 노동은 천한 것이고 여가는 값진 것이라는 이분법이 확고하게 뿌리를 내렸습니다.

동아시아 사회에도 고대 그리스와 로마에서와 같은 부정적이고 소극적인 노동관이 존재했습니다. 즉 신분이 높은 사람은 생산 노동에 참여하지 않으며, 노동은 천한 사람의 몫이라는 생각이 깊이 뿌리내리고 있었습니다. 동아시아 사회에서는 근대 서구의 충격이 있기 전까지만 하더라도, 노동으로부터 자유로운 선비 집단을 신분 구조의 상위에 올려놓았습니다. 이들 선비들은 생존을 위해 노동하는 것을

50) 淸水正德, 한마당 편집부 옮김, 『노동의 의미』(한마당, 1983), p. 27 참조.

지극히 천하고 불명예스런 활동으로 간주했습니다.

서구 중세사회에서도 세속 생활 가운데서 복종·청빈·순결과 같은 복음의 권고를 실천하는 것은 어렵다고 보았습니다. 그러므로 서구 중세 사람들은 세속으로부터 은퇴해서 수도원에서 신과 인간의 내면세계를 성찰하는 삶을 이상적으로 생각했습니다.

이와 같이, 동서양을 막론하고 직업 노동에 대한 지극히 부정적인 태도가 만연해 있었습니다. 직업 노동에 대해 긍정적인 의미가 부여된 것은 16세기 종교 개혁이 시작된 이후였습니다. 종교 개혁 운동이 발발하면서, 가장 인간적인 활동이 의미하는 바는 명상과 같은 내향적인 성찰 활동으로부터 직업 활동과 같은 외부 지향적인 활동으로 급속히 변화했습니다.[51] 종교 개혁자들, 헤겔, 마르크스를 거치면서 노동은 종교적·철학적으로 더 없이 고귀한 목적적인 활동으로 그 의미가 고양되었습니다.

M. 루터(Martin Luther, 1483-1546)와 J. 칼뱅(John Calvin, 1509-1564) 같은 종교 개혁자들은 생산을 위한 노동 활동에 종교적인 의미를 부여했습니다. 루터는 수도원에서 기도만 하며 무위도식하던 수도사들을 통렬하게 비판했습니다. 수도원의 생활은 무가치하며 세속적인 의무에서 도피하는 이기주의의 산물이라고 했습니다. 그는 세속적인 노동과 직업 활동이야말로 이웃 사랑의 표현이자 신의 뜻에 부합하는 가장 숭고한 인간 활동이라고 주장했습니다. 모든 현세적인 직업은 신이 부여한 성스러운 소명이므로, 모든 직업은 신 앞에서 완전히 평등하다고 그는 말했습니다.[52]

---

51) 백승대, 「르네상스 휴머니즘의 사회사상」, 신오현 외 6인 공저, 『르네상스 휴머니즘의 현대적 의의』(영남대학교 출판부, 1990), pp. 206-207 참조.

52) 신준식, 『宗教社會學: 막스 베버의 宗教·經濟關係論』(문예출판사, 1994), pp. 120-123 참조.

루터의 노동관은 칼뱅의 교리를 통해 더욱 견고해졌습니다. 그는 예정설을 통해서 자신의 직업 활동에 전념하는 것이야말로 신의 영광을 지상에 빛나게 하는 성스러운 활동이며, 그 결과로 얻어진 직업적인 성공을 구원의 증거로 간주할 수 있다고 했습니다.[53]

이런 교리의 영향을 받아서, 생산 활동을 기피하는 명상적인 삶은 윤리적인 비난을 받게 되었습니다. 반면에, 경제 활동이나 정치 활동을 포함해서 현세적인 삶이야말로 신의 영광을 지상에 실현시켜 나가는 가장 고귀한 활동으로 커다란 의미를 부여받게 되었습니다.[54]

노동에 부여하는 긍정적인 의미는 헤겔과 마르크스에 이르러서 '노동을 통해서 자신의 본성을 실현한다.'라고 하는 명제에까지 이르렀습니다. 헤겔에 있어서 노동이란 "주체가 자기 자신을 가능성의 밤으로부터 현존의 낮으로 옮겨 놓는 것과 같으며, 전개되지 않은 존재 형식을 전개된 존재 형식으로 이전시키는 것"[55]이었습니다.

헤겔은 「주인과 노예의 변증법」이란 글을 통해서 생산 활동으로서의 노동에 철학적인 의미를 부여했습니다. 노동이란 자연이 갖고 있는 고유한 성질에 적응하면서 자연을 자신에게 적합하고 유용하게 변형시켜 가는 과정입니다. 헤겔은 노동을 통해서 가능성으로만 자기 안에 있던 형상을 외계에 침투시켜서 그 안에 자신의 내부에 있던 형상이 나타나게 한다고 했습니다.[56] 즉 노동을 통해서 인간은 노동의 대상 속에 자신을 대상화하며, 대상화 과정을 통해서 진정한 자기 발전을 이루게 된다고 주장했습니다.

---

53) 같은 책, pp. 127 참조.

54) 백승대, 「르네상스 휴머니즘의 사회사상」, 신오현 외 6인 공저, 『르네상스 휴머니즘의 현대적 의의』(영남대학교 출판부, 1990), pp. 208-209 참조.

55) H. Popitz, 「史的唯物論의 哲學的 기초」, 김창호 편역, 『마르크스의 人間觀』(동녘, 1983), p. 107.

56) 淸水正德, 한마당 편집부 옮김, 『노동의 의미』(한마당, 1983), p. 84 참조.

헤겔의 노동관을 이어받은 마르크스는 참된 노동을 통해서 인간은 자신의 인간적인 본질을 실현하게 된다고 하여, 노동에 궁극적인 가치를 부여했습니다. 마르크스는 노동이란 단순히 생계유지를 위한 수단적인 활동에 그치는 것이 아니라 인간의 보편적인 본성을 발전시키는 실존적인 활동이라고 보았습니다. 마르크스의 노동관은 다음과 같은 그의 말에 잘 표현되어 있습니다.

> "노동은 인간적 자유의 현실적 표현이며, 인간은 노동 가운데서 자유롭고, 노동의 대상 가운데서 자유로운 그 자신을 현실화하게 된다."[57]

마르크스의 입장에서 보면, 참된 노동 활동은 자신의 개성을 표현하고 구현하는 생명 활동입니다. 노동자는 자신의 생산물을 관조하면서 즐거움과 힘의 느낌을 가지게 됩니다. 또한 타인이 그것을 향유함으로써, 자신을 인정하고 사랑하게 됩니다. 노동은 고립된 활동이 아니라 사회적 맥락 속에서 이루어지는 활동입니다. 그러므로 노동을 통해 나를 실현함과 동시에 너를 실현하는 유적(類的) 존재가 될 수 있습니다.

생산 활동에 새로운 가치를 부여한 이들의 노동관은 오늘날에 이르러서 많은 사람들에게 움직일 수 없는 가치로 자리 잡았습니다. 현대 노동관의 영향을 받아서, 오늘날 많은 사람들은 자신의 직업과 자신의 존재 가치를 거의 동일한 것으로 인식하게 되었습니다. 이리하여, 오늘날 직업 노동의 추구는 에고를 크고 높게 만들기 위해 가장 중요한 활동이 되었습니다. 현대인은 생산 활동에 참여한다는 데 긍지를 가지며, 직장을 잃을까 불안해합니다. 정년퇴직을 하고 나서 갑작스럽게 늙어 버린 사람들을 주변에서 많이 봅니다. 그리고 정년

---

57) 정문길, 『疎外論 硏究』(문학과 지성사, 1978), p. 69.

퇴직을 하고 나서도 일거리를 찾는 노인들도 많이 볼 수 있습니다. 현대인은 직업 노동에 대한 강박적인 집착을 갖고 있으며, 실업에 대해 커다란 불안과 공포를 느낍니다.

직업 노동을 통한 자기 존재의미의 확보라는 현대인의 관념은 위에서 살펴보았듯이 서구의 경우에도 수백 년, 한국의 경우는 백 년도 되지 않은 아주 새로운 관념입니다. '직업 노동을 통한 인간의 자기실현'이란 생각은 새로운 관념일 뿐만 아니라 인간에 대한 자기비하가 내포된 기괴한 관념입니다. 더군다나 최근 자동화의 영향으로 일자리가 줄어들면서, 직업 노동에 대한 집착과 추구는 극적으로 강화되고 있습니다. 한 편의 블랙 코미디를 보는 것 같은 이런 현대의 상황은 에고의 확장을 추구하는 현대인의 소외를 잘 보여주는 경우라고 하겠습니다.

1.2. 외모의 추구

에고를 더 완전하게 만들기 위해 현대인이 기울이는 노력의 한 가지는 외모를 가꾸는 것입니다. 현대인은 화장, 머리손질, 피부 관리, 성형, 다이어트, 운동 등 다양한 방법을 동원해서 외모를 가꿉니다. 현대인은 외모를 가꾸는데 깊은 관심을 기울이며, 많은 시간을 소비합니다. 외모를 가꾸는 현대인의 모습 속에서 거의 종교적인 열정이라고 할 만한 것을 느낍니다.

다이어트를 예로 들어보겠습니다. 날씬함에 대한 현대인의 강박관념은 다이어트 열풍을 일으키면서 건강을 해치는 지경에 이르게 되었습니다. 실제로 한국여성단체협의회가 2009년 5월 10대와 미혼여성 500명을 대상으로 실시한 '여성의 다이어트에 대한 실태조사'에 따르면 응답자의 81.8%가 자신의 체중에 불만을 나타냈고, 38.1%가

다이어트가 건강에 좋지 않다고 생각하면서도, 74%가 체중 감량을 시도한 것으로 드러났습니다.[58]

현대인은 미용을 위한 성형수술에 관심이 많습니다. 2004년 서울의대 정신과 류인균 교수팀이 한국의 여자대학생 1,565명을 대상으로 조사한 「미용성형에 대한 여대생의 관심과 부작용」에 대한 연구 결과를 보면, 미용성형 경험이 있다는 응답자가 전체의 52.5%에 달했으며, 전체 응답자의 82.1%는 지방흡입 등 한 가지 이상의 미용성형을 희망한 것으로 나타났습니다.[59]

노화로 인한 외모 손상을 막기 위해 현대인은 많은 노력을 기울입니다. 누구나 나이가 들면서, 머리카락이 빠지고, 흰머리가 늘며, 주름이 많아지는 등 젊었을 때 가졌던 아름다운 외모를 상실합니다. 현대인에게 이것은 자기 존재 의미의 상실을 뜻합니다. 그래서 현대인은 이런 변화에 무척 고통스러워 합니다. 그리고 가능하면 이런 노화를 중지시키려 애를 씁니다. 성형수술, 염색, 다이어트, 운동 등이 그런 노력의 예입니다.

하지만 누구도 젊은 시절의 외모를 유지하는데 궁극적으로 성공할 수 없습니다. 모든 유형의 자아확장 투쟁으로서의 삶이 그러하듯이, 마침내 죽음이 오면 외모를 가꾸고자 하는 현대인의 추구는 결정적으로 실패하게 됩니다.

현대인은 젊었을 때나 나이 들었을 때나 외모에 집착하는 삶을 살아가며, 그러므로 외모로부터 부자유합니다. 이리하여, 외모가 본격적으로 훼손되기 시작하는 중년기를 창조적으로 맞이할 수 없습

---

58) http://kin.naver.com/qna/detail.nhn?d1id=11&dirId=110307&docId=37836141&qb=7Jm466qo7KeA7IOB7KO87J2Y&enc=utf8&section=kin&rank=2&search_sort=0&spq=0&pid=g44YWv331xhsstAEKXKssv--422809&sid=TIIvtFULgkwAABimLG0 참조

59) http://blog.naver.com/monkey_biz?Redirect=Log&logNo=100009967415 참조

니다. 현대인에게 외모의 훼손은 오직 상실이요 고통일 뿐, 에고의 단단한 껍질을 깨고 셀프가 깨어날 수 있는 기회일 수는 없는 것입니다.

1.3. 인기의 추구

현대인은 인기의 노예라고 해도 좋을 만큼 인기에 집착합니다. 연예인과 같이 인기에 민감한 직업의 종사자들뿐만이 아니라 선생님이나 사장님 또는 아버지나 어머니조차도 인기 있는 사람이 되고자 하며, 친구들 간에도 인기 있는 사람이 되고자 하는 열망이 강합니다. 아이들에게 장래 희망을 물으면, 연예인, 개그맨, 프로스포츠 선수, TV 앵커 등과 같이 대중들로부터 스포트라이트를 받는 직업을 원하는 경우가 많습니다. 또 인기를 잃어버린 연예인이 우울증에 걸리거나 자살하는 사례를 자주 봅니다. 그만큼 인기는 현대인에게 커다란 가치를 갖고 있습니다.

현대인에게 인기가 이렇게 특별한 중요성을 갖게 된 이유는 무엇일까요? 그 근본적인 원인은 현대 인간관입니다. 분리된 개체로서 자신을 인식하는 현대 인간관의 관점에서 볼 때, 나는 어떤 본래적인 존재 의미나 가치를 갖고 있지 않습니다. 그러므로 현대인은 무의미감을 극복하고 자신이 가치 있는 존재라는 사실을 확인하기 위해 강박적인 노력을 기울이게 됩니다.

인기란 자신의 바깥에서 주어지는 자신의 가치에 대한 인정입니다. 바로 이런 이유로 인기는 현대인에게 커다란 의미를 갖습니다. 성장과정에서 사랑이나 인정을 충분히 받지 못한 사람의 경우는 자기 내면에서 보통 사람보다 심각한 '무의미감의 문제'에 직면합니다. 이런 사람은 인기에 대한 집착이 더 심합니다.

그러나 인기의 추구는 지속적인 만족이나 행복을 제공하지 않습니다. 자기 자신의 존재에 대한 내적인 긍정과는 달리, 인기는 변덕스럽습니다. 예를 들어, 금주의 인기가요에서 일 년 이상 계속해서 1위를 차지하는 가요는 없습니다. 한 때 어떤 노래에 열광하다가는 얼마 지나지 않아 사람들은 거기에 식상해합니다. 그러니 인기를 얻더라도 이것을 유지하는 것은 아주 어려운 일입니다. 또한 인기를 유지하기 이전에, 인기를 얻는 일 자체가 쉽지 않습니다. 인기를 얻고 유지하기 위해서는 끊임없이 상대편의 눈치를 살펴야합니다.

또 한편으로 보면, 얻기 어려운 인기를 얻은 것 자체가 재앙이 되는 경우가 많습니다. 그는 자신이 얻은 인기와 자신을 동일시하게 됩니다. 그 결과 에고의 갑옷은 더욱 두꺼워지고, 셀프를 자각하는 것이 더욱 어려워집니다. 뿐만 아니라, 더 큰 인기를 누렸던 사람일수록, 인기의 추락으로 인해 더 큰 고통을 받게 됩니다.

1.4. 권력의 추구

에고를 더 크게 만들기 위해, 현대인이 기울이는 노력의 하나는 권력의 추구입니다. 권력의 크기란 자신의 의지를 상대편이 갖고 있는 의사와 무관하게 그에게 강제할 수 있는 정도입니다. 특정인에게 있어 권력은 어느 정도의 가치를 갖고 있을까요? 특정인에게 권력의 가치는 그가 갖고 있는 무력감의 정도에 비례합니다. 현대인은 전반적으로 무력감을 갖고 있기 때문에 권력에의 집착이 심합니다.

현대인은 왜 전반적으로 무력감을 갖고 있을까요? 그 근본적인 원인은 현대 인간관입니다. 현대 인간관의 관점에서 볼 때, '영원한 시간과 무한한 공간 앞에 선 나'는 초라하고 하찮은 존재일 따름입니다. 현대인 중에서도 성장과정에서 심한 열등감을 형성한 사람들은 권력에 대한 집착이 더 심합니다. 나폴레옹, 히틀러, 스탈린 등 혼신의 힘을 기울여 권력을 추구했고, 권력의 노예로 살아간 사람들의 공통점은 그들이 열등감 덩어리였다는 점입니다. 우리 주변에서도 보면, 어린 시절 큰 상실을 경험하거나 상처 받은 사람들의 경우, 그들이 게걸스럽게 권력을 추구하는 것을 볼 수 있습니다.

권력의 추구는 다양한 형태로 이루어집니다. 국회의원이나 검사, 형사 같은 공권력을 행사할 수 있는 직업을 추구하는 것이 그 하나입니다. 폭력배가 되어서 완력을 행사하는 것도 하나의 방법입니다. 집단 따돌림을 통해 약한 상대를 괴롭히는 것도 권력 추구의 한 가지 형태입니다. 축재를 해서 금력을 휘두르고자 하는 것도 하나의 방법입니다.

그러나 이것보다 은밀한 형태이지만 더 널리 퍼져있는 방법은 자신과 가까운 관계를 맺고 있는 사람들에게 지배력을 행사하고자 하는 것입니다. 이것은 남편과 아내 간, 부모와 자식 간, 형제 간, 선생님과 학생 간, 직장 상사와 부하 직원 간 등 모든 형태의 인간관계에 침투해 있습니다. 무력감이 심한 부모일수록 아이들에게 폭력적이 되며, 무력감이 심한 배우자일수록 상대편을 지배하려고 합니다. 심지어 노인들이 하는 불필요한 간섭이나 잔소리도 그 근원을 캐보면 권력욕임을 알 수 있습니다.

권력의 추구는 지속적인 행복이나 진정한 만족을 가져올 수 없습니다. 권력 추구는 무력감에서 근원하는 강박적인 것이기 때문에, 아무리 큰 권력을 얻는다하더라도 갈증은 사라지지 않습니다. 또한 권력을 얻는 것도 무척 힘이 들지만, 많은 경우 권력 행사는 상대편에게 고통과 불행을 줍니다. 상대편을 불행하게 만들면서 자기가 행복해지는 것은 불가능합니다. 권력은 유지하기가 힘든 것이어서, 권력을 잃고 난 후에는 추락의 고통을 감수해야만 합니다.

1.5. 명성의 추구

에고가 자신을 부풀리기 위한 통로의 하나는 명성의 추구입니다. 현대인은 '그 사람은 대단해!'라고 하는 평판을 얻고자 노력합니다. 스포츠 스타로서의 명성 얻기, 자신의 도덕성 과시를 통한 명성 얻기, 자신의 학문적인 성취를 통한 명성 얻기 등, 사람들은 자신이 장기를 갖고 있는 분야에서 다른 사람들보다 탁월함을 보여줌으로써 명성을 얻고자 합니다.

자선행위를 예로 들어서 설명해보도록 하겠습니다. 외양으로 나타난 자선행위는 동일한 것이라고 하더라도, 내적으로 보면 자선행위는 두 가지 유형으로 분류될 수 있습니다. 하나는 셀프가 행위 주체가 되어서 하는 자선행위입니다. 불교에서는 이를 '무주상보시(無住相布施)'라고 합니다. 예수께서 말씀하신 "오른 손이 하는 일을 왼 손이 모르게 하라."는 말도 이를 가리킵니다. 도가적으로 표현한다면 무위(無爲)로서의 자선행위라고 할 수 있습니다. 이런 유형의 자선행위에는 '내가 했다.'라는 생각이 없으며, 이것이야말로 진정으로 상대편에게 도움을 주는 자선행위입니다.

다른 하나는 에고가 행위 주체가 되어서 하는 자선행위입니다. 불교적으로 표현하면 '유주상보시(有住相布施)'라고 할 수 있습니다. 도가적으로 말하면, 유위(有爲)로서의 자선행위입니다. 여기에는 '내가 했다.'라는 생각이 가득 차 있으며, 자신의 자선행위를 훈장처럼 달고서 주변에 떠벌립니다. 이것보다 더 은밀한 에고의 자선행위는 익명으로 행해지는 자선행위 같은 것이 있습니다. 에고가 익명의 자선행위를 할 경우에는 '나는 나의 자선행위를 떠벌리지 않았다.'라고 하는 새로운 도덕적인 훈장이 하나 더 붙여집니다.

여기에서 말하는 명성의 추구는 에고의 자선행위에 해당합니다.

명성의 추구란 자신의 에고에 훈장을 달아주기 위해 기울이는 모든 노력을 뜻합니다. 그들은 명성을 얻기 위해 어려움을 감수하기도 하고 희생을 치르기도 합니다. 훈련의 어려움을 견뎌낸다거나 금전적인 손실을 감수한다거나 때로는 생명의 위험을 무릅쓰기도 합니다.

하지만 높이 솟구친 파도가 끝내 그 높이를 유지할 수 없는 것과 마찬가지로, 에고가 쌓아올린 명성은 오래 지탱할 수 없습니다. 월드컵 경기가 열릴 때마다 우승을 계속할 수는 없을 뿐만 아니라 설혹 그런 일이 있다하더라도 결과는 마찬가지입니다. 파도가 자신의 삶을 끝낼 때, 그 높이도 사라지듯이 궁극적으로 죽음은 모든 에고의 명성을 앗아갑니다.

1.6. 소유의 추구

'탐욕'이라는 단어는 현대인의 삶을 잘 표상해줍니다. 소유를 추구하고, 소유에 집착하는 것은 현대 자본주의사회에서 인간 탐욕의 전형적인 모습입니다. 소유의 추구는 자기 바깥의 집, 자동차, 보석, 빌딩, 땅, 기업체 등에 대한 소유 확대를 추구하고, 이를 통해 자신의 에고를 크게 만들기 위한 시도입니다.

결핍감이 큰 사람일수록 소유의 추구가 강렬해집니다. 가난한 가정에서 자란 사람들은 일반적으로 소유의 추구가 더 강합니다. 그런데 현대 인간관의 지배를 받고 있는 현대인은 현재에 자족(自足)하지 못합니다. 결핍감은 현대인의 존재론적인 특징을 구성하고 있기 때문에, 대부분의 현대인이 소유의 확대를 추구합니다.

소유의 추구는 경제적인 삶의 영역에서뿐만 아니라 비경제적인 삶의 영역으로까지 확장됩니다. 결혼을 하면 배우자를 자신의 소유로 생각하는 경향이 농후한데, 이것은 그 일례입니다. 심지어는 연애를 할 때도 '너는 내 것'이라는 식의 의식이 횡횡함을 봅니다. 현대인은 빈번히 이런 의식을 사랑의 표현이라고 오해합니다.

친구 간, 사제 간, 부자 간 등 어떤 인간관계에서나 '나의'라는 형용사가 붙을 수 있는 모든 관계에는 상대편에 대한 소유의식이 다소간 함축되어 있습니다. 특히 부모가 자녀에 대해 소유 의식을 갖고 있는 경우가 많은데, 이것은 자녀들과 자신에게 커다란 고통과 불행을 줍니다.

현대인은 소유를 추구하고, 결과로서의 소유를 자신과 동일시합니다. 그러므로 소유가 적은 사람은 자신보다 많은 소유를 가진 사람 앞에서 열등감을 느낍니다. 반대로 많은 소유를 가진 사람은 자신보다 적은 소유만을 갖고 있는 사람 앞에서 우월감을 느낍니다. 결국, 현대인에게 소유의 정도는 자신이 얼마나 가치 있는 사람인가를 판정하는 중요한 잣대가 됩니다.

그러므로 현대인은 소유로부터 자유로울 수 없습니다. 그들은 소유에 집착합니다. 그러나 소유의 추구를 통해 자신의 존재 의미를 확인하고자 하는 시도는 궁극적으로 성공할 수 없습니다. 소유의 추구를 촉발시키는 결핍감은 현대인에게 있어서 존재론적인 것이기 때문에, 소유욕은 결코 충족되지 않습니다. 또한 자신이 원하는 만큼 소유를 확보하고 유지하는 것도 어렵지만, 많은 것을 소유했다고 하더라도 마침내 죽음이 다가왔을 때 우리는 자신의 모든 소유를 남겨둔 채로 떠나야 합니다.

1.7. 학력의 추구

학력의 추구는 현대인이 자신의 에고를 크고 높게 만들기 위한 중요한 통로입니다. 많은 젊은이와 그들의 부모는 소위 명문대학 입학을 위해 많은 노력을 기울입니다. 한국의 경우에는 경쟁이 너무 치열해서 고등학교까지의 교육이 대학입학 시험을 위한 준비과정으로 왜곡되고, 사교육시장이 엄청난 규모로 팽배해 있습니다. 많은 부모는 아이들을 경제적으로나 생활면에서 뒷바라지 하느라 등이 휘고 있습니다. 아이들도 입시지옥이라는 말대로 고통스런 학창생활을 보내고 있습니다. 성적을 비관해서 자살했다는 뉴스가 이제는 그리 충격적이지 않습니다.

아이들은 초등학교 때부터 수많은 학원에 다닙니다. 그러나 고액과외를 받을 수 있는 것은 부자 집 아이들뿐입니다. 사교육을 통한 부의 대물림 문제도 심각합니다. 교육청과 학교 측도 상황의 해결보다는 학력주의에 편승하고 있습니다.

근래에는 소위 기러기 아빠라는 신조어가 생길 정도로, 아이들의 조기 해외유학이 붐을 일으키고 있습니다. 중국의 경우도 요즘 신흥부자들이 많아지면서 조기 해외유학이 급증하고 있다고 합니다. 조기 해외유학은 잦은 가족해체를 불러올 정도로 많은 문제점을 내포하고 있습니다.

이와 같이, 현대인은 남들이 부러워하는 학력을 획득하기 위해 혼신의 힘을 기울입니다. 학력 추구의 근원은 무엇일까요? 학력 추구의 근본적인 원인은 무력감입니다. 학력은 무력감을 해소하기 위한 하나의 통로입니다. 현대인 일반이 무력감을 갖고 있지만, 한국인과 중국인은 20세기 초 일제강점이나 서구의 침략을 받으면서 보다 심한 무력감을 갖게 되었습니다. 이것이 이들 지역에서 학력 추구가 더 강하게 일어나는 한 가지 이유입니다.

학력의 추구는 모든 현대적인 노력이 그러하듯이 불행한 결과를 초래합니다. 일단 높은 학력을 얻기 위해서는 고통스런 노력을 기울여야 합니다. 결과적으로, 많은 사람들은 자신이 원하는 대학에 입학하지 못하고 좌절의 고통을 겪어야 합니다. 높은 학력을 얻은 소수의 사람들의 경우 순간적인 만족은 있을 것입니다. 하지만 노력을 기울이는 과정에서 인간성이 왜곡되고, 입학 후에는 오만한 마음이 생기는 등 지속적으로 행복한 삶을 누리기는 어렵습니다. 더군다나 그들이 다른 사람들에게 기쁨을 주는 사람이 되기는 어렵습니다.

1.8. 승리의 추구

분리된 자아를 나라고 생각했을 때, 나의 생각, 의견, 신념, 이익 등은 내 존재 자체가 됩니다. 그리고 이런 것들이 패퇴했을 때, 나의 존재는 커다란 상처를 입습니다. 이것이 '왜 현대인은 경쟁이나 갈등에서의 승리에 커다란 가치를 부여하는가?'를 설명하는 이유입니다. 그것이 큰 가치를 갖는 만큼, 현대인은 혼신의 노력을 기울여 승리를 쟁취하고자 합니다.

논쟁에서의 승리

논쟁은 에고를 부풀리기 위한 유력한 방법의 하나입니다. 논쟁에 참여한 사람들은 '내가 옳고 네가 틀렸다.'는 것을 입증하기 위해 혼신의 노력을 기울입니다. 에고에게는 '내가 옳다.'는 것을 증명하는 일이 너무나도 중대한 일이어서 때로 논쟁에 이기기 위해서는 어떤 희생도 마다하지 않습니다.

논쟁은 여러 가지 형태를 띠고 나타납니다. 대표적인 것은 이념 논쟁입니다. 현대사회에는 자유주의, 공산주의, 민족주의, 사회주의, 자본주의 등 다양한 이념이 존재합니다. 그리고 자신이 옳다는 것을 입증하기 위해 다른 이념을 가진 사람들과 열띤 논쟁을 벌입니다. 때로는 같은 이념 내에서도 심각한 노선갈등이 일어나는 경우도 있습니다.

1980년대 후반에서 1990년대 초반에 이르기까지 대학가 운동권에서는 사회주의 이념을 가진 학생들 간에 심각한 노선갈등이 있었습니다. 그것은 NL[National Liberation; 민족 해방]과 PD[People's Democratic, 민중 민주] 간의 갈등이었습니다. NL은 한국사회를 미국 제국주의의 식민지로 보면서 민족모순을 강조했고, PD는 자본가와 노동자 간의 계급모순을 강조했습니다. 그들은 열띤 논쟁을 벌였고, 자신의 세력을 확대하고 이기기 위해 많은 노력을 기울였습니다. 노선을 달리하는 사람들 간에는 우정을 나눈다거나 연애를 하는 것조차 무척 힘들었습니다. 그러나 이들의 노선갈등은 결국 운동권 전체의 몰락으로 귀결되었습니다.

윤리적인 차원에서의 논쟁도 있습니다. 예를 들면, 낙태에 대한 찬반논쟁 같은 것이 여기에 해당합니다. 법률적인 차원에서의 논쟁도 있습니다. 예를 들면, 사형제도 존폐논쟁 같은 것이 여기에 해당합니다. 정부의 정책에 대한 논쟁도 있습니다. 예를 들면, 이명박 정부가 추진하는 4대강 사업에 대한 찬반논쟁 같은 것이 여기에 해당합니다.

현대사회는 논쟁에 적극적인 의미를 부여하며, 이것이 민주주의를 지탱하고 발전시키는 원동력의 하나라고 봅니다. 각자의 자기주장을 통해 상대편에 대한 이해가 깊어지고, 상반된 입장을 종합적으로 반영하는 조화로운 결론이 논쟁을 통해 도출될 수도 있습니다. 하지만 TV 시사토론 같은 것을 지켜보면, 자기주장을 옹호하기 위해 상대편의 약점을 공격하고 이를 방어하면서, 다시 상대편을 공격하는 것이 논쟁의 주를 이루고 있습니다. 그래서 논쟁은 서로에게 상처를 주고, 논쟁을 통해 우정이 생겨나고 힘을 합쳐 문제를 해결하는 것은 거의 불가능해집니다.

경쟁에서의 승리

경쟁은 경쟁 당사자들 바깥에 있는 희소자원 쟁취를 두고 규칙에 따라 다투는 관계를 지칭합니다. 경쟁은 현대인이 에고를 크고 높게 만들기 위해 기울이는 노력의 하나입니다. 현대사회의 상황을 보면, 개인적인 차원과 집단적인 차원 모두에서 개별 에고와 집단 에고를 부풀리기 위한 경쟁이 활발히 전개되고 있습니다.

월드컵 경기에서 보여주는 열기는 집단적인 차원에서 경쟁의 하나입니다. 수많은 사람들이 텔레비전을 지켜보고, 거리응원에 나섭니다. 심지어는 월드컵 경기를 직접 보기 위해 수많은 사람들이 월드컵 개최 국가까지 가서 경기를 관전합니다. 우승을 한 국가에서는 과거 전승국이 그랬던 것처럼 국가적인 축제 분위기를 즐기고, 패배를 한 국가에서는 과거 패전국이 그랬던 것처럼 국민 전체가 침울한 분위기에 휩싸입니다. 선수들은 승부에 너무 집착한 나머지 심판 판정 하나하나에 이의를 제기하고, 많은 선수들이 경고를 받고 퇴장당합니다. 만일 외계인이 있어 월드컵에 열광하는 지구인을 지켜본다면, 축구공이 골대에 들어갈 때마다 열광하는 지구인의 모습에 의아해할 것입니다.

개인적인 차원에서의 경쟁은 현대적인 삶의 모든 영역에 침투해 있습니다. 일류대학 진학을 위한 경쟁, 원하는 기업체에 취업을 위한 경쟁, 기업체 내에서의 승진을 위한 경쟁, 더 좋은 시험성적을 얻기 위한 친구들 간의 경쟁, 더 멋진 외모를 획득하기 위한 경쟁, 각종 스포츠 경기에서의 승리를 위한 경쟁, 배우들의 연기력 경쟁, 선거에서의 승리를 위한 경쟁 등, 경쟁의 종류는 수 없이 많습니다.

경쟁에서의 승리에 대한 집착이 클수록, 경쟁은 치열해지고, 우리 마음에 경쟁심은 비대화됩니다. 경쟁심이 비대화되면, 우리는 경쟁에서의 승리를 통해서만 만족감을 느낄 수 있는 병적인 심리상태에 빠져들게 됩니다. 현대인의 상당수가 이런 상태에 빠져 있습니다.

경쟁은 많은 고통을 만들어냅니다. 서로 경쟁하는 상대편과의 관계도 악화시킵니다. 2010년 동계 올림픽 때, 어린 시절부터 경쟁자였던 김연아와 아사다 마오 간의 금메달을 향한 경쟁은 우리 모두의 기억에 남아 있습니다. 패배하고 눈물을 흘리던 아사다 마오와 침통해하는 일본인의 모습이 아직도 눈앞에 선합니다.

격심한 경쟁을 치르는 삶은 긴장의 연속입니다. 경쟁에서 계속해서 이기기만 할 수도 없을뿐더러, 경쟁이 주는 승리의 쾌감은 일시적입니다. 경쟁이 초래하는 많은 문제점을 감안한다면, 현대적인 삶의 모든 영역에서 일어나고 있는 치열한 경쟁은 비합리적인 것입니다. 그들은 행복을 위해 승리를 추구합니다. 하지만, 결국 그들이 떠안는 것은 고통과 불행이며, 행복을 느낄 수 없는 소외된 심성입니다.

갈등에서의 승리

희소자원의 쟁취를 위해 경쟁보다 더 격렬하게 다투는 것을 갈등이라고 합니다. 경쟁과는 달리, 갈등의 경우에는 양편이 원하는 희소자원을 상대편이 갖고 있는 경우가 많습니다. 갈등이 격화되면, 상대편에 대한 증오심이 커지고, 때로는 상대편을 파괴하는 것 자체가 목적이 되기도 합니다. 현대인은 에고 확장을 위한 노력의 하나로 빈번하게 갈등에 빠져듭니다.

현대 이전 사회에서는 동서양을 막론하고 갈등에 대해 부정적인 태도가 일반적이었습니다. 하지만 현대사회에 접어들면서 갈등에 대한 사람들의 태도는 근본적으로 변화합니다. 갈등에 대한 태도 변화에 직접적인 영향을 미친 것은 다윈의 진화론입니다. 다윈은 번식속

도와 먹이 양 간의 불균형이라는 현실에 직면해서, 생존을 위한 투쟁은 모든 생명체의 피할 수 없는 숙명임을 주장했습니다. 뿐만 아니라 그는 생존을 위한 투쟁이 결과적으로 진화의 원동력이 된다고 주장했습니다. 다윈의 이런 견해가 '발전의 원동력으로서의 갈등'이란 현대적인 생각의 본격적인 출발점이었습니다.

마르크스는 사회발전의 원동력으로 계급투쟁을 제시했고, 이는 자연 영역에 대한 다윈의 생각을 사회 영역에 옮겨 놓은 것에 불과합니다. 훗날 마오쩌뚱을 비롯한 공산주의자들은 모든 사회적인 삶과 관계를 투쟁으로 인식하게 됩니다. 이런 진화론의 영향을 받아, '투쟁을 통해 문제를 해결한다.'는 생각은 현대인에게 익숙한 것이 되었습니다. 그리고 현대사회에서는 사회적인 삶의 많은 영역에서 갈등이 일어나고 있습니다.

인종 간의 갈등, 계급 간의 갈등, 국가 간의 갈등, 종교 간의 갈등, 지역 간의 갈등 등 다양한 형태의 갈등이 현대사회에 만연해 있습니다. 그러나 갈등에 대한 현대의 미신과는 달리, 갈등의 결과는 파괴적입니다. 예를 들어, 독도의 영유권 문제에 대한 갈등을 생각해보도록 하겠습니다. 한국과 일본은 독도 영유권 문제를 두고 서로 갈등해 왔습니다. 그런데 독도 영유를 위해 싸우건 싸우지 않건 간에, 차지할 수 있는 독도는 하나뿐입니다. 아직 무력분쟁이 일어난 것은 아니지만 독도 영유권을 두고 양국 국민들 간에는 감정이 많이 나빠져 있고, 서로에 대한 증오심이 증가하고 있습니다. 그렇다면, 이 갈등은 비합리적인 것입니다.

이런 집단적인 차원에서의 갈등뿐만 아니라 고부 간의 갈등이나 부부 간의 갈등, 직장 동료 간의 갈등, 부모와 자식 간의 갈등 등 현대인의 일상생활에는 많은 갈등이 있습니다. 갈등의 결과 양편 모두 많은 상처를 입고 고통받습니다. 그럼에도 불구하고, 현대인은 무력감에 휩싸여 있기 때문에 자기의 잘못을 시인하지도 못하고, 상대편의 잘못에 대해 관용하거나 용서하지 못합니다. 그러다보니 사소한 일로도 갈등은 격화되고, 이로 인해 커다란 불행을 겪는 일이 주변에 아주 많습니다.

폭력의 사용

폭력은 에고가 자신을 부풀리기 위해 사용하는 가장 원시적이며 동시에 가장 큰 후유증을 낳는 방식입니다. 중동 테러리스트들의 9.11 테러나 미국의 보복공격 같은 것이 현대사회에서 행해지는 폭력의 전형입니다. 폭력을 행사하는 주체도 큰 희생을 치러야 하지만, 이들은 자신의 힘을 입증하기 위해서 그리고 복수심의 만족을 위해서 폭력 행사를 자행합니다.

현대사회에서 이념 갈등은 많은 폭력 사태를 초래했습니다. 한국 전쟁을 포함해서 전쟁은 말할 것도 없고, 무수한 인명을 살상한 이념 갈등도 많았습니다. 중국 문화혁명은 많은 인명을 살해했을 뿐만 아니라 가해자와 피해자 모두에게 깊은 상처를 남겼습니다. 캄보디아 좌파 크메르루주정권이 통치기간 동안 벌인 만행을 우리는 기억하고 있습니다. 그들은 전 국민의 사분의 일에 해당하는 이삼백만 명을 학살했습니다. 나치의 유대인 학살, 이스라엘의 팔레스타인에 대한 공격 등과 같이, 우리는 현대사회에서 자행된 무수한 폭력을 기억하고 있습니다.

이런 집단적인 폭력뿐만 아니라 개인적인 차원에서 일어나는 폭력도 많습니다. 현대인은 인간을 근본적으로 유한하고 무의미한 존재로 인식합니다. 그러므로 현대인은 자기 자신이나 상대편을 존중하지 않습니다. 이에 따라서, 현대사회에는 무례함이 만연해 있고, 무례함의 한 가지 표현이 폭력입니다.

가정폭력의 경우를 생각해보도록 하겠습니다. 가정에서 자녀나 부인에게 폭력을 행사하는 가장은 대부분 심한 무력감에 사로잡혀 있는 사람입니다. 실직 등으로 에고가 큰 타격을 받았을 때, 자녀나 배우자에 대한 폭력은 에고를 재건하기 위한 무력한 노력입니다. 폭력은 당하는 사람과 그의 가족에게 큰 상처를 남깁니다. 폭력을 자행하는 사람 역시 심하게 비인간화됩니다. 폭력을 휘두르는 사람의 마음은 행복하거나 평화롭지 않습니다. 폭력의 행사는 그를 더욱 고통스럽게 만들며, 희생자들에게도 큰 상처를 남깁니다.

2. 소비로서의 삶

현대 인간관의 핵심은 '욕망 주체로서의 인간'입니다. 그러므로 욕망을 충족시키는 활동인 소비가 현대적인 삶의 양식의 중심을 차지하게 됩니다. 노동이 현대적인 의미에서 인간다운 삶의 기반을 제공해준다면, 노동 산물의 소비는 바로 인간다운 삶의 척도가 됩니다. 여기에서는 현대적인 삶의 양식으로 소비로서의 삶의 양태를 살펴보도록 하겠습니다.

2.1. 경제적인 소비

경제적인 소비는 소비생활의 중심을 차지합니다. 경제적인 소비가 현대인의 삶의 중심을 차지하게 되면서, '얼마나 비싼 상품을 소비하는가?' 하는 것이 '얼마나 인간다운 삶을 누리고 있는가?' 하는 것과 거의 동의어가 되어버렸습니다. 현대사회에서는 고급 승용차, 고급

주택, 비싼 의복, 화려한 여행이나 외식, 비용이 많이 드는 취미활동 등과 같은 것을 마음껏 누리는 사람을 인간답게 사는 사람이라고 평가합니다.

쇼핑

G. 루카치(Georg Lukacs, 1885-1971)는 『역사와 계급의식』(1999)에서 자본주의 이전 사회와 자본주의 이후 사회를 구분 짓는 것은 생산 목적의 차이라고 주장했습니다. 자본주의 이전 사회에서 생산 목적은 사용가치를 생산하는 것이었습니다. 하지만 자본주의 이후 사회에서는 교환가치를 생산하는 것이 생산 목적이 된다는 것입니다. 이에 따라서, 교환가치로서의 상품을 소비하는 쇼핑은 자본주의 사회를 살아가는 현대인의 삶에서 중심을 차지하게 됩니다.

슈퍼마켓이나 시장에서의 장보기를 포함해서 쇼핑은 현대인의 일상생활의 일부가 되었습니다. 그러나 많은 현대인에게 있어서 쇼핑은 일상생활의 필요를 넘어서 있습니다. 정도의 차이는 있지만 많은 현대인은 쇼핑 중독에 걸려 있습니다. 하루라도 쇼핑을 하지 않으면 허전함을 느껴서, 강박적으로 소비를 하는 사람들이 많습니다. 최근 인터넷 쇼핑이 일상화되면서, 쇼핑 중독은 더 광범한 범위로 확산되고 있습니다.

쇼핑이 실제적으로 필요한 구매 범위를 넘어서면서, 과도한 소비가 보편화되었습니다. 이것은 끊임없이 생산을 확장시켜야만 존속할 수 있는 자본주의체제의 필연적인 결과이기도 합니다. 기업은 온갖 수단을 동원해서 소비자의 마음속에 자신이 생산한 상품에 대한 욕망을 만들어내려고 합니다. 일반 소비자가 이런 조직적인 노력에 대항하는 것은 힘든 일입니다. 그래서 사람들은 실제의 필요성을 생각해보지 않고 구매를 단행하게 됩니다. 아직 한참 입을 수 있는 옷이지만 유행이 지났다고 해서 새 옷을 구매하고, 아직 한참 더 탈 수 있는 승용차나 사용할 수 있는 휴대전화를 교체하는 것은 과도한 소비의 전형적인 사례입니다. 컴퓨터, 가구, 가전제품 등 다른 생활용품의 경우도 마찬가지입니다.

이렇게 과도한 소비가 일상화되면서, 쇼핑은 지구환경을 위협하는 중요한 요인이 되었습니다. 쇼핑은 자원을 고갈시키고, 생산과정이나 소비결과로 많은 쓰레기를 발생시키는 등 인류문명의 지속을 위협하는 하나의 요인이 되었습니다. 뿐만 아니라 실용적인 용도를 넘어선 소비란 인간 소외의 중요한 양상이기도 합니다.

과시적인 소비

과시적인 소비란 다른 사람들에게 뽐내는 것을 목적으로 이루어지는 소비를 말합니다. 과시적인 소비는 에고를 보다 크게 느끼기 위한 유력한 방법의 하나입니다. 일찍이 T. B. 베블런(Thorstein Veblen, 1857-1929)은 『유한계급론』(2005)에서 과시적인 소비를 분석했습니다. 과시적인 소비는 현대인의 경제적인 소비생활에서의 이상향일 것입니다.

과시적인 소비의 대표적인 유형은 명품 소비입니다. 명품 소비는 과시를 위해서 소비하는 상품이 갖고 있는 실용적인 가치보다 비싼 가격으로 상품을 소비하는 것입니다. 까르띠에나 루이 비통 상표의 가방, 아르마니 제조 의류나 넥타이, 파텍 필립이나 브레게 등의 상표를 단 시계, BMW나 벤츠와 같은 승용차를 타는 것 등과 같은 것이 명품 소비의 대표적인 예입니다. 이 밖에도 화려한 저택에 거주하는 것, 루왁 커피나 블루 마운틴 등과 같은 고급 커피를 마시는 것, 고가의 보위차를 비싼 다기에 우려 마시는 것, 값비싼 가구를 사용하는 것, 산삼이나 토종꿀과 같은 고가의 식품을 먹는 것 등도 과시적인 소비의 예가 될 수 있습니다.

과시적인 소비는 사치스런 취미활동으로도 나타납니다. 해외에서 골프를 즐기는 것, 고가의 해외여행, 비싼 입장료를 지불해야 하는 음악회, 집에다 고가의 그림을 걸어두는 것, 비싼 애완견을 키우는 것, 요트를 소유하는 것 등이 모두 여기에 해당합니다.

과시적인 소비는 교육영역에서도 나타납니다. 자녀를 외국의 명문 사립 중고등학교에 입학시키는 것, 비싼 등록금을 지불해야 하는 명문 사립대학에 유학시키는 것, 고액 과외를 시키는 것, 조기 해외유학을 보내는 것 등 다양한 형태로 나타납니다.

현대인은 과시적인 소비에 집착합니다. 그 이유는 자신이 소비하는 상품에 상응하는 자신의 가치를 확인하고자 하기 때문입니다. 요즘은 부유층뿐만 아니라 보통 사람들도 명품 하나 정도를 갖기를 간절히 원하는 경우가 많습니다. 자신들이 원하는 명품을 구입하고자 명품계(名品契)를 운영하는 경우도 있고, 공동구매를 해서 돌아가면서 그 상품을 사용하는 경우도 있습니다.

과시적인 소비에 대한 집착은 일본, 한국, 대만, 중국 등 동아시아 국가에서 특히 심합니다. 유럽이나 미국 등 서구 국가 사람들은 명품보다는 자신의 개성을 중시하는 경우가 많습니다. 동아시아 지역 사람들이 과시적인 소비에 크게 집착하는 것은 그들에게 구매력이 있다는 사실뿐만 아니라 그들이 서구문화에 대한 열등감을 갖고 있다는 것을 반증하는 것으로 보입니다. 과시적인 소비는 이를 통해 자신의 가치를 확인하려고 하는 것이기 때문에, 열등감이 심할수록 과시적인 소비에 대한 욕구가 커지게 됩니다.

그러므로 부의 전통을 갖고 있는 개인이나 집단보다 가난했다가 갑자기 부를 획득한 개인이나 집단의 경우 과시적인 소비가 더 심하게 이루어집니다. 현대사회에서 전반적으로 과시적인 소비가 심한 이유는 현대인 전반이 마음속 깊은 곳에서 열등감을 느끼고 있기 때문입니다. 우연하게 생겨난 유한한 개체로 자신을 인식하는 현대인은 자기 존재의 무가치함이라고 하는 고통스런 생각으로부터 벗어나기 어렵습니다. 과시적인 소비는 여기에서 벗어나기 위한 강박적인 노력의 하나입니다.

2.2. 프로그램의 소비

현대인에게 '하루의 많은 시간을 무엇으로 보내는가?'라는 질문을 던졌다고 가정해보겠습니다. 아마도 노인의 경우에는 TV를 보면서 지낸다는 응답이, 젊은이나 어린이의 경우는 컴퓨터를 켜놓고 보낸다는 응답이 가장 많을 것입니다. 사회구조의 급격한 변화로 인해서, 여가시간은 빠른 속도로 증가하고 있지만, 그 시간을 사용하는 주도적인 방식은 자본주의사회가 만들어놓은 프로그램의 소비입니다.

프로그램의 소비란 다음과 같은 내용을 포함합니다. 인터넷 게임, TV 드라마, 신문, 프로 스포츠 중계방송, 인터넷 뉴스, 음란 사이트, 인터넷 대화방, 영화, TV 오락물, 비디오 뮤직, 대중가요, 연예가의 뒷이야기, 만화, 무협지, 상품광고, 코미디물 등을 보면서 시간을 보내는 것입니다.

프로그램의 소비는 한 마디로 말하자면 '진정한 나'와의 만남을 회피하기 위한 시간 보내기라고 할 수 있습니다. 이것은 심심풀이로서의 시간 보내기이며, 소중한 삶을 낭비하는 것으로서의 시간 보내기입니다. 프로그램의 소비는 강한 중독성을 갖고 있습니다. 며칠 동안 계속해서 인터넷 게임에 몰두하다가 죽어버린 사람의 기사를 종종 봅니다.

이것은 극단적인 경우이겠지만, 대부분의 현대인이 정도의 차이는 있더라도 특정 프로그램 소비에 중독되어 있는 것이 현실입니다.

삶에서 고통스런 경험을 겪을 때와 같이, 우리가 자신의 존재에 깨어날 수 있는 기회가 왔더라도, 현대인은 고통을 대면하기보다는 쉽게 자신이 즐기는 프로그램으로 도피해서 고통을 잊으려합니다. 그러므로 아무리 많은 시간이 우리에게 주어지더라도, 우리가 프로그램의 소비에 중독된 채로 살아간다면, '진정한 나'와의 만남을 이룰 수 있는 기회는 없습니다.

2.3. 쾌락의 추구

쾌락의 추구는 현대인의 행복 추구의 가장 전형적인 모습일 것입니다. 인간은 '욕망 주체'라는 것이 현대 인간관의 전형입니다. 일단 인간을 '욕망 주체'라고 가정하면, 인간다운 삶이란 '욕망 충족적인 삶'을 의미합니다. 이때, 행복이란 욕망 충족에서 비롯되는 쾌락입니다. 이것이 현대사회에서 쾌락의 추구가 만연하고 있는 근본적인 이유입니다.

성적인 쾌락의 추구

성적인 쾌락 추구는 현대인의 쾌락 추구의 대표적인 영역일 것입니다. 오늘날 현대사회에는 쾌락주의 문화가 지배하면서, 성적인 쾌락에 대한 추구가 더욱 극성을 부리고 있습니다. 성적인 쾌락 추구는 다양한 형태로 나타납니다. 혼외정사, 혼전정사, 음란 사이트, 노출, 변태적인 성행위, 매춘 등이 그 예입니다. 얼마 전에는 골프 황제라 일컬어지는 타이거 우즈의 섹스중독증이 세간의 화제가 되기도

했습니다.

그러나 쾌락주의는 금욕주의와 마찬가지로 많은 고통을 만들어냅니다. 성적인 쾌락을 추구하는 것은 채워질 수 없는 갈증을 해소하려는 것과 같습니다. 성적인 쾌락을 끝없이 추구하게 되면, 어떤 것에서도 성적인 쾌락을 얻을 수 없는 불감증의 상태에 빠지게 됩니다. 카사노바의 방황은 이것을 잘 보여줍니다. 성적인 쾌락 추구의 결과로 더 강한 자극을 추구하게 되고, 마침내 어떤 자극에서도 쾌락을 느낄 수 없는 상태가 되어버립니다.

욕망에 대한 건강한 태도는 절제와 중용입니다. 욕망을 무자비하게 억압하면, 억압된 욕망은 더 커다란 에너지를 갖게 되고, 나 자신을 잡아먹을 흉포한 짐승으로 변질됩니다. 반대로 욕망을 무제한적으로 추구하게 되면, 어떤 것에도 만족을 얻을 수 없는 불감증에 빠지게 됩니다. 열심히 일한 농부에게는 거친 보리밥도 꿀맛과 같이 맛있지만, 몸을 움직이지 않고 끊임없이 더 맛있는 것만을 추구하는 사람은 어떤 것에서도 맛을 느끼지 못하게 됩니다.

성욕의 경우도 마찬가지입니다. 성생활에 적절한 휴식을 주면, 우리는 매끼 밥을 맛있게 먹을 수 있듯이, 배우자와의 건전한 성생활에서 만족을 느낄 수 있게 됩니다. 그렇지 않고, 성적인 쾌락을 추구하게 되면, 우리는 건강한 성적인 만족을 얻을 수 없을 뿐만 아니라, 쾌락 추구의 결과로 많은 고통을 떠안게 됩니다. 현대인은 에고의 삶을 살아가며, 에고의 쾌락 추구의 일환으로 성적인 쾌락을 추구합니다. 이렇게 되는 순간, 우리는 더 이상 건강한 쾌락을 얻을 수 없을 뿐만 아니라 많은 고통을 겪게 됩니다.

오래 함께 산 배우자에게 연애시절에서와 같이 강한 성적인 충동을 느끼는 사람은 없을 것입니다. 성적인 쾌락을 추구할 경우, 배우자가 성적인 매력을 상실하게 되면 관계의 균열이 옵니다. 외도를 하기도 하고, 상대편에 싫증을 내기도 하며, 이혼을 하는 경우도 많습니다. 만일 이런 이유로 결혼생활의 불만을 호소한다면, 오래도록 행복한 결혼생활을 할 수 있는 부부는 없을 것입니다. 그러므로 성적인 쾌락에 대한 현대의 우상숭배는 현대인이 빠져있는 다양한 집단정신병의 하나라고 해야 할 것입니다.

승리의 쾌감을 추구

현대인은 경쟁심이 강합니다. 그래서 현대인이 느끼는 쾌감의 주된 원천의 하나는 승리입니다. 그들은 이 쾌감을 얻기 위해서 삶에서 승리를 추구합니다. 승리에 대한 추구는 다양한 형태로 나타납니다. 각종 도박, 컴퓨터 게임, 입시 경쟁, 주식 투자, 바둑 등과 같이 개인적인 영역에서 일어나는 것들도 있고, 전쟁, 지역분쟁, 스포츠 경기 등과 같이 집단적인 영역에서 일어나는 것들도 있습니다.

월드컵 경기가 벌어지면, 사람들은 축구에 열광합니다. 공이 골문을 통과해 네트가 출렁거리면, 승리한 팀의 선수들과 국민은 환호하고, 패배한 팀의 선수들과 국민은 낙담합니다. 심지어는 상대편 국가 선수의 실수를 바라는 사람도 많습니다.

경쟁과 갈등에서 승리를 추구하는 동안 우리는 은연 중 또는 노골적으로 상대편에 대한 적대감을 갖게 됩니다. 또한 경쟁과 갈등의 과정에서, 그 안에 있는 사람은 심한 긴장감과 고통을 겪습니다. 승리에 대한 압박감으로 인해서, 김연아 선수는 시합을 준비하는 동안은 피겨 스케이팅을 즐길 수 없었을 것입니다. 이러고서도 승리한 측은 환희를 느끼지만, 경쟁과 갈등은 언제나 패배자를 만들어내며 그들은 패배의 고통을 겪어야합니다.

승리의 쾌감은 강렬한 것이기는 하지만, 불구적인 것입니다. 그것은 승리자에게만 주어질 뿐만 아니라, 승리자에게 있어서조차도 불완전한 것입니다. 승리의 쾌감은 지속적이지 않습니다. 늘 이길 수만은 없기 때문입니다. 그렇기 때문에 현재의 승리자에게도 언제나 미래의 패배에 대한 불안이 있습니다. 또한 승리자의 쾌감의 이면에는 패배자의 고통이 있습니다. 그 뿐만 아니라 죽음이 다가오면, 어떤 승리도 간직할 수 없습니다.

파괴의 쾌감을 추구

파괴의 쾌감을 추구하는 것은 병적인 쾌감 추구의 방식입니다. 방화를 하고 이를 즐긴다거나 거리에 주차해있는 차를 망가뜨리고 쾌감을 느끼는 경우가 하나의 예입니다. 폭풍우나 토네이도가 휩쓸고 지난 도시를 보며 쾌감을 느낀다든지, 잔인한 격투기에서 피를 흘리며 쓰러지는 모습을 즐기는 것, 영화 속의 폭력과 파괴를 즐기는 것 등이 모두 여기에 해당합니다. 공격성향이 강한 에고를 갖고 있는 사람들에게서 이런 쾌감 추구가 종종 발견됩니다.

인류 역사상 끊임없이 일어나는 전쟁은 인간에게 파괴욕의 뿌리가 얼마나 깊은가를 보여주는 전형적인 사례입니다. 역사적인 인물 중에는 히틀러나 스탈린 같은 사람이 강한 파괴욕을 갖고 있었던 대표적인 경우라고 하겠습니다. 히틀러의 파괴욕은 아우슈비츠 수용소의 참극을 불러왔고, 스탈린의 파괴욕은 수많은 정적을 처형케 했습니다. 그런데, 히틀러나 스탈린 모두가 그 내면에 심한 무력감을 가진 사람들이었습니다. 파괴를 통해 느끼는 쾌감의 본질은 '힘의 느낌'일 것입니다.

현대인은 자신을 영원한 시간과 무한한 공간 앞에 지극히 무력한 존재로 인식합니다. 그래서 강박적으로 힘을 추구합니다. 힘에 대한 추구의 한 가지 형태가 파괴이고, 이때 자신 앞에 무력하게 파괴되는 대상을 바라보면서 파괴의 쾌감을 느낍니다. 바로 이런 이유로 현대사회에는 파괴의 쾌감 추구가 만연해 있습니다.

최근 들어서, 이종격투기와 같이 더 잔인한 격투기가 대중의 인기를 얻는 현상이라든지, 인터넷 게임에 파괴적인 장면이 더 강화된다든지, 상대편에게 고통을 주는 음란 영상물이 인기를 누린다든지, 자동차부수기 행사를 한다든지, 영화에서 잔혹한 장면이 많아진다든지, 무력한 사람에 대한 집단 따돌림이 증가한다든지 하는 것 등이 모두 이런 현대인이 느끼는 무력감의 발로입니다.

영화를 예로 들어 보도록 하겠습니다. 예전 서부영화 같은 데서는 총을 쏘면 그냥 쓰러져 죽었습니다. 그런데 최근의 영화를 보면, 피가 철철 흐르고, 머리가 끊어져 나가고, 상처 난 내장의 모습을 적나라하게 보여주는 등 잔혹한 묘사가 많습니다. 근래에 흥행에 성공을 거둔 TV 시리즈물인 <스파르타쿠스> 같은 경우를 보면, 이런 장면이 정말 많습니다. 상업적인 논리로 제작되는 영화에서 이런 장면이 증가한다는 것은, 많은 사람들이 이런 장면을 요구함을 의미합니다.

파괴의 쾌감을 추구하는 것이 문제라는 것은 깊은 분석을 필요치 않습니다. 파괴당하는 사람들이 큰 고통을 받는다는 것은 말할 것도 없습니다. 뿐만 아니라 파괴를 자행하는 사람들도 비인간화되기는 마찬가지입니다. 파괴는 결코 행복이나 평화를 낳을 수 없습니다.

3. 현실로부터의 도피

현대인은 희소자원을 쟁취하고자 하며, 이를 위한 경쟁과 갈등은 필연적으로 많은 패배자를 양산합니다. 패배의 고통은 '우주적인 나'

를 만날 수 있는 기회가 될 수 있지만, 자기 자신을 이 세상으로부터 분리된 개체라고 여기는 현대인에게 있어서 이것은 단순히 고통이고 불행일 따름입니다. 그래서 현대인은 패배를 직면하기보다는 패배로부터 도피하고자 합니다. 늘 이길 수만은 없기 때문에, 패배는 모든 현대인이 피할 수 없는 운명이고, 그러므로 현실로부터의 도피는 현대적인 삶의 양식의 하나입니다.

3.1. 프로그램으로의 도피

현대인 중에는 TV나 컴퓨터 게임에 중독되어 있는 사람이 많습니다. 하루 종일 TV를 켜놓고 생활하는 사람도 있고, 며칠을 계속해서 컴퓨터 게임만 하다가 죽는 사람도 있습니다. 또 컴퓨터를 하루 종일 켜놓고 인터넷 사이트를 여기저기 돌아다니는 사람도 있습니다. 이들은 현실과 직면하는 것이 두려워 프로그램으로 도피하는 사람들입니다.

이들이 TV나 컴퓨터에 몰두하는 것은 강박적입니다. 마음속에서 불안이 계속 올라오기 때문에 이것을 피하기 위해서는 TV나 컴퓨터 앞에 머물러 있어야만 합니다. 한 번 컴퓨터 게임을 시작하면 열 시간 넘게 먹지도 씻지도 않으면서 온 몸이 탈진할 때까지 게임을 계속하는 사람이 있습니다. 게임을 하면서 그는 불행하고 고통스럽습니다. 하지만 그것을 중단하지 못하는 것은 게임을 중단했을 때 직면해야할 더 불행하고 고통스런 현실이 너무 두렵기 때문입니다.

프로그램으로 도피하는 사람들 대부분은 현실의 싸움에서 패배한 사람들입니다. 늙어서 이젠 아무도 자신에게 관심을 가져주지 않는 노인, 취업에 실패한 청년 실업자, 못생긴 외모에 심한 콤플렉스를 갖고 있는 사람, 직장에서 쫓겨난 중년, 학교가 가기 싫은 아이 등 패배의 형태는 다양합니다. 강한 경쟁심을 갖고 있는 현대인에게 패배는 깊은 상처를 남깁니다.

현대인은 자신의 패배에 대해 웃을 수 없으며, 패배의 상처를 따뜻하게 품어줄 수 없습니다. 그래서 현대인은 패배에 압도됩니다. 현대인에게는 현실의 패배를 직면한다는 것이 너무 두려운 일입니다. 그래서 TV, 컴퓨터, 음악 등으로 도피하게 됩니다.

3.2. 약물 중독

약물 중독은 현실의 삶에서 패퇴한 사람들이 고통으로부터 도피하는 한 가지 방법입니다. 약물 중독에는 마리화나(marijuana), 엘에스디(lysergic acid diethylamide), 헤로인(heroin), 암페타민(amphetamine), 코카인(cocaine) 등과 같은 마약중독과 알코올 중독이 있습니다. 미국에는 일만 개가 넘는 약물 중독 치료센터가 있다고 하며, 알코올 중독자의 수가 성인만 1,200만 명에 이른다고 하니, 현대사회에 약물 중독이 얼마나 확산되어 있는가를 알 수 있습니다.

영화 <라스베가스를 떠나며>를 보면, 알코올 중독이 얼마나 큰 고통을 낳는가를 알 수 있습니다. 영화 속의 주인공은 직장에서 실직을 하고, 가족들로부터 마저 버림을 받으면서 철저한 외로움 속에 생활하다가, 마침내 중증 알코올 중독자가 됩니다. 영화 속에서와 마찬가지로 약물 중독자가 되는 사람 모두는 인생의 견디기 힘든 고통을 체험했던 사람들일 것입니다.

현대인은 수많은 경쟁과 갈등을 치러야 하고, 따라서 많은 좌절과 고통을 겪습니다. 현대사회는 많은 고통을 양산합니다. 그 결과, 약물 중독자의 수는 지속적으로 늘어나고 있습니다. 약물 중독의 폐해는 심각합니다. 약물 중독은 중독자의 건강에 나쁜 영향을 줍니다.

약물 중독은 가정파괴의 직접적인 원인이 됩니다. 또한 약물 중독은 범죄를 유발시키는 원인이 되기도 합니다.

3.3. 우울증

현대사회에는 우울증 환자가 많습니다. 요즘 언론매체나 주위 사람들에게서 우울증이라는 말을 듣는 일이 많아졌습니다. 우울증은 자신의 존재 의미를 상실해버린 현대인이 쉽게 걸리는 병입니다. 우연히 생겨났다가 사라지는 유한한 개체라고 자신을 인식하기 때문에, 현대인은 본래적인 자신의 존재 의미를 찾을 수 없습니다. 그래서 현대인이 자신의 존재 의미를 확보하기 위해서는 외적인 대상이 필요합니다. 여성들에게는 자신의 외모나 도움을 필요로 하는 자녀의 존재, 남성들에게는 직업 노동 같은 것이 자신의 존재 의미를 확보하는 중요한 통로입니다.

그러므로 중년 여성들과 퇴직 후의 남성들이 우울증에 걸리는 경우가 많습니다. 중년 여성은 젊은 시절의 외모를 잃어버리고 폐경이 되면 여성으로서 자신의 인생이 끝났다는 느낌을 경험합니다. 더군다나 그때까지 자신의 도움을 필요로 하던 자녀들이 장성해서 독립하게 되면, 공허한 느낌이 들고 우울증에 걸리는 사례가 많습니다.

남성들의 경우는 직장에서 퇴직한 후에 부쩍 늙어버리는 사람이 많습니다. 직장을 잃어버리는 순간, 자신이 이 세상에서 쓸모없는 존재가 되었다는 의식에 사로잡히게 됩니다. 긴 하루를 어떻게 보내야 할지도 막연해집니다. 그래서 퇴직 후에 많은 남성들이 우울증에 걸리게 됩니다.

현대사회에는 노인 우울증도 심각합니다. 노인들은 많은 경우 건강의 상실, 육체의 노화, 배우자의 사망, 직장에서의 퇴직, 자녀의 출가, 경제적인 빈곤 등 자신의 가치를 확인할 수 있는 대상을 상실한 사람들이 많습니다. 그 결과는 노인 우울증입니다. 인기를 상실한 연예인이나, 파산한 사업가, 권력을 잃어버린 정치인 등도 모두 구체적인 상실의 내용은 다르지만 원리적으로는 동일합니다.

우리가 인생에서 획득한 것은 그것이 인기이든, 돈이든, 권력이든 간에 언젠가는 상실하게끔 되어있습니다. 드물게 그것을 평생 동안 유지했던 사람도 죽음의 순간이 다가오면, 반드시 잃게 되어 있습니다. 그러므로 외물을 추구하는 에고의 삶을 살아가는 현대인은 획득물의 상실에서 오는 우울증의 위험을 늘 안고 있습니다.

대부분의 현대인이 우울증에 노출되어 있고, 많은 현대인이 우울증으로 고통받고 있습니다. 우울증은 심한 고통을 낳습니다. 우울증에 걸린 사람은 주변 사람들 또한 우울하게 하며, 그들에게도 고통을 줍니다. 우리가 에고의 삶을 살아가는 한 우리는 이런 고통으로부터 자유로울 수 없습니다.

3.4. 자살

자살은 에고를 높이고 부풀리기 위한 모든 통로가 극단적으로 차단된 사람들이 행하는 마지막 선택입니다. 자살은 도저히 참을 수 없을 정도의 고통과 불행을 직면했었다는 반증입니다. 현대사회에서 자살률이 가파르게 상승하고 있는 것은 전반적인 고통과 불행 지수가 높아지고 있음을 의미합니다. 이는 다시 말하자면, 현대인이 보다 더 에고를 높고 크게 하는데 매진하는 삶을 살아가고 있음을 의미합니다.

셀프의 삶을 살아가는 사람은 자살하지 않습니다. 그는 자신을 긍정하고 사랑하기 때문입니다. 에고의 삶을 살아가는 사람에게는 누구에게나 자살 가능성이 열려 있습니다. 그는 자신을 스스로 긍정하고 사랑하지 않기 때문입니다. 에고의 삶을 살아가는 사람에게는 자신의 존재가치에 대한 긍정의 근원이 자기 바깥에 있습니다. 그러므로 자기 바깥에서 자신에게 주어지던 긍정이 철회되면 자살의 가능성이 증가합니다.

우울증 환자보다 조울증 환자의 경우가 자살률이 더 높다고 합니다. 마음이 계속 침체상태에 있는 것보다 고조된 상태에서 갑자기 침체된 상태로 전환될 때, 그 충격이 더 크기 때문입니다. 이와 마찬가지로, 지속적으로 외부로부터의 자신에 대한 긍정이 부족한 사람보다 긍정이 많았다가 갑자기 없어진 사람이 자살할 가능성이 더 높습니다. 연예인의 자살률이 보통 사람들보다 높은 것도 같은 이유입니다. 자신의 삶을 지탱해주던 팬들의 환호성이 사라지는 순간 엄청난 충격을 받고 자살하는 경우가 많습니다.

현대인은 에고의 삶을 살아갑니다. 에고가 자신을 높이는데 필요로 하는 자원의 대부분은 희소자원입니다. 현대인이 에고를 높이고자 하는 삶에 몰두할 때, 많은 사람들은 패배자가 됩니다. 이들 패배자들 중에서도 가장 극심한 패배를 겪는 사람들이 자살을 선택하게 됩니다. 특히, 한 때 큰 성공을 거두었다가 갑자기 바닥으로 추락한 사람의 경우 자살 가능성이 더 큽니다. 이것이 왜 현대사회에서 자살률이 끊임없이 증가하는가에 대한 근본적인 설명입니다.

3.5. 범죄

합법적인 방식으로 욕망 충족을 위한 자원을 확보하는데 실패한 사람들이 욕망 충족을 추구할 때 저지르게 되는 것이 범죄입니다. 만일 자신의 외모가 수려하고 경제적으로 부유하다면, 그 사람이 강간을 할 가능성은 지극히 낮아질 것입니다. 경제적으로 부유한 사람이라면, 강도나 도둑질을 할 가능성은 아주 낮을 것입니다.

그러므로 범죄를 저지르는 사람은 그 피해자에게 큰 고통을 주지만 범죄자 자신도 사실은 상처 받고 고통받는 사람입니다. 현대사회에 이르러 범죄율이 높아지고 있습니다. 예를 들어, 미국은 가장 현대화된 국가의 하나인데, 미국 인구는 세계 인구의 5%에 불과하지만, 세계 수형인구의 25%가 미국의 재소자입니다.[60]

현대화가 진행될수록 범죄율이 높아지는 이유는 무엇일까요? 더 현대화된 사회에서 살아갈수록, 사람들의 욕망 충족을 위한 자원에 대한 열망이 더 높기 때문입니다. 욕망 충족을 위한 자원은 한정되어 있는데, 자원에 대한 열망이 높아지면, 결국 비합법적인 방식으로 자원을 획득하려할 확률이 커집니다. 그러므로 현대화가 진행될수록 범죄율이 높아지게 됩니다. 범죄가 초래하는 폐해는 설명이 필요치 않습니다.

4. 현대적인 삶의 양식의 결과

현대적인 삶의 귀결은 무엇일까요? 그것은 고통과 불행입니다. 현대적인 삶은 지금 이대로의 삶에 대한 불만족의 기초 위에서 미래의 만족을 추구합니다. 그러므로 현대적인 삶에서 현재는 늘 불만족스러운 것입니다. 현대적인 삶은 미래의 만족스런 삶에 도달하는 것을 목표로 삼고 있습니다. 하지만 목표에 도달했다고 하더라도 그것이 주는 만족감은 순간적입니다. 그리고 곧바로 미래의 새로운 목표가

60) http://www.hani.co.kr/arti/international/america/177349.html 참조. 「세계최고 감옥국가 미국」

생겨납니다. 그래서 불만족스런 현재와 만족스런 미래의 도식은 끝없이 계속됩니다. 순간적으로 만족을 주었던 현재 조차도 곧바로 불만족스런 현재로 뒤바뀌게 됩니다.

더군다나 많은 사람들은 그들이 목표로 삼았던 만족스런 미래에 도달하는 것에 실패합니다. 실패는 그들에게 커다란 고통을 안겨줍니다. 목표에 도달했건 그렇지 못했건 간에, 희소자원을 차지하기 위한 노력 과정은 고통스럽습니다. 목표물을 차지하고자 하는 과정에서 경쟁자와의 관계도 악화됩니다.

목표물을 차지하는 것도 어렵지만, 이미 차지한 목표물을 지키는 것도 어렵습니다. 차지한 목표물을 지키기 위해서는 거친 삶을 살아야합니다. 뿐만 아니라 차지한 목표물의 상실에 대한 불안감이 늘 그를 괴롭힙니다. 더군다나 목표물을 차지하고 난 이후에 더 크고 높은 목표를 향해 나아가는 것은 많은 고통을 낳습니다.

이와 같이, 현대적인 삶에서 추구하는 목표물을 차지하는 것도 어렵고, 유지하는 것도 어려우며, 더 많은 것을 차지하는 것도 어렵습니다. 그러나 만일 어떤 사람이 이 모든 관문을 통과해서, 정말 많은 것을 성취했다고 가정해보도록 하겠습니다. 과연 그 사람은 영원한 행복을 얻었을까요? 아닙니다. 어떤 사람도 피할 수 없는 늙어감이 그의 성취를 무너뜨리고, 마침내 죽음이 완전히 빼앗아갈 것입니다. 결국 현대적인 삶의 추구를 통해서는 어느 누구도 영원한 행복을 얻을 수가 없습니다.

석가모니는 '삶은 고(苦)'라고 말했습니다. 이때, 삶의 주체는 에고입니다. 석가모니의 말을 더 분명하게 표현하면, '에고가 주인공이 되어 살아가는 삶은 고(苦)다.'입니다. 현대인은 에고가 자신의 삶의 주인공이 되어 살아가기 때문에, 고통의 바다를 벗어날 수 없습니다. 모든 현대인은 행복하기를 원해서 현대적인 삶을 계속 추구하지만,

그들이 결과적으로 얻게 되는 것은 더 많은 고통과 불행입니다. 이것이 '현대적인 삶의 추구가 팽배한 현대사회에서 왜 고통과 불행이 증폭되고 있는가?'하는 의문에 대한 답입니다.

현대적인 삶이 고통과 불행을 증폭시키는 또 하나의 이유가 있습니다. 현대인이 추구하는 것은 결국 행복입니다. 그리고 인간이 진정으로 행복을 느낄 때는 '사랑할 때'와 '사랑받을 때'입니다. 그런데 현대적인 삶의 주체인 에고는 사랑의 무능력자입니다. 사랑은 '하나임의 체험'인데, 에고는 자신을 '분리된 개체'로 인식하고 있기 때문에 존재론적으로 사랑이 불가능합니다. 또한 에고는 자기중심적이며, 상대편에 대해 근본적으로 무관심합니다. 에고가 상대편에 관심을 기울이는 것은 자신의 욕망 충족을 위해 상대편이 이용 가치가 있을 때뿐입니다.

이렇듯 에고는 사랑할 수 없기 때문에 행복할 수 없으며, 에고의 문명인 현대문명 속에서는 사랑받을 수 없기 때문에 행복할 수 없습니다. 우리는 행복할 수 없을 뿐만 아니라 주변에 행복을 주고 싶은 사람에게조차 불행을 안겨주는 고통스런 존재가 됩니다. 자녀를 불행하게 하는 부모, 배우자를 불행하게 하는 남편과 아내를 주변에서 자주 접합니다. 이렇게 스스로도 고통스럽고 주변에도 고통을 주는 존재가 되어서는 결코 행복할 수 없습니다. 이것이 사랑의 불모지라고 할 수 있는 에고의 문명에서 고통과 불행이 증대하는 근본적인 이유입니다.

그렇다면, 인류에게 많은 고통과 불행을 안겨주는 현대적인 삶의 양식은 애초에 왜 출현했던 것일까요? 이 의문에 대한 대답은 다음과 같습니다. 현대적인 삶의 양식은 그 출현 시점에서 본다면 인간해방과 인간화에 기여하는 새롭고 창조적인 삶의 양식이었다는 점입니다.

전현대 말과 현대 초에 해당하는 시점에서, 인간의 행복을 가로막는 중대한 요인은 무엇이었을까요? 가장 심각한 요인은 빈곤이었습니다. 수많은 사람이 굶주림으로 죽어갔고, 영양실조로 고통받았습니다. 추위와 더위로 고통받았습니다. 또 하나의 심각한 요인은 비합리성이었습니다. 자의적인 권력의 만연, 여성에 대한 차별, 부자유와 인권유린, 신분적인 차별 등 헤아릴 수 없는 비합리적인 사회관행이 당시 인류에게 고통과 불행을 안겨 주었습니다.

전현대를 살아갔던 사람들이 이런 것들을 운명으로 체념하고 받아들였던 반면에, 현대인은 이런 것들에 문제의식을 느끼고, 저항하며, 개조하고자 했습니다. 이런 가운데 형성된 것이 당시로서는 새로운 삶의 양식인 현대적인 삶의 양식입니다. 그러므로 현대적인 삶의 추구를 통해서 괄목할만한 인류의 행복의 증진과 인간화가 이루어졌습니다. 이것은 중대한 현대의 성취로, 우리들이 현대적인 성취 이전의 상태로 돌아가서 행복한 삶을 영위하는 것은 불가능합니다. 현대적인 삶의 양식은 이렇듯 그 시대의 요청에 부응해서 출현한 새로운 삶의 양식이었으며, 역사적으로 엄청난 성취를 이루어냈습니다.

하지만 몸이 부쩍 커져버린 청소년에게 유년기의 옷이 맞지 않는 것과 마찬가지로, 현대적인 삶의 양식은 몸이 부쩍 커져버린 현 인류에게는 맞지 않는 옷이 되어버렸습니다. 현대적인 삶의 양식은 현재의 상태에 대한 불만을 바탕으로 욕망 충족적이며 합리적인 문명을 건설하는 데는 지극히 효과적인 삶의 양식이었습니다. 하지만 현 인류가 겪고 있는 고통과 불행의 근원은 더 이상 빈곤이나 불합리한 사회관행이 아닙니다. 병이 달라졌는데, 예전과 똑같은 투약을 하니, 약이 병을 고치지 못할 뿐만 아니라 더 악화시키고 있는 것이 현재의 상황입니다.

과거 '하나님이 주재하는 세계'라고 하는 중세의 망상을 깨뜨려버림으로써만 새로운 시대로의 도약이 가능했듯이, '욕망 충족적인 세계 건설'이라고 하는 현대의 망상을 깨뜨려버려야만 현 인류는 새로운 시대로 도약할 수 있습니다. 이제는 낡은 시대에 속하는 현대의 약방문을 계속 움켜지고서 탈현대라는 새로운 시대에 대해 처방을 계속한다면, 인류는 점점 파국적인 상태로 빠져들 것입니다.

현대적인 삶의 양식은 현 시점에서 보면 이제 더 이상 이 시대의 병을 치유할 수 없는 낡은 약방문입니다. 그럼에도 불구하고 이것을 움켜쥐고 행복을 얻으려는 헛된 노력을 기울이고 있는 것이 현 인류의 모습입니다. 이 시대 사회학의 임무는 전 인류 차원에서 집단 정신병적인 상태에 빠져 행복을 위해 정신병적인 노력을 기울이고 있는 현 인류의 집단 정신병을 직시하고, 인류가 여기에서 놓여날 수 있도록 계몽하는 일입니다. 현대의 계몽이 이성과 욕망의 계몽이었다면, 탈현대의 계몽은 사랑의 계몽입니다.

결론적으로 말하자면, 현대적인 삶의 양식은 지금 이 시점에 이르러서 볼 때 전 인류가 앓고 있는 집단 정신병이 되어버렸습니다. 현 인류는 현대적인 삶의 양식에 고착되어 행복을 원하지만 그 추구의 결과로 불행을 증폭시키는 비합리적인 노력을 계속하고 있는 것입니다.

3부

탈현대적 삶의 양식 :
수행과 낙도로서의 삶

3부의 주제는 이 책의 핵심적인 부문이기도 한 탈현대적인 삶의 양식입니다. 현대적인 삶을 영위하는 주체가 에고[분리된 나]라고 한다면, 탈현대적인 삶을 영위하는 주체는 셀프[우주적인 나]입니다. 현 인류문명은 중대한 기로에 서 있습니다. 한쪽 길은 문명 대 파국으로 연결된 길이고, 다른 한쪽 길은 인류가 꿈꾸지 못했던 아름다운 문명 건설로 이어지는 길입니다.

지금 인류는 불행하게도 문명 대 파국으로 이어진 길을 선택하고 있고, 이로 인해 지구상에는 고통과 불행이 증가하고 있습니다. 그렇다면 현 인류는 왜 이런 어리석은 선택을 하고 있는 것일까요? 그 근본적인 이유는 현 인류가 현대 세계관에 갇혀 있기 때문입니다. 현 인류는 현대 세계관을 세계를 바라보는 하나의 관점으로 생각하지 않고, 은연중에 시공을 초월해 있는 보편적인 관점으로 간주합니다.

이런 까닭으로, 현 인류는 현대 세계관의 기반 위에서 문제를 인식하고 더 행복한 삶과 살기 좋은 세상을 만들기 위해 노력을 기울입니다. 그런데 현대사회 자체가 현대 세계관의 바탕 위에 건설된 사회이기 때문에, 현대 세계관의 바탕 위에서는 현대사회의 근본적인 문제에 대한 인식 자체가 이루어지지 않습니다. 더구나 현대 세계관의 바탕 위에서 사회발전의 비전을 제시하는 것은 불가능한 일입니다. 현대 세계관의 관점에서 보았을 때, 현재 인류문명이 직면하고 있는 문제는 '현대가 아직 완성되지 않았음'이며, 유토피아는 '현대가 완성된 사회'일 따름입니다.

이와 같은 이유로, 현 인류는 '발전에 대한 추구와 달성이 저발전을 심화시키는' 역설적인 상황에 처해 있으며, 어쩔 수 없이 고통스런 대 파국으로의 행진을 계속하고 있는 것입니다. 그러므로 지금 이 시대는 시대 요구에 부응할 수 있는 새로운 세계관을 절실히 필요로 합니다. 새로운 세계관은 동양사상의 바탕 위에서 필자가 구성한 통일체적 세계관입니다. 3부의 목표는 통일체적 세계관의 바탕 위에서 인류의 새로운 삶의 양식을 서술하는 것입니다.

3부는 세 부문으로 구성되어 있습니다.

첫째, 현재 사회에서 '현대적인 삶의 양식'으로부터 '탈현대적인 삶의 양식'에로의 변화의 압력이 증대하고 있음을 서술할 것입니다. 여기에서는 현대 세계관이 어떻게 현대문명 위기의 근원으로 작용하고 있는가를 설명하고, 새롭게 출현하는 탈현대 사회구조와 낡은 현대 세계관 간의 충돌을 다룰 것입니다.

둘째, 새로운 세계관인 통일체적 세계관을 서술할 것입니다. 통일체적 세계관은 통일체적 세계상, 통일체적 인간관, 통일체적 관계관으로 나누어 설명할 것입니다. 통일체적 세계관은 탈현대적인 삶의 양식 구상의 기초가 됩니다.

마지막으로, 이 책의 핵심적인 부분인 탈현대적인 삶의 양식을 서술할 것입니다. 탈현대적인 삶의 양식에 대한 설명은 두 부문으로 이루어져 있습니다. 하나는 수행으로서의 삶입니다. 수행으로서의 삶에서는 수행의 방법, 수행의 양태, 일상생활에서의 수행을 나누어 설명할 것입니다. 다른 하나는 낙도로서의 삶입니다. 다양한 삶의 영역에서 참된 자기의 자연을 즐기는 삶이 어떻게 영위되는가를 서술하도록 하겠습니다.

7장 변화를 위한 압력의 증대 1 : 현대 세계관과 문명 위기의 심화

아직까지는 아닐지라도, 인류가 지금 진화인가 아니면 멸종인가의 불가피한 선택을 눈앞에 두고 있다는 것을 머지않아 많은 이들이 깨닫게 될 것이다.[61)]

현대문명 위기가 나날이 고조되고 있습니다. 현대문명 위기의 결과로 인간, 사회, 그리고 지구상의 모든 생명체들이 고통받고 있습니다. 이 장에서는 현대문명 위기의 양상을 서술하고, 그 근본적인 원인을 밝히며, 현대문명 위기의 의미를 해석하고자 합니다.

현대문명 위기는 나날이 심화되고 있습니다. 사회학자인 필자에게 놀라운 것은 현대문명 위기 자체가 아니라 현대문명 위기에 무관심하고 무능한 현대 사회학의 모습입니다. 사회학에게 부여된 본연의 임무는 그 시대의 사회문제를 인식하고, 해명하며, 해결방안을 제시하는 것입니다. 그러나 현대문명이 심각한 위기를 겪고 있지만, 사회

61) E. Tolle, 류시화 옮김, 『Now』(조화로운 삶, 2008), p. 30.

학은 애써 그 위기에 무관심하려는 듯이 보이고, 관심을 갖더라도 문제해결을 위해 어떤 실효성 있는 방안도 제시하지 못하고 있습니다.

현대 사회학이 이렇듯 현대문명 위기에 무관심하고 무력한 근본적인 원인은 무엇일까요? 그 답은 현대 사회학의 세계관적인 토대에서 찾을 수 있습니다. 현대 사회학은 그 발생기부터 오늘날에 이르기까지 두 개의 관점을 인식의 토대로 삼고 있습니다. 하나는 전현대 세계관의 전형인 '집단 중심적인 관점'이고, 다른 하나는 현대 세계관의 전형인 '개인 중심적인 관점'입니다. 현대문명 위기를 바라보며, 전자의 관점에 서 있는 사회학자는 무력한 노인의 한탄을 연발할 따름이며, 후자의 관점에 서 있는 사회학자는 '현대는 아직도 완성되지 않았다.'는 대사를 되풀이할 따름입니다.

그러므로 사회학이 시대가 부여한 중대한 소임을 다하기 위해서는, 사회학적인 인식의 토대가 되는 세계관의 전환을 이루어내어야만 합니다. 이 책은 새로운 세계관의 토대 위에서, 사회학에 부여된 시대적인 소임을 이행하고자 합니다.

현 인류의 상태는 알에서 깨어나기 직전 시점에서 알속의 삶에 비유될 수 있습니다. 이제 알속은 덩치가 부쩍 커버린 아기 새가 살기에는 너무 좁은 곳이 되어버렸습니다. 아기 새는 무척 고통스럽습니다. 아기 새는 알을 깨고 나오지 못하고 죽어버릴지도 모릅니다. 하지만 아기 새가 겪고 있는 고통의 본질은 죽음을 위한 것이 아니고 새로운 탄생을 위한 것입니다. 현 인류가 겪고 있는 고통의 성격도 이와 같습니다.

현 인류는 역사의 중대한 시기를 살아가고 있습니다. 미래 인류문명의 도약과 파멸의 선택이 현 인류의 손에 맡겨져 있습니다. 이 시대의 사회학자에게는 역사의 중대한 소임이 부여되어 있습니다. 이 시대 사회학자는 새로운 인류문명의 비전을 제시하고, 현 인류가 겪고 있는 고통을 창조적으로 해석함으로써 현 시대가 올바른 선택을 할 수 있도록 계몽해야 합니다. 탈현대적인 삶의 양식의 제시는 전자에 해당하고, 현대문명의 위기와 문명충돌에 대한 서술은 후자에 해당합니다.

1. 현대 세계관과 현대문명의 위기

이 절에서는 현대문명이 심각한 위기를 겪고 있음을 서술하고, 현대문명 위기의 세계관적인 근원을 밝히며, 현대문명 위기의 역사적인 의미를 규명하고자 합니다. 현대문명이 심각한 위기를 겪고 있다는 사실을 인식하는 데는 상상력이 필요치 않습니다. 현대문명 위기는 이미 그것을 알아보기 힘든 초기 증상의 형태로 존재하는 것이 아니라 전면적으로 확산되어 있습니다. 환경문제의 증대, 사회관계의 악화, 인간 소외의 심화 등 현대문명 위기는 전 방위적으로 표출되고 있습니다.

이 글에서는 영역별로 현대문명 위기의 양상을 서술하고, 현대문명 위기의 근본적인 원인을 진단할 것입니다. 현대문명 위기의 근원은 현대 세계관입니다. 이 글에서는 양자 간의 연관성을 밝힐 것입니다. 첫째, 현대 세계관이 어떻게 생태위기와 환경오염을 비롯한 환경문제 심화에 영향을 미치는가를 탐구하고, 둘째, 현대 세계관이 어떻게 개인과 개인·집단과 집단 간의 관계를 포함한 모든 사회관계의 악화에 기여하는가를 서술하며, 셋째, 현대 세계관이 인간 소외의 심화에 미친 영향을 밝히고자 합니다.

그 다음으로, 이 글에서는 현대문명 위기에 대한 창조적인 해석을 시도할 것입니다. '현대문명 위기는 무엇을 위한 것인가?'라고 하는 문제에 대해서, 이 글은 '현대문명 위기는 새로운 문명 탄생을 위한 진통이다.'라고 하는 관점에서 현대문명 위기에 담긴 의미를 해명하고자 합니다.

1.1. 현대 세계관과 환경문제의 심화

여기에서는 현대 세계관이 어떻게 현대 환경문제의 근원적인 원인으로 작용했는가를 밝히고, 현대 환경문제의 심각성에 대해 서술하도록 하겠습니다.

현대 환경문제의 근원으로서의 현대 세계관

현대 환경문제의 근원은 현대 세계관입니다. 현대 인간관의 핵심은 '이 세계와 근원적으로 분리된 개체'로서 인간 인식입니다. 그러므로 현대 인간관의 관점에서 볼 때, 자신을 둘러싸고 있는 세계는 자신과 아무런 연관성도 없는 무의미한 존재입니다. 외부세계가 자신에게 어떤 의미를 갖게 되는 것은 '자신의 욕망 충족을 위해 이용가치가 있을 때' 뿐입니다. 이것이 현대 자연관의 핵심입니다. 즉, 자연이란 인간이 자신의 욕망 충족을 위해 이용, 극복, 지배해야 할 대상일 따름입니다.

현대를 만들어간 선구자의 한 사람인 F. 베이컨(Francis Bacon, 1561-1626)은 "인간의 지식이 곧 인간의 힘이다."[62]라고 말했습니다. 이 말은 부연하자면, '자연의 작동 원리에 대한 지식이 바로 자연을 인간의 욕망 충족의 목적을 위해서 이용할 수 있는 힘'이라는 말입

62) F. Bacon, 진석용 옮김, 『신기관-자연의 해석과 인간의 자연 지배에 관한 잠언』(한길사, 2001), p. 39.

니다. 실제로 현대문명은 이런 방식으로 자연을 대해 왔고, 그 결과 오늘날 자연은 황폐화되었습니다.

현대 인간관의 핵심이 '욕망 주체로서의 인간'이기 때문에, 현대인은 욕망 충족을 추구하는 삶을 살아가며, 현대사회는 욕망 충족적인 문명 건설을 추구해 왔습니다. 이리하여 생산과 소비에 그 삶의 중심을 두는 현대적인 삶의 양식이 확립되었습니다. 왜냐하면, 생산이란 욕망 충족의 대상물을 만들어내는 활동이고, 소비란 생산된 욕망 충족의 대상물을 사용하는 것이기 때문입니다.

이와 같이, 욕망 충족적인 삶과 문명의 추구가 필연적으로 빚어내는 것이 환경문제입니다. 욕망 충족적인 삶과 문명의 추구는 생산과 소비의 끝없는 확장을 초래합니다. 끝없는 생산 증대는 생산과정에서 많은 공해물질을 배출하고 자원고갈 문제를 야기 시킵니다. 또한 지나친 소비는 많은 쓰레기를 발생시키며, 이는 환경오염의 직접적인 원인이 됩니다. 공기와 수질 오염을 포함한 환경오염은 지구상 모든 생명체들의 건강한 삶을 위협하며 결국 생태위기를 가속화 시킵니다.

상황이 이러함에도 불구하고 오늘날 세계의 거의 모든 나라들은 과학과 기술 발전에 혈안이 되어 있습니다. 그들은 욕망 충족적인 사회 건설을 향한 광기에 가득 찬 행진을 멈추지 않고 있습니다. 과학기술 발전에 바탕 해 고생산-고소비의 욕망 충족적 사회를 건설하려는 현대의 기획이 성공을 거듭할수록 생태계의 재난은 더욱 깊어갈 수밖에 없습니다. 자본주의 경제 체제 아래서 구조화된 고생산-고소비의 생활양식과 가치 역시 자연의 황폐화를 촉진시키고 있습니다.

현대 환경문제의 양상

위에서 언급한 현대 세계관과 현대 세계관에 바탕을 둔 현대적인 삶의 양식의 결과로 환경문제가 나날이 악화되고 있습니다. 인류의 방만한 삶의 결과로 이미 많은 생명체들이 멸종되었고, 살아남아 있는 것들도 병들어 있습니다. 환경오염과 파괴가 심화되고 있으며, 자원은 빠른 속도로 고갈되어 가고 있습니다. 인류가 야기하는 환경파괴 속도는 엄청난 것입니다. 불과 수백 년에 불과한 짧은 시간 동안에, 인류는 수십 억 년 동안 균형과 조화를 유지해 온 지구 생태계를 교란시키고 파괴했습니다. 파괴 속도는 최근 들어 더욱 가속화되고 있습니다. 이제 영역별로 현대 환경문제의 양상을 서술해보도록 하겠습니다.

환경오염 문제

오늘날 환경오염은 너무나 빠른 속도로 진행되어, 하늘과 땅, 물과 공기와 같이 도저히 오염될 수 없을 것 같은 영역에서마저도 오염이 급진적으로 진행되고 있습니다. '하늘이 오염되다니', '바다가 오염되다니', '공기가 오염되다니', 이런 과거 인류가 상상조차 할 수 없던 일들이 우리에게 현실 문제로 다가오고 있습니다. 수십 억 년 동안 찬란한 생명의 꽃을 피어온 아름다운 행성 지구는, 모든 생명체들이 살아가기에 부적합한 곳으로 급속히 변해 가고 있고, 이제 사람들은 마음 놓고 물을 마시고, 햇볕을 쬐고, 숨을 쉴 수조차 없습니다.

첫째, 물이 빠른 속도로 오염되고 있습니다. 공장에서 흘러나온 폐수와 생활하수, 축산폐수, 농약살포, 쓰레기의 증대, 무분별한 개발 등으로 인해, 하천과 바다가 오염되고 있고, 지하수도 오염되고 있습니다. 생활하수의 경우, 합성세제의 사용, 음식물 찌꺼기와 분뇨의 배출 등이 수질 오염의 직접적인 원인으로 작용합니다. 골프장 같은 곳에서 대량으로 살포하는 제초제도 수질을 악화시키는 요인이 됩니다. 공장에서 흘러나오는 폐수에는 각종 화학물질과 때로 독극물이 포함되어 있어 수질 악화의 원인이 됩니다. 다시 말하자면, 현대적인 삶의 양식 자체가 수질 오염의 원인입니다.

1960년대만 하더라도, 사람들은 계곡에 흐르는 시냇물을 마시고, 그 물로 음식도 해먹었습니다. 하지만 이런 일은 이제 상상조차 할 수 없습니다. 여행길에 제일 먼저 챙기는 것이 생수가 되었습니다. 하지만 하천에 살고 있는 물고기들은 생수를 사서 마실 수 없습니다. 그들은 하천 오염으로 고통받고 있으며, 급속히 개체수가 줄어들고 있습니다.

지하수 오염도 심각합니다. 지표수와는 달리 폐쇄회로 구조를 갖고 있는 지하수는 한 번 오염되면 회복이 거의 불가능합니다. 우리가 퍼서 마시는 지하수 중에는 삼국시대나 그 이전에 내린 빗물도 많다고 합니다. 농촌 지역에서 무분별한 관정의 사용과 사후관리의 미비, 공장 등에서 흘러나온 독극물의 침투, 생활쓰레기의 유입 등으로 인해 지하수 오염이 빠른 속도로 진행되고 있습니다.

바닷물 오염 문제도 심각합니다. 바다는 광대하지만, 생명을 풍부하게 양육하는 바다는 육지와 연결되어 있는 대륙붕 지역입니다. 수많은 쓰레기가 바다로 흘러들어가고 이것이 쌓이면서 대륙붕은 급속히 오염되고 있습니다. 어획량이 감소하는가 하면, 해산물 오염이 증가하고 있습니다.

둘째, 대기 오염이 가속화되고 있습니다. 거대 도시에는 광화학 스모그가 형성되어 있는 곳이 많습니다. 스모그 현상이 발생하면 햇볕을 가려 인간을 비롯한 동식물에 막대한 피해를 줍니다. 오존층 파괴는 대기 오염의 잘 알려진 사례입니다. 자외선을 차단해주는 오존층이 파괴됨으로써 자외선에 과도하게 노출되어 피부와 눈 등에 많은 해를 끼칩니다. 또한 대기 중에 질소산화물이나 황산화물이 과도하게 분포함으로써, 산성비가 내릴 때가 많습니다. 한국의 경우도 중국에서 배출된 오염물질이 편서풍을 타고 이동해 산성비를 내리곤 합니다. 산성비는 인간, 동물, 식물 그리고 건축물에 이르기까지 나쁜 영향을 끼칩니다.

지구온난화는 대기 오염의 중요한 결과 중 하나입니다. 화석연료를 연소시킬 때 발생하는 이산화탄소가 지구온난화의 주범입니다. 대기 오염의 결과로 온실효과가 발생하여, 지구 표면 온도가 지속적으로 상승하고 있습니다. 이로 인해 생태계가 파괴되고, 사막화가 급속히 진행되며, 북극 얼음이 녹아 해수면이 상승하고, 이상기후 현상이 증가하는 등 많은 피해가 발생하고 있습니다. 또한 대기 오염이 심한 공단지역에 거주하는 근로자들의 경우는 호흡기 질환이나 심폐질환의 발생률이 높습니다. 또한 대기 오염 물질 중에 암 유발 물질도 있어서, 암의 발생률도 높습니다.

대기 오염의 주원인은 공장에서 배출되는 오염물질, 자동차 배기가스, 연료 연소에 의한 것 등입니다. 비닐 등을 태울 때 나는 유독가스나 스프레이 또는 냉장고나 자동차 냉매로 쓰이는 프레온 가스 배출도 대기 오염의 원인이 됩니다.

셋째, 토양 오염이 가속화되고 있습니다. 농약 살포는 토양 오염의 주요 원인입니다. 중금속을 함유한 산업폐수도 토양오염의 원인이 됩니다. 원자력 발전과 핵실험 등으로 인해 생성된 방사성 폐기물이 비와 함께 떨어져 토양을 오염시키기도 합니다. 사람들이 버리는 음식물 쓰레기나 기타 쓰레기 등도 토양 오염의 원인이 됩니다. 특히 썩지 않는 비닐이 땅 속에 매립되면 토양에 나쁜 영향을 미칩니다. 유기성폐기물 매립장이나 가축 축사의 분뇨야적장 부근에서 유기물에 의한 토양오염이 발생하는 경우도 많습니다. 근본적으로 보면, 도시화와 산업화가 토양 오염의 원인입니다.

토양 오염의 문제점 중 하나는 일단 오염이 되면 복원이 거의 불가능하다는 점입니다. 토양 오염은 지하수 오염과 하천 오염의 원인입니다. 또한 오염된 토양에서 자라는 식물들은 유해한 요소를 포함하게 됩니다. 토양 오염은 땅 속에 살고 있는 미생물에게 치명적인 영향을 줄 수 있습니다. 미생물이 줄어들면, 유기물의 분해가 잘 이루어지지 않고, 땅은 썩어 들어갑니다.

생태계 붕괴 문제

생태계는 정교하고 민감한 시스템이어서, 약간의 충격과 교란에도 전체 시스템의 균형이 붕괴되기 쉽습니다. 예를 들어, 6천 년 전만하더라도 사하라 사막의 일부는 물이 넘쳤으며 호수와 늪에는 악어와 하마, 물고기들이 살았었다고 합니다.

'꿀벌의 개체수가 줄어들고 있습니다.'
'아마존 열대우림이 줄어들고 있습니다.'
'사막화현상이 가속화되고 있습니다.'
'고래, 참치, 황새치, 상어 등의 개체수가 줄어들고 있습니다.'
'북극 얼음이 녹고 있습니다.'
'중국의 황하, 아프리카의 나일강, 북미의 콜로라도강은 지류가 말라붙었습니다.'
'많은 동·식물이 멸종 위기에 놓여 있습니다.'
'산호가 사라지고 있습니다.'
'만년설이 녹고 있습니다.'
'지구온난화로 인해 해수면이 상승하고 있습니다.'
'골재용 모래채취로 해양생태계가 붕괴되고 있습니다.'

이런 것들은 지구생태계 교란과 붕괴의 몇 가지 예입니다.

생태계 교란의 가장 근본적인 원인은 인구의 증가인 것 같습니다. 불과 2천 년 전만 하더라도 세계 인구는 대략 2-3억 정도였습니다. 1850년경에 세계 인구는 10억을 넘었고, 현재 세계 인구는 70억에 가깝습니다. 단순히 인구만 증가한 것이 아니라 1인당 소비하는 자원도 엄청나게 증가해서, 양자를 곱하면 지구생태계가 현 인류문명을 부양하기에 힘겨움을 짐작할 수 있습니다. 이것이 생태계의 교란과 붕괴의 가장 근본적인 원인입니다.

장회익은 현대문명이란 지구 생태계의 관점에서 보면 암세포와 같다고 말했습니다. 현대문명은 개발과 발전이라는 미명 아래 수많은 동식물들을 멸종시켜 왔으며, 암세포와 마찬가지로 문명의 증식은 멈출 줄 모르고 그 모태가 죽음에 이를 때까지 맹렬한 기세로 계속될 것 같다는 것입니다.[63]

야생동물의 멸종은 현대문명과 직접적인 관련을 갖고 있습니다. 경작지나 주거지, 상업지역과 산업시설의 확대, 도로건설 등이 야생동물의 서식처를 급속히 축소시키고 있습니다. 지난 200년 동안 인위적인 원인으로 멸종한 척추동물의 종수는 포유동물 약 100종, 조류 약 160종, 기타 많은 분류군이 멸종한 것으로 추산되고 있습니다.[64] 특히, 호랑이, 늑대, 사자, 쿠거, 상어 같은 자연계의 최상위 포식동물들이 크게 줄어들었습니다.

---

63) 장회익, 「우주생명과 현대인의 암세포적 기능」, 김종철 편, 『녹색평론선집1』 (녹색평론사, 1993), pp. 128-129 참조.

64) 이 자료의 출처는 http://kin.naver.com/qna/detail.nhn?d1id=6&dirId=611&docId=62954214&qb=7IOd7YOc6rOE67aV6rS0&enc=utf8&section=kin&rank=2&sort=0&spq=0&pid=guHHag331y8ssvQi5xlssv--348168&sid=TC55FX5wLkwAADfZI1g임.

1.2. 현대 세계관과 사회관계의 악화

현대 세계관에 근원을 둔 현대문명 위기의 하나는 사회관계의 악화입니다. 현대 관계관의 영향으로, 현대사회에서는 모든 행위 주체가 대립물을 자신의 욕망 충족을 위해 이용·극복·착취·지배해야 할 수단과 도구로 인식합니다. 서로가 서로를 이런 방식으로 인식할 때, 개인·집단·국가·문명을 가리지 않고 모든 단위의 행위 주체들의 관계는 파탄에 이르게 됩니다.

현대 사회관계 악화의 근원으로서의 현대 세계관

현대 세계관의 관점에서 볼 때, 인간은 자신을 둘러싸고 있는 세계와 근원적으로 분리된 개체이며, 욕망의 주체입니다. 세계는 나와 아무런 근본적인 연관성이 없습니다. 세계가 나에게 의미를 갖는 것은 오직 세계가 내 욕망 충족의 대상이 되었을 경우 뿐입니다.

그러므로 내가 너와 관계를 맺게 되는 것은 오직 나의 욕망을 충족시키기 위해서입니다. 이것은 나와 관계를 맺는 상대편도 마찬가지입니다. 이때, 상대편은 내가 나의 욕망을 충족시키기 위해서 이용, 착취, 극복해야할 수단과 도구로서의 대상입니다.

그런데 나의 욕망과 너의 욕망은 빈번하게 충돌합니다. 욕망 충족의 대상물을 상대편이 갖고 있을 경우, 충돌은 갈등의 형태를 띱니다. 욕망 충족의 대상물이 제 삼자의 손에 있을 때, 충돌은 경쟁의 형태를 띱니다. 경쟁이든 갈등이든 내가 원하는 것을 차지하기 위해서는 너를 극복해야만 합니다. 그러므로 현대 세계관의 지배를 받게 되면, 관계가 악화됩니다.

갈등의 결과 한쪽이 결정적인 승리를 거두게 되면, 지배와 복종

관계가 형성됩니다. 경쟁이나 갈등이 아니라 서로가 원하는 것을 주고받게 되면 교환관계가 형성됩니다. 그 어느 경우라고 하더라도, 상대편이 나의 욕망 충족을 위한 수단과 도구에 불과함은 동일합니다.

이런 유형의 관계에서는 자신과 상대편에 대한 근본적인 존중이나 사랑, 애정이 없습니다. 자신과 상대편에 대한 진정한 존중의 정신이 없이는 튼튼하고 창조적인 관계를 맺을 수 없습니다. 바로 이런 이유로 인해서, 현대사회에서는 모든 형태의 관계들이 혼란과 파탄에 직면하고 있는 것입니다.

현대 사회관계 악화의 양상

위에서 살펴보았듯이, 현대 세계관의 지배를 받으면 필연적으로 사회관계는 악화됩니다. 여기에서는 주요 사회관계 악화 양상을 살펴보도록 하겠습니다.

첫째, 부부관계의 악화를 살펴보겠습니다. 통계청에 따르면, 한국인의 이혼건수는 1970년 11,615건에서 2009년 123,999건으로 지난 30년 동안 무려 10.7배나 늘었습니다.[65] 이 수치는 명백하게 지난 30년 동안 부부관계가 심각하게 악화되었음을 보여줍니다. 한국사회의 경우 이혼건수가 아주 가파르게 상승하고 있지만, 이혼건수 증가는 범세계적인 현상입니다. 다시 말하자면, 현대사회에서 부부관계는 전반적으로 악화일로를 걷고 있습니다.

부부관계가 악화되는 근본 요인은 현대 관계관의 영향입니다. 현대 관계관에서 보면, 배우자는 자신의 욕망 충족을 위한 수단적이고 도구적인 존재입니다. 이것은 배우자의 선택과정에서부터 영향을 미

65) http://kosis.kr/nsportal/wnsearch/totalSearch.jsp에서 『인구동향조사: 인구동태건수 및 동태율 추이』 참조.

칩니다. 상대편이 갖고 있는 재산, 직업과 수입, 외모, 성격 등을 서로 따져서 일종의 거래로 결혼이 성립하는 경우가 많습니다. 이런 경우, 상대편이 성적인 매력을 상실하거나 직장을 잃는 등 거래 대상으로 가치를 상실할 경우 이혼을 고려하게 됩니다. 만일 이런 부부가 원활한 거래를 유지하면서 평탄한 부부생활을 영위한다고 하더라도, 이들의 부부관계는 지극히 소외된 것입니다.

정열적으로 사랑해서 결혼한 부부의 경우는 더 나쁜 결말에 이르는 경우가 많습니다. 이런 부부들은 본능에서 유래한 상대편에 대한 정열을 사랑이라고 착각합니다. 어떤 강렬한 열정도 결혼 후 몇 년을 지속하지 않습니다. 열정이 식는 시점이 오면, 이들은 상대편의 애정이 식었다고 불평을 하면서 상대편이 갖고 있는 작은 단점조차 용서하지 않습니다. 서로를 이렇게 대하게 되면, 필연적으로 부부관계는 악화됩니다.

현대 부부관계 악화의 근본적인 원인은 남편과 아내 모두 '사랑할 수 있는 능력'이 없다는 점입니다. 이들은 자신과 다른 상대편의 특징을 존중하지 않습니다. 이혼한 부부의 이혼사유를 보면 성격차이가 가장 많은데, 이 경우가 바로 여기에 해당합니다. 어떤 부부도 서로 차이가 있을 것인데, 현대 부부들에게는 서로의 차이를 조화로 만들어나갈 능력이 없는 것입니다.

왜 현대 부부들은 서로의 차이를 존중하지 못할까요? 그 답은 현대 세계관의 영향입니다. 현대 인간관의 관점에서 보면, '나'도 '너'도 유한하고, 무력하며, 무의미한 존재입니다. 그러므로 현대인은 배우자는 물론이고 자기 자신도 존중하지 않습니다. 존중해야할 이유가 없기 때문입니다. 부부 간에 서로를 존중하지 않으면, 필연적으로 화목한 부부생활이란 불가능해집니다.

자신과 다른 배우자를 존중조차 할 수 없는데, 사랑한다는 것은 더군다나 불가능한 일입니다. 배우자를 깊이 믿고, 잘못을 용서하며, 사랑하는 것은 현대인에게 힘든 일입니다. 그래서 열정이 식는 순간 부부 간의 사랑도 끝이 납니다. 세월과 더불어 더욱 깊은 사랑을 키워가는 부부가 드문 것은 바로 이런 이유 때문입니다. 부부관계의 본질이 전형적으로 사랑의 관계인 점을 감안한다면, 현대인의 부부관계는 심각한 소외를 겪고 있습니다.

둘째, 부모와 자녀 간의 관계 역시 악화되어 있습니다. 부자관계는 세상에서 가장 친밀한 관계의 하나입니다. 그런데 이 세상 많은 부모와 자녀가 서로 소통조차 되지 않으며, 때로는 심하게 증오하고 있다는 사실은 놀라운 것입니다. 왜 이런 일이 발생하는 것일까요? 그 직접적인 원인은 부모에게 있습니다.

현대 부모들은 대부분 사랑의 무능력자들입니다. 그들은 생물학적인 본능에 바탕을 둔 자녀에 대한 열정을 사랑이라고 착각합니다. 그 결과 현대 부모들은 자녀에게 다양한 형태의 잘못을 범합니다. 몇 가지 예를 들면 다음과 같습니다.

자녀의 개성을 존중하지 않는 부모가 많습니다. 그들은 자신이 자녀에게 바람직하다고 생각하는 진로나 성격 등을 강요합니다. 그들은 무의식중에 자녀를 지배하려하고 소유하려합니다. 부모가 이런 자세를 취했을 때, 부자관계는 반드시 파탄에 이르게 됩니다. 자녀가 부모를 증오하게 되었을 때, 부모도 고통스럽지만 자녀도 고통스러우며, 이들이 겪는 고통의 근원은 부모입니다.

또 흔히 보는 부모의 잘못의 한 가지는 무엇이든지 자녀가 원하는 대로 해주는 것입니다. 요즘 젊은 부모 가운데 이런 경우가 많습니다. 자녀가 사랑스러운 나머지 무엇이든지 최고 비싼 것으로 아이를 치장하고, 아이들이 원하는 것은 무엇이든 들어줍니다. 이것은 외양만을 보면 아이에 대한 사랑이고 존중인 것처럼 보입니다. 하지만 실제는 그렇지 않습니다.

부모 역할의 하나는 아이의 스승이 되어주는 것입니다. 아이가 마음 깊이 존경하고 자기 삶의 본으로 삼을 수 있는 사람이 되어야할 의무가 부모에게는 있습니다. 아이에게 절제를 가르치고, 자신의 욕구 충족만이 아니라 사랑할 수 있는 능력을 키워줘야 할 의무가 부모에게는 있습니다. 위에서 말한 젊은 부모들은 이런 의미에서 부모의 의무를 팽개치는 것이며, 결국 아이를 소외된 존재로 만들게 됩니다.

이렇듯, 현대 인간관의 관점에서 자아확장 투쟁으로서의 삶을 살아온 현대 부모는 사랑의 능력이 없습니다. 현대 부모는 아이를 사랑한다고 생각하지만 결과적으로는 아이를 불행하고 고통스럽게 만듭니다. 부자관계도 당연히 정립될 수 없습니다. 부모가 노인이 되고 나서도, 창조적으로 교감하는 부자관계를 현대사회에서는 찾아보기 힘듭니다. 결국 부모의 무력함으로 인해서, 부모도, 자녀도, 이들 간의 관계도 모두 고통스러워지는 안타까운 현실에 현대는 직면해 있습니다.

셋째, 사제관계의 악화도 심각합니다. 오늘날 언론매체나 주변 사람들의 이야기를 통해서 '교실붕괴'라는 말을 자주 듣습니다. 이 용어는 일본에서 사용되던 '학급붕괴'라는 말을 옮겨온 것입니다. 다시 말하자면, 일본은 한국보다 앞서서 교실붕괴를 경험했으며, 또한 미국은 일본보다 앞서서 교실붕괴를 겪었습니다.

교실붕괴란 수업시간에 잠을 잔다거나 휴대폰이나 게임기로 장난을 치는 행위, 소란을 부리는 행위, 수업시간 중에 나가기, 선생님 말에 말대꾸하기나 선생님을 노려보기, 선생님에게 무례한 학부모 등과 같은 현상을 가리킵니다. 교실붕괴가 심화되면서 선생님들은 아이들과의 만남 자체를 싫어하게 되는 경우가 많습니다. 한 선생님은 "학교 문을 들어서는 순간 온몸이 짓눌리고 수업시간이 되면 숨이 막힙니다. 책상이고 교탁이고 다 때려 부수고 싶은 충동을 느낍니다."[66]라고 털어놓았습니다.

현대가 겪고 있는 사제관계 악화나 교실붕괴에는 근본적인 원인이 있습니다. 그것은 W. F. 오그번(William Fielding Ogburne, 1886-1959)이 말한 일종의 문화지체 현상입니다. 정보사회가 되면서 이미 만들어져 있는 정보인 지식 전달이 가치를 상실하고, 신기술 발전으로 노동자에 대한 사회적인 수요가 감소하고 있는데도, 교육 현장에서는 여전히 지식 전달과 직업인 양성을 주된 교과내용으로 삼고 있습니다. 이로 인해서, 시대가 요구하는 새로운 교육을 기존 교육이 충족시키지 못하면서, 학교 자체가 심각한 붕괴 위험에 직면하게 된 것입니다.

또 한편으로 보면, 사제관계의 악화에는 선생님과 학생 모두에게 책임이 있습니다. 이들 양자는 모두 현대 세계관의 영향을 받고 있습니다. 현대 인간관의 관점에서 보면, 학생이 선생님을 존경해야 할 이유를 찾을 수 없으며, 선생님이 학생을 사랑해야 할 이유를 찾을 수 없습니다. 또한 이들은 존경할 수 있는 능력도 사랑할 수 있는 능력도 갖고 있지 않습니다. 학생이 선생님을 존경하지 않을 때 그리고 선생님이 학생을 사랑하지 않을 때, 필연적으로 창조적인 사제관계의 정립은 불가능합니다. 더군나나 현대 관계관의 영향으로, 학생은 교사를 지식 판매인으로 여기는 경향이 높고, 교사는 학생을 자신의 지식을 구매하는 고객으로 여기는 경향이 높습니다. 결국, 사제관계의 악화는 이런 현대 교육 패러다임이 바뀌지 않고서는 피할 수 없는 일로 보입니다.

---

66) 김혜련, 『학교종이 땡땡땡』(미래M&B, 1999) 참조.

넷째, 집단 간 관계가 악화되고 있습니다. 그 예로, 국가 간 관계 악화를 살펴보겠습니다. 국가 간 관계에서 더 이상 '친구의 나라'는 존재하지 않습니다. 상대편 국가는 단지 내 국가의 욕망 충족을 위해 이용하고 지배해야 할 대상일 따름입니다. 상대편 국가에 대한 존중이나 존경심은 찾아볼 수 없습니다.

9.11 테러와 보복공격은 이런 국가 간 관계 파탄을 잘 드러내는 사례입니다. 테러와 보복공격을 통해 상대편에 대한 복수심을 다소간 만족시킬 수 있겠지만, 결국 각자가 떠안는 것은 고통과 파괴일 따름입니다. 9.11 테러와 보복공격은 극단적인 사례이지만, 현대의 국가 간 관계가 극단으로 치달은 것일 따름입니다.

1.3. 현대 세계관과 인간 소외의 심화

현대 세계관의 영향으로 초래된 현대문명 위기의 또 한 가지 국면은 인간 소외의 심화입니다. 현대 인간관은 출발점에서부터 인간의 한정된 부분만 인간으로 전제함으로써 이런 인간 소외를 예고하고 있었습니다. 그 결과, 현대사회에는 인간 소외가 광범위하고 전폭적으로 발생하고 있습니다.

현대 인간 소외의 근원으로서의 현대 세계관

인간 존재에는 세 가지 차원이 있습니다. 생물학적인 존재 차원, 에고로서의 존재 차원, 그리고 셀프로서의 존재 차원이 그것입니다. 인간 존재의 세 차원은 수평적으로 병렬되어 있는 것이 아니라 수직적으로 배열되어 있으며, 인류의 발전론적인 과정을 반영합니다.

문명 이전의 인류는 생물학적인 차원에서만 존재했습니다. 다른 동물이 그러하듯이 생물학적인 본능에 따라 생활했습니다. 식욕, 성욕, 배설욕, 수면욕, 공격욕 등이 이 단계에서 인류의 삶을 지배했습니다. 이 단계에서는 아직 자의식을 포함해서 자각적인 의식이 존재하지 않았습니다.

문명 발생과 에고의 발생은 거의 동의어에 가깝습니다. 문명 발생과 더불어 인간은 분리된 자아로서의 삶을 시작하게 되었습니다. 현대 이전에는 집단 에고로서의 삶이 주류를 이루었고, 현대 이후에는 개별 에고로서의 삶이 주류를 이루었습니다.

개별 에고로 인간을 규정하는 현대 인간관은 현대문명의 발생과 발전이라는 측면에서 보면 기능적인 것이었습니다. 하지만 현대문명과 탈현대문명의 대전환기인 현 시점에 이르러서 현대 인간관은 근본적인 문제를 야기시키고 있습니다. 지금 인류는 에고 차원으로부터 셀프 차원으로의 존재 혁명을 요구받고 있습니다. 하지만 현대 인간관은 이런 시대의 요청에 적절히 부응할 수 없습니다. 왜냐하면 현대 인간관에는 셀프로서의 인간에 대한 관점이 탈락되어 있기 때문입니다. 결과적으로, 현 시점에 이르러서 현대 인간관은 인간 소외의 근본적인 요인으로 작용하고 있습니다.

현대 인간 소외의 양상

개별 에고를 인간으로 전제하는 현대 인간관이 이 시대를 지배하면서, 인간 소외가 광범위하고 심각하게 발생하고 있습니다. 현대 인간관의 관점에서 보면, 인간다움에 도달하는 성패는 자신의 외부에 위치한 희소자원을 얼마나 쟁취하는가에 달려 있습니다. 그러므로 현대 인간관이 지배하고 있는 현대사회에서는 자아확장 투쟁으로서의 삶이 보편화되어 있습니다.

현대인의 의식 활동은 외부 지향적입니다. 즉 현대인의 일상적인 의식은 주로 외부 환경을 조작해서 돈, 지위, 성공, 권력, 인기 등과 같은 외적인 것들을 성취하는 데에 집중되어 있습니다. 이것은 필연적으로 자신에 대한 관심의 결여를 초래합니다. '자신에 대한 진정한 관심의 결여', 이것이 현대 인간 소외의 핵심적인 측면입니다.

이에 따라서, 현대인은 자신에게 진정한 관심을 기울이지 않으며, 자신을 사랑하지 않습니다. 마찬가지로, 타인이나 자연에 대해서도 진정한 관심을 기울이지 않습니다. 자연히 현대인은 자연이나 타자와 교감할 수 있는 능력이 부족하며, 현실을 생생하고 풍부하게 느낄 수 없습니다. T. S. 엘리어트(Thomas Stearns Eliot, 1888-1965)가 '황무지'라고 명명했듯이, 현대인의 의식 내부는 메마르고 공허한 것이 되어버렸습니다.

현대인은 외부 세계를 대상으로 자신의 욕망 충족을 추구하는 삶을 살아가고 있습니다. 이에 따라서, 현대문화는 지극히 물질주의적이고 감각적입니다. 그 결과는 내면세계의 황폐화입니다. 현대 자본주의 체제는 이런 감각형 문화의 강화에 일조하고 있습니다.

현대 세계관에 기초하고 있는 경제체제인 자본주의는 현대사회에서 맹위를 떨치고 있습니다. 자본주의는 모든 것을 상품화하고, 결국 자기 자신과 상대편마저도 상품으로 바라보게끔 합니다. 자본주의는 또한 유용성의 관점에서 자신과 세계를 바라보도록 조장합니다. 장자(莊子)의 '무용지용(無用之用)'과는 정반대의 상황이 현대를 지배하고 있습니다. 이렇듯 자본주의체제는 현대 인간 소외의 직접적인 요인이 됩니다.

현대 세계관의 영향 아래, 감각형 문화와 자본주의 체제가 이 시대를 지배하고 있습니다. 그 와중에서 인간은 점점 이기적인 존재로 변모하고 있습니다. 인간의 경쟁심은 더욱 비대해지고 있습니다. 현대인의 이기심과 경쟁심은 현대 인간 소외의 중요한 양상입니다.

위에서 살펴본 바와 같이, 현대인은 심각한 소외상태에 놓여 있습니다. 소외의 결과는 고통과 불행입니다. 현대인은 고통스런 삶을 살고 있습니다. 현대인은 지금 이 순간의 삶을 즐길 수 있는 능력이 없습니다. 현대인은 숨 쉬는 것을, 걷는 것을, 잠자는 것을, 운전하는 것을, 식사하는 것을 즐길 능력이 없습니다. 일상의 삶을 즐길 수 있는 능력이 떨어질수록, 삶에서 경이로움과 행복을 섭취할 수 있는 능력도 떨어집니다.

현대인의 의식은 외부 희소자원에 집중되어 있고, 이를 쟁취하기 위해 경쟁하고 갈등합니다. 경쟁과 갈등은 고통스런 것입니다. 경쟁과 갈등에서 패배했을 때도 고통 받습니다. 무언가를 쟁취했을 때도 그것을 잃어버릴 것에 대한 불안으로 고통받습니다. 경쟁과 갈등은 그 과정과 결과에서 상대편에게도 고통을 줍니다. 자기 스스로 고통스럽고, 또 자신의 존재가 상대편에게 고통을 주는 사람이 행복할 수는 없습니다.

현대인은 자신과 세계에 대해 진정한 관심과 사랑이 없습니다. 현대인은 사랑할 수 있는 능력이 턱없이 부족합니다. 깊은 행복은 진정으로 사랑하고 사랑받는 것에서 옵니다. 그러므로 사랑할 수 없는 현대인이 행복한 사람이 되는 것은 불가능합니다. 현대문명은 엄청난 성취를 이루었지만, 이 시대를 살아가는 현대인이 과거 어느 시대의 사람들보다 더 큰 고통과 불행을 겪고 있는 것은 바로 이 때문입니다.

2. 현대문명 위기에 대한 창조적인 해석

위의 글에서, 현대문명 위기의 심각성을 알아보았습니다. 지구생태계는 커다란 혼란을 겪으면서 붕괴 위험에 처해 있고, 모든 행위 주체 간의 관계는 악화 일로를 치닫고 있으며, 인간 소외가 심화되어 현대인은 지극히 불행하고 고통스럽습니다.

이런 현대문명 위기의 본질은 무엇일까요? 현대문명 위기는 더 이상 이 시대와는 맞지 않는 현대 세계관의 지배에서 비롯된 것입니다. 하지만 현대문명 위기의 본질은 고통과 파괴 그 자체가 아니라 행복과 창조를 위한 준비 작업으로서의 고통임을 자각하는 것이 중요합니다.

현 시점은 비유하자면, 자궁을 빠져나와 세상으로 막 나오려고 하는 아기의 상태, 알에서 부화되어 새가 되려고 하는 알 속의 새의 상태, 고치를 틀고 나비가 되려고 하는 애벌레의 상태와 같습니다. 자궁 속의 아기, 알 속의 새, 고치 속의 애벌레는 존재의 수직적인 변화를 겪으려는 무렵이 되면 죽을 것만 같은 심한 고통을 겪습니다.

고치 속의 애벌레는 컴컴하고 답답한 고치 안에서 자유롭게 다니며 풀을 뜯어먹던 애벌레 시절을 그리워할지도 모릅니다. 고치 속에서 죽을 것만 같은 무료함과 심한 고통을 느낄 것입니다. 하지만 그는 애벌레 시절로 돌아갈 수 없습니다. 그리고 지금 이 순간의 고통 속에 나비가 되어 하늘을 훨훨 날아다니는 믿기지 않는 멋진 미래가 숨어 있습니다. 애벌레는 결코 돌아감을 통해 나비가 될 수 없습니다. 그의 선택은 죽든지 아니면 나비가 되어 존재의 비약을 이루는 것입니다.

현대문명 위기는 고치 속의 애벌레가 겪고 있는 고통과 동일한 것입니다. 현 인류는 존재 차원의 비상과 지구문명의 파멸 사이에 선택을 강요받고 있습니다. 더 이상 인류는 자궁이나 알 속에 편안하게 안주할 수 없습니다. 자유롭던 애벌레 시절로 돌아갈 수도 없습니다. 진정으로 살고자 한다면, 현 인류는 존재의 비약을 이루어내어야만 합니다.

이것이 현대문명 위기의 본질입니다. 현대인은 무척 고통스럽고 불행합니다. 우리는 현대문명을 수선해서 그 속에 더 이상 편안하게 거주할 수 없으며, 과거 행복했던 시절로 돌아갈 수도 없습니다. 이런 선택은 모두 죽음과 파멸의 선택입니다. 현 인류는 자궁 속의 아기, 알 속의 새, 고치 속의 애벌레와 마찬가지로 살고자 하면 죽습니다. 죽을 것만 같은 고통을 받아들이고 고통 속으로 들어갈 때, 바로 거기에 믿기지 않는 인류의 아름다운 미래가 있습니다.

다시 말하자면, 현대문명은 심각한 위기에 직면해 있고, 현 인류는 지극히 고통스럽지만, 지금의 위기와 고통은 존재의 비상을 향한 창조적인 위기와 고통이라는 것입니다. 우리가 현재 상황을 분명히 인식할 때, 우리는 인류문명의 아름다운 미래를 향한 발걸음을 내딛을 수 있을 것입니다.

8장 변화를 위한 압력의 증대 2 : 탈현대 사회구조와 현대 세계관의 충돌

우리가 현재의 진화 단계의 끝으로 다가갈수록,
에고의 기능장애는 더 커진다.
애벌레가 나비로 탈바꿈하기 전에
기능장애가 더 커지는 것과 같은 식이다.[67)]

현재 탈현대의 새로운 사회구조가 급속하게 출현하고 있지만, 현대 세계관은 여전히 현대인의 의식에 강력한 지배력을 행사하고 있습니다. 이로 말미암아, 낡은 현대 세계관과 새로운 탈현대적인 사회구조 간의 격렬한 충돌이 지금 이 세계에 일어나고 있습니다. 이런 문명 충돌은 현대문명 위기를 더욱 고조시키고 있습니다. 이 장에서는 문명 충돌의 주요 양상을 살펴보고, 문명 충돌의 결과를 예측해 보도록 하겠습니다.

67) E. Tolle, 류시화 옮김, 『Now』(조화로운 삶, 2008), p. 345.

1. 현대 세계관과 탈현대 사회구조의 충돌

오늘날 세계에는 이제는 낡아버린 현대 세계관과 새롭게 출현하는 탈현대 사회구조 간의 격심한 충돌이 일어나고 있습니다. 문명 충돌은 문명 전환기마다 출현하는 현상입니다. 하지만 현재 인류가 직면하고 있는 문명 충돌은 에고의 문명으로부터 셀프의 문명으로의 대전환의 과정에서 일어나는 것이기에, 그 격렬함이 더 큽니다.

현재의 문명 충돌에는 여러 가지 중요한 양상이 있습니다. 이 글에서는 두 개 부문에서의 문명 충돌을 중심으로 새로운 사회구조와 낡은 세계관 간의 충돌과 이로 인한 현대문명 위기의 고조를 설명해 보도록 하겠습니다. 하나는 유한적인 삶의 양식의 보편화라고 하는 새로운 사회구조와 현대 노동관이라고 하는 낡은 세계관 간의 충돌입니다. 다른 하나는 다문화사회라는 새로운 사회구조와 적대적 대립관이라고 하는 낡은 세계관 간의 충돌입니다.

1.1. 유한(有閑)적인 삶의 양식과 현대 노동관의 충돌

오늘날 현대인의 삶에서 생산 노동이 차지하는 시간은 점점 축소되고, 여가 시간은 점점 확대되면서, 유한적인 삶의 양식이 인류의 새로운 삶의 양식으로 확산되고 있습니다. 그러나 노동에 궁극적인 가치를 부여하는 현대 노동관이 여전히 현대인의 의식을 지배하고 있습니다. 이로 인해서, 양자 간의 충돌이 격화되고, 현 인류는 불필요한 많은 고통을 겪고 있으며, 문명 위기가 심화되고 있습니다.

유한적인 삶의 양식이란 직업적인 생산 노동에 참여하지 않으면서, 시간의 대부분을 여가로 보내는 삶의 양식을 가리킵니다. 전통

사회에서는 특권적인 신분에 속하는 소수의 사람들만이 이런 삶을 누릴 수 있었습니다. 하지만 오늘날의 사회에서는 유한적인 삶의 양식이 대중적인 차원에서 확산되어가고 있습니다.

오늘날 유한적인 삶의 양식의 보편화를 가속화시키는 두 개의 중요한 요인이 있습니다. 그것은 인공지능을 이용한 생산 자동화와 평균 수명 증대입니다. 이 중에서 앞의 요인이 더 근본적이고 중요합니다. 생산영역에서 인간 노동력에 대한 필요를 감소하는 경향은 문명의 역사만큼 오래된 것입니다. 인류가 도구를 만들어 쓰게 되면서부터 동일양의 생산에 소요되는 노동시간은 감소하게 되었습니다. 『장자』에 보면, 도르래를 이용해서 쉽게 우물물을 길어 올리는 이야기가 있는데, 이것은 하나의 예입니다.[68]

하지만 산업혁명이 일어나면서 기계사용이 본격화되고, 인간 근력을 이용한 생산은 기계력을 이용한 생산으로 급속히 바뀌게 됩니다. 이에 따라서, 생산영역에서 인간의 육체노동에 대한 수요는 급격히 줄어들었습니다. 20세기 후반에 이르러 또 한 번의 혁명적인 기술혁신이 일어났습니다. 그것은 인공지능을 생산현장에 도입하는 것이었습니다. 생산영역에서 인공지능은 인간 지력을 대체합니다. 이리하여 생산영역에서 인간 노동력이 불필요한 생산자동화가 가속화되고 있습니다.

자동화는 공장과 같은 이차산업 영역뿐만 아니라 은행과 같은 서비스업이나 농업과 같은 일차산업 등 모든 산업 영역으로 확대되고 있고, 가사노동에도 파급되고 있습니다. 다시 말하자면 자동화는 사회 모든 영역으로 빠르게 확산되고 있고, 이에 따라서, 인간 노동력

68) 『장자』, 「천지편」에 보면, 한 노인이 도르래에 두레박을 달아 사용하면 쉽게 농사에 쓸 수 있는 물을 길을 수 있다는 자공(子貢)의 제안을 거절하고, 항아리로 힘들게 우물에서 물을 퍼서 농사짓는 노인 이야기가 나옵니다.

에 대한 수요는 급진적으로 감소하고 있습니다.[69] 이렇듯, 생산자동화는 유한적인 삶의 양식을 보편화시키는 강력한 요인으로 작용하고 있습니다.

유한적인 삶의 양식을 보편화시키는 또 하나의 요인은 평균 수명의 증가입니다. 평균 수명 증가의 주된 요인은 영양상태의 개선, 상수도와 주거환경의 개선, 의학의 발전 등입니다. 기원전 2천 년 경 고대 그리스인의 평균 수명은 18세, 기원전 5백 년 경 고대 로마인의 평균 수명은 22세 정도로 추산됩니다.[70] 1900년에 이르러서도 미국인의 평균 수명은 49.2세에 불과했습니다. 1999년에는 미국의 평균 수명이 76.7세까지 올라갔으니 100년 사이에 무려 27.5년을 더 살게 된 셈입니다.[71]

백세가 넘는 고령자의 수자도 최근 급격히 증가하고 있습니다. 장수 국가인 일본의 경우도 1960년 경에는 백세 이상 노인의 수는 150여 명에 불과했습니다. 그러나 지난 2000년에는 1만 5천여 명에 달한다고 발표했습니다. 한국의 경우에도 백세 이상 노인의 수가 1980년 224명에서 2000년 2,220명으로 급속히 증가했습니다.[72]

인공지능을 이용한 생산자동화와 평균 수명 증가로 인해서, 전체 생애에서 생산 노동에 참여하는 시간은 급속히 줄어들고 있습니다. 어떤 사람이 80년을 산다고 가정해보도록 하겠습니다. 그 사람이 생

---

69) J. Rifkin은 『노동의 종말』(민음사, 1996)에서 생산 자동화에 따른 노동에 대한 사회적인 수요의 감축을 설득력 있게 설명하고 있습니다.

70) http://www.silvernetnews.com/index.php?inc=newsview&no=4913&s=16&page=7, 『Silvernet News』 2008년 10월 28일자를 참조함.

71) http://agendanet.co.kr/zb41pl7/bbs/zboard.php?id=world_poll&no=19, 『아젠다넷』을 참조함. 자료출처: National Center for Health Statistics, National Vital Statistics Report. Vol. 49, No.11, 1999.

72) http://www.silvernetnews.com/index.php?inc=newsview&no=4913&s=16&page=7, 『Silvernet News』 2008년 10월 28일자를 참조함.

산현장에 투입되는 시기는 점점 늦추어지고 있습니다. 보통 대학교를 졸업하고 난 뒤에나 생산에 참여하게 됩니다. 그러나 이것도 요즘 청년실업 증가로 인해 늦추어지는 추세입니다. 생산현장에서 퇴직하는 시기는 보통 60세 정도이지만, 요즘 정년퇴직을 하는 사람의 수는 빠른 속도로 줄어들고 있습니다.

재직 중의 이직률이 높아서 평생직장이라는 개념이 사라지고 있으며, 40대 혹은 50대 초반에 퇴직을 권유 또는 강요받는 일이 많습니다. 더군다나 직장생활을 하는 동안에도 비정규직이 급속히 증가함으로 인해서 근무시간이 줄어들고 있습니다. 주 5일 근무제나 일일 노동시간의 단축, 휴가기간의 확대 등도 근무시간 축소의 원인입니다. 이런 저런 요인을 고려하면, 한 사람이 실제로 생산현장에서 보내는 시간은 전체 생애에서 아주 짧아지고 있습니다. 다시 말하자면, 유한적인 삶의 양식이 급속히 보편화되어가고 있는 것입니다.

이와 같이 탈현대적인 사회구조의 하나인 유한적인 삶의 양식이 급속히 확산되고 있는데 반해서, 생산 현장에의 참여를 궁극적인 가치로 간주하는 현대 노동관은 여전히 현대인의 의식 속에 강력한 지배력을 갖고 있습니다. 현대인은 노동에 궁극적인 가치를 부여합니다. 인류 역사를 살펴보면, 노동에 이런 궁극적인 가치를 부여한 것은 특이한 일입니다.

현대에 이르기 전까지 오랜 기간 동안, 동서양을 막론하고, 인류는 생산 노동에의 참여를 고역으로 여겼으며, 그것은 노예나 농노와 같이 천한 신분의 사람들의 몫이라고 간주했습니다. 이런 고역으로서의 노동이라고 하는 전통적인 노동관에 혁명적인 전환을 초래한 사람은 종교개혁가인 M. 루터(Martin Luther, 1483-1546)와 J. 칼뱅(Jean Calvin, 1509-1564)이었습니다. 이들은 '생산 노동에의 참여'야말로 '하나님의 뜻에 부응하는 신성한 일'이라고 주장했으며, 생산 노동에의 참여를 통한 부의 축적이 하나님의 구원예정 징표라고 역설했습니다. 이들의 이런 교설은 오늘날에 이르기까지 노동에 대한 강박적인 집착을 불러 일으켰습니다.

그렇다고 하더라도 게으름을 좋아하는 인간의 천성과도 부합하지 않고, 인류의 오랜 전통 노동관과도 정면으로 배치되는, 이들 종교개혁가들의 학설이 어떻게 이처럼 열렬히 받아들여질 수 있었을까요? 그 답을 S. 프로이트(Sigmund Freud, 1856-1939)는 『문명 속의 불만』이란 책에서 명쾌하게 설명하고 있습니다. 프로이트는 인간 본능은 쾌락을 추구한다고 말합니다. 하지만 문명 건설을 위해서는 이런 인간 본능을 억압하고, 쾌락 추구에 사용될 에너지를 문명 건설로 돌려야만 한다는 것입니다. 그러므로 프로이트의 관점에서 보면, 인간 본능과 문명은 해소될 수 없는 긴장과 갈등 관계에 놓여 있는 것입니다.

현대문명 건설은 엄청난 노동을 투입해야만 하는 인류의 대역사였습니다. 이것이 성공을 거두기 위해서는 금욕적인 윤리가 필요했습니다. M. 베버(Max Weber, 1864-1920)는 이미 『프로테스탄티즘의 윤리와 자본주의 정신』에서 개신교 금욕윤리와 자본주의 간의 친화성에 대해 명쾌한 분석을 했습니다. 이리하여 종교적인 의미를 부여받은 새로운 노동관은 서구사회에서 급속히 확산되었으며, 현대 노동관은 현대문명 건설의 원동력으로 작용하게 됩니다.

현대 노동관을 정점에 올려놓은 사람은 헤겔과 마르크스입니다. 헤겔은 철학적으로 인간의 잠재적인 본질을 실현해나가는 활동으로서의 노동이라는 관점을 정립했으며, 마르크스는 이를 자본주의사회 비판과 공산주의사회 구상에 활용했습니다. 이에 이르러, 노동은 '인간의 인간적인 본질을 실현해나가는 가장 인간적인 활동'으로까지 고양됩니다. 이런 과정을 거쳐 형성된 현대 노동관은 오늘날에 이르기까지 현대인의 의식에 강력한 영향력을 행사하고 있습니다.

현대문명의 태동기와 발전기에는 그 시대의 요구와 현대 노동관이 조화를 이루었습니다. 하지만 문명 대전환기에 해당하는 현 시점에 이르러 현대 노동관은 더 이상 시대와 조화를 이룰 수 없는 '낡은 옷'이 되어버렸습니다. 인간 노동에 대한 사회적인 수요가 급격하게 감소하는 가운데, 유한적인 삶의 양식이라는 새로운 사회구조가 확산되고 있습니다. 이런 시대상황에서 낡은 현대 노동관의 건재는 이 시대의 재앙이 되고 있습니다.

현대 노동관에의 고착으로 인해서, 일자리가 줄어들수록 사람들은 더욱 일자리에 집착하는 기이한 현상이 나타나고 있습니다. 일자리에 대한 수요와 공급의 괴리는 엄청난 취업경쟁을 부추기고 있습니다. 사회는 일군을 점점 더 적게 필요로 하는데, 대학은 점점 더 많은 일군을 배출하는 직업교육 훈련소로 전락해가고 있습니다. 일자리를 구하지 못한 청년실업자와 일터에서 쫓겨난 중년실업자들은 절망감을 느낍니다. 청년과 중년들조차도 일자리가 부족한 상황에서, 노인들마저도 일자리를 달라고 아우성입니다. 일자리가 급속히 줄어드는 가운데, 일자리를 얻기 위한 현대인의 투쟁은 엄청난 양의 고통을 만들어내고 있습니다.

한 편의 블랙코미디 장면과 같은 이런 현재의 상황을 연출하게 만드는 주범은 현대 노동관입니다. 현대 노동관은 현대문명이란 계절과 어울리는 옷입니다. 계절이 바뀌면 옷을 바꿔 입듯이, 문명의 전환이 이루어지는 지금 이 시점에서 우리는 철에 맞지 않는 현대 노동관이란 옷을 벗어버려야 합니다. 여름이 왔는데도 두꺼운 옷을 껴입은 채로 새로운 계절을 탓한다면 그것은 어리석은 일입니다. 이와 마찬가지로, 탈현대로의 문명 대전환기에 이르러서도 현대 노동관을 고집한다면 이는 어리석은 일입니다.

현대 노동관은 역사 속에서 자신의 소임을 다하고, 이제는 역사의 뒤안길로 물러나야만할 때가 되었습니다. 현대 노동관을 장렬하게 땅 속에 파묻어버리는 순간, '유한적인 삶의 양식의 보편화'라고 하는 새로운 사회구조는 절망에서 희망으로 그 의미의 극적인 전환을 이루게 됩니다. 현 인류는 역사상 처음으로 대중적인 차원에서 고통스런 노동 없이도 한가롭게 '우주적인 나'의 자각과 즐김에 몰두할 수 있는 놀라운 기회를 부여받은 것입니다.

1.2. 다문화사회와 현대 관계관의 충돌

새롭게 출현하는 사회구조와 낡은 세계관 간에 문명 충돌이 일어나고 있는 또 하나의 중요 영역은 다문화사회라는 새로운 사회구조와 적대적 대립관이라고 하는 낡은 세계관 간의 충돌입니다. 급속한 교통・통신의 발달로 인해서 문화 간 접촉과 교류가 증대되고, 이질적인 문화가 동일 공간에 혼재하는 새로운 시대가 전개되고 있습니다. 의식의 차원에서 보더라도 다양한 문화가 개인 의식 속에 혼재하고 있습니다. 더 이상 분리・독립된 단위로서의 문화・민족・국가・인종・종교 등은 성립할 수 없습니다.[73] 단일문화사회로부터 다문화사회로의 전환은 역사의 거역할 수 없는 추세로 오늘날 빠른 속도로 진행되고 있습니다.

예를 들어, 한국에 등록된 외국인의 수가 1999년에는 206,895명이었으나 2009년에는 870,636명이었습니다.[74] 한국인의 외국인과의 혼

73) 홍승표, 「유교사상을 통해 본 다문화사회」, 『철학연구』 107집(대한철학회, 2008), p. 70 참조.

74) 통계청에서 제공하는 외국인 등록인구 통계로 다음 사이트에서 확인할 수 있습니다. http://www.kostat.go.kr/nso_main/nsoMainAction.do?method=main&catgrp=nso2009

인 건수도 2000년에는 11,605건이었으나 2009년에는 36,204건이었습니다.[75] 한국사회가 단일문화 전통을 오랜 기간 유지해온 국가라는 점을 고려한다면, 불과 10년 동안에 이루어진 이런 급격한 변화는 오늘날 다문화사회로의 전환이 얼마나 급속히 이루어지고 있는가를 잘 보여줍니다.

이렇듯 다문화사회라는 새로운 사회구조가 급속히 확산되고 있는 상황에서, 집단 간·문화 간의 편견, 차별, 갈등은 심각한 사회문제로 부각되고 있습니다. 이스라엘과 팔레스타인 간의 관계는 현대 다문화사회의 파탄을 잘 보여주는 사례입니다. 이스라엘사회는 국내적으로 보면, 조화로운 다문화사회에 근접해 있습니다. 오랜 디아스포라(Diaspora)의 결과로, 이스라엘 내에서는 히브리어, 영어, 아랍어, 스페인어, 불어, 러시아어, 독일어 등 다양한 언어가 사용되고 있습니다. 혼혈의 결과로 외모도 다양합니다. 음식문화도 다양합니다.[76] 이스라엘사회에는 이질적인 문화에 대한 존중의 풍토가 뿌리를 내리고 있습니다.

그러나 이스라엘과 팔레스타인과의 관계를 보면, 상황은 전혀 다릅니다. 이천 년 전에 자신의 조상이 살던 땅이라는 이유를 들어, 거주민들을 축출하고 거기에 자신의 국가를 세운다는 것은 누가 보더라도 침략입니다. 뿐만 아니라, 이스라엘은 수차에 걸친 전쟁을 통해 영토를 더욱 확장하고, 무고한 생명을 학살했습니다.

불과 60여 년 전에, 유대인은 히틀러의 나치집단으로부터 엄청난 학살과 비인간적인 대우를 받았습니다. 나치에 의해 학살된 유대인

---

75) 2010년 3월 24일 통계청 보도자료 「2009년 혼인통계 결과」에서 인용.
76) <이스라엘 이야기>다문화 공동체 유대인, 기사입력 2010년 2월 24일, http://news.naver.com/main/read.nhn?mode=LSD&mid=sec&sid1=102&oid=003&aid=0003104629

희생자 총수는 무려 559만 명에서 585만 명에 이르는 것으로 추산됩니다.[77] 머지않은 과거에 이렇게 잔혹한 경험을 겪었던 유대인이 이제는 팔레스타인인을 잔혹하게 대하고 있습니다.

이스라엘과 팔레스타인은 끊임없이 공격과 보복을 되풀이하고 있습니다. 그들은 상대편에 대해 심한 편견과 불신을 갖고 있으며, 엄청난 불안과 고통을 떠안고 살아가고 있습니다. 이제 이 땅은 저주의 땅이 되어버렸습니다.

이스라엘과 팔레스타인 간에 벌어지고 있는 일은 정도의 차이는 있을지라도 현재 지구촌에서 일어나고 있는 보편적인 현상입니다. 한국사회의 경우도 예외가 아닙니다. 한국인은 일제의 지배를 받는 동안 일본인으로부터 잔인한 취급을 받았습니다. 해방 이후에도 무척 가난해서 유럽이나 중동지역에 노동자를 파견하는 등 어려움을 겪었습니다. 하지만 오늘날 한국인은 외국인노동자나 이주여성, 혼혈아 등에게 심한 차별을 하고 있습니다.

다문화사회라고 하는 새로운 사회구조는 급속히 확산되고 있지만, 현대사회의 다양한 집단과 문화는 서로를 존중하고 깊이 이해하려 하지 않으며, 사랑하지는 더욱 않습니다. 그들은 다만 상대편을 이용·착취·지배하려 할 뿐입니다. 이것은 현 인류에게 엄청난 고통을 초래하고 있으며, 문명의 미래를 어둡게 만드는 중요한 요인입니다.[78]

현대 다문화사회 문제가 이렇게 심각한 요인은 무엇일까요? 그것은 다문화사회라고 하는 새로운 사회구조가 급속히 확산되고 있는데 반해서 낡은 세계관인 현대 세계관이 여전히 현대인의 의식에 강한

77) 歷史教育者協議會 편, 양인실 옮김, 『나만 모르는 유럽사』(보멘토, 2004), p. 257 참조.

78) 홍승표, 「유교사상을 통해 본 다문화사회」, 『철학연구』 107집(대한철학회, 2008), p. 71-72 참조.

영향력을 발휘하고 있기 때문입니다. 다시 말하자면, 새로운 사회구조인 다문화사회와 낡은 세계관인 현대 세계관 간의 문명 충돌로 인해서, 다문화사회 문제가 심화되고 있습니다.

현대 세계관은 왜 다문화사회와 충돌하는 것일까요? 현대 인간관과 관계관을 중심으로 그 요인을 밝혀보도록 하겠습니다.

먼저 현대 인간관이 왜 다문화사회와 충돌하는가를 살펴보도록 하겠습니다. 현대 인간관은 중세의 질곡으로부터 인간을 해방시키고 현대문명을 건설하는데 크게 기여했습니다. 현대 인간관은 르네상스 휴머니즘에서부터 시작되었습니다. 르네상스 휴머니즘은 인간의 이성, 감정, 욕망, 육체 등을 긍정하고 이를 고양했습니다. 그래서 르네상스 휴머니즘은 중세사회에서의 인간적인 것에 대한 억압과 비하로부터 인간을 해방시키는데 크게 기여했습니다. 이후 현대 인간관은 인간의 개성, 주체성, 자율성을 강조했고, 역사 창조 주체로서의 개인 관념을 형성했습니다.[79] 그리고 이런 현대 인간관은 정치적으로 자유롭고 경제적으로 풍요한 현대문명 건설의 초석이 되었습니다.

이렇듯 현대 인간관은 현대문명 건설의 주역이었지만, 새로운 사회구조인 다문화사회와 조화를 이루기에는 근본적인 곤란이 있습니다. 현대 인간관의 핵심은 '시공간적으로 분리된 개체로서의 인간'이라는 인식입니다. 인간은 우연하게 생겨났다가 죽음으로 인해 무(無)로 돌아가는, 이 세계 속에서 유한하고, 무의미하며, 무력한 존재입니다. 현대적인 의미에서 인간 실존의 특징을 명확하게 이해했던 J. P. 사르트르(Jean Paul Sartre)는 『존재와 무』에서 인간 존재의 이런 특성을 다음과 같이 규정했습니다.

---

79) 같은 글, p. 75 참조.

존재는 이유 없이, 원인 없이, 필연성 없이 존재한다. 존재의 정의 그 자체가 존재의 근원적인 우연성을 우리에게 말해준다.[80)]

이런 현대 인간관의 관점에서 보면, 나와 너는 모두 근본적으로 무의미한 존재이며, 부질없는 욕망을 쫓으며 살아가는 욕망의 주체일 따름입니다. 나는 나 자신이나 너를 존중하거나 존경해야할 아무런 이유도 없습니다. 이것이 현대사회에서 인간이 자기 자신과 상대편을 함부로 대하는 가운데, 무례(無禮)함이 팽배해 있는 근본적인 이유입니다. 무례함은 현대인이 겪고 있는 고통과 불행의 중요한 원천입니다.

그런데 무례함은 개인적인 차원에 국한되지 않고 집단적인 차원으로 확대됩니다. 즉, 상대편 국가, 종교, 민족, 인종, 지역, 문화 등 모든 영역으로 무례함이 확산되어 있습니다. 우방(友邦)이 실질적으로 사라졌을 뿐만 아니라 우방이란 단어 자체를 거의 찾아볼 수 없게 되었다는 사실은 현대사회에서 집단 간의 무례함이 얼마나 심각한가를 보여주는 단적인 사례입니다.

상대편 문화를 근본적으로 존중하지 않는 가운데, 다양한 문화가 평화롭게 공존하면서 조화로운 삶을 영위할 수는 없습니다. 그러므로 다문화사회라는 새로운 사회구조가 확산되고 있지만, 현대 인간관의 토대 위에서는 조화로운 다문화사회를 건설할 수 없습니다. 서로를 무례하게 대하는 가운데, 고통과 불행을 양산하고 있는 것이 현대 다문화사회의 현주소이며, 그 근본적인 원인은 바로 현대 인간관입니다.

다음으로 현대 관계관과 다문화사회 간의 충돌을 설명해보도록 하겠습니다. 현대 관계관은 현대 인간관의 귀결입니다. 현대 인간관의

80) J. P. Sartre, 양원달 옮김, 『存在와 無』(을유문화사, 1968), p. 828.

관점에서 보면, 나에 대립해 있는 너는 누구인가요? 너는 나와 아무런 연관이 없을 뿐만 아니라 너는 나에게 어떤 근원적인 의미도 없는 존재입니다. 네가 나에게 어떤 의미를 갖는 것은 오직, 내 자신의 욕망 충족을 위한 수단과 도구로서, 네가 가치 있는 존재일 때뿐입니다. 너에게 있어 나의 의미도 마찬가지입니다. 이리하여, 자연스럽게 현대 인간관은 적대적 대립관을 산출합니다.

다윈은 진화론을 통해 적대적 대립관을 정립시켰습니다. 적대적 대립관의 관점에서 보면, 나와 너는 이해관계가 상충하는 관계입니다. 내가 살아남기 위해서는 너를 극복해야 하며, 너 역시 마찬가지입니다. 그러므로 경쟁과 갈등은 대립물 간의 자연스런 관계로 인식됩니다. 이것은 개인 간, 집단 간, 문화 간, 국가 간, 지역 간, 인종 간, 종교 간 등을 포함해서 모든 행위 주체들 간의 보편적인 관계로 간주됩니다.

그러므로 현대 관계관인 적대적 대립관과 새로운 사회구조로서의 다문화사회는 조화를 이룰 수 없습니다. 다문화사회 속에 적대적 대립관에 바탕 한 차별, 편견, 갈등, 지배 등이 지속함으로써, 현대 다문화사회는 많은 고통과 불행을 양산하고 있습니다. 현대 인간관과 다문화사회의 논의에서와 마찬가지로, 이 경우에도 바뀌어야 할 것은 다문화사회가 아니라 이제는 역사 속에서 그 효력을 다한 적대적 관계관입니다.

2. 문명 충돌의 결과에 대한 예측

현재 일어나고 있는 거대하고 격렬한 문명 충돌의 결과는 어떤 것일까요? 새로운 것이 승리하고 낡은 것이 패퇴할 것입니다. 과거를 돌아보면, 미래를 예측할 수 있습니다. 과거에도 문명 전환기 때마다 문명 충돌이 발생했습니다.

문명 충돌이 일어나는 영역은, 첫째, 세계관과 사회구조 간의 충돌, 둘째, 세계관 간의 충돌, 셋째, 사회구조 간의 충돌입니다. 첫째 세계관과 사회구조 간의 충돌은 두 가지 형태가 있습니다. 하나는 낡은 세계관과 새로운 사회구조 간의 충돌이고, 다른 하나는 새로운 세계관과 낡은 사회구조 간의 충돌입니다. 세계관 간의 충돌은 낡은 세계관과 새로운 세계관 간의 충돌입니다. 사회구조 간의 충돌은 낡은 사회구조와 새로운 사회구조 간의 충돌입니다.

네 가지 경우에 대한 사례를 들어보도록 하겠습니다. 현대 한국사회에서 '유교적인 효사상'과 '핵가족제도' 간의 충돌은 낡은 세계관과 새로운 사회구조 간 충돌의 예입니다. 근대 초 '평등사상의 유포'와 '남녀차별의 관행' 간의 충돌은 새로운 세계관과 낡은 사회구조 간 충돌의 예입니다. 서구 중세를 지배하던 '천동설'과 근대 과학이 제시한 '지동설'의 충돌은 낡은 세계관과 새로운 세계관 간 충돌의 예입니다. 산업 혁명기에 '가정과 직장의 분리'와 '대가족제도' 간의 충돌은 새로운 사회구조와 낡은 사회구조 간 충돌의 예입니다.

위에서 논의한 네 가지 충돌의 유형과 사례를 보면, 문명 전환기마다 심각한 충돌이 일어난 영역이 다르다는 점을 알 수 있습니다. 현재 인류가 겪고 있는 문명 충돌의 핵심 영역은 낡은 세계관과 새로운 사회구조 간의 충돌입니다.

과거 문명 전환기에 발생했던 문명 충돌의 결과는 어떠했을까요? 그 시점에서만 보면 낡은 것과 새로운 것 간의 싸움에서 여전히 지배력을 장악하고 있는 낡은 세계관이나 사회구조가 승리하는 경우가 많았습니다. 하지만 조금 더 긴 시간의 추이를 살펴보면, 언제나 이기는 것은 새로운 세계관과 사회구조였고, 지는 것은 낡은 세계관과 사회구조였습니다.

그렇다면 현재 벌어지고 있는 문명 충돌의 궁극적인 결과는 어떤 것일까요? 그 결과는 역시 새로운 세계관과 사회구조의 승리입니다. 하지만 낡은 현대 세계관과 사회구조가 강력한 지배력을 유지하고 있기에, 문명 충돌의 현장에 있는 우리는 이런 미래의 결과를 상상하기 어렵습니다.

현대인은 '인간이 시공간적으로 세계와 분리된 유한한 개체'라고 하는 생각을 인간을 바라보는 하나의 관점이라고 생각하지 않습니다. 현대인에게 현대 인간관은 관점이 아니라 사실입니다. 그래서 그 결과가 자신과 이웃에 대한 고통과 불행의 심화라고 할지라도, 현대인은 집요하게 욕망 충족을 추구하며, 자아확장 투쟁으로서의 삶을 살아갑니다.

또한 현대인은 추하고 고통스럽게 늙어가고, 비참하게 죽어갑니다. 현대인은 현대적인 삶의 추구를 통해 고통과 불행을 떠안지만, 그것이 불가피한 인간의 삶이라 여기기에 고통스럽고 불행한 삶에 매몰됩니다. 이렇듯 문명 대전환기인 현재의 시점에서도 현대 인간관을 포함한 현대 세계관의 위력은 대단합니다.

현대가 만들어낸 대표적인 사회구조로 자본주의체제 역시 강력한 지배력을 구축하고 있습니다. 특히 공산권이 붕괴되고 난 이후로는 아무도 자본주의의 몰락을 말하지 않습니다. 대부분의 현대인은 자본주의체제를 역사의 특정 시점에 출현했다가 사라질 특수한 형태의 경제제도라고 생각하지 않습니다.

현대 인간관과 마찬가지로 자본주의체제도 현대인에게는 상수로 인식됩니다. 그래서 자본주의체제가 심각한 비인간화의 문제와 관계 악화를 초래하더라도, 사람들은 더 이상 자본주의체제 붕괴를 말하지 않습니다. 대다수의 현대인은 고통스럽더라도 체제 안에서의 적응을 추구합니다.

감각형 문화, 물질주의적인 문화, 이기주의, 경쟁 시스템, 핵가족제도, 현대 직업교육, 지역갈등, 강력한 성취동기 등은 현대사회에서 지배력을 장악하고 있는 문화유형·사회제도·성격유형·사회체제입니다. 이 중 어떤 영역의 경우도 위의 현대 인간관이나 자본주의체제와 같은 상황입니다.

그래서 새로운 변화를 추구하는 사람들은 절망감을 느낍니다. 그들은 '과연 불가능해 보이는 문명 대전환이 이루어질 수 있을까?'에 대해 깊은 회의를 느낍니다. 하지만 역사를 돌이켜보면, 정말 일어날 수 없을 것 같은 변화가 일어난 것을 알 수 있습니다. 조선시대 유학자가 짧은 미니스커트를 입고 총각들과 함께 앉아 강의를 듣고 있는 처녀를 상상할 수 있었을까요? 미국 남부의 노예농장주가 흑인 대통령이 탄생하리라는 것을 상상할 수 있었을까요?

무더위가 오래 기승을 부리는 여름이면, 여름이 영원히 계속될 것 같은 느낌이 듭니다. 하지만 여름의 한 가운데에서 나무나 풀들은 이미 가을을 준비하고 있습니다. 외관상으로 봐서 계절의 전환은 불가능한 것처럼 보이지만, 어느 날 문득 우리는 서늘한 바깥 공기 때문에 창문을 닫고 이불을 당겨 덮습니다.

지금 인류는 문명을 형성한 이후 가장 극적인 변화를 겪고 있습니다. 그런데도 인간의 존재 차원이 수직적으로 상승한 아름다운 문명의 미래는 도저히 오지 않을 것 같은 느낌이 듭니다. 하지만 역사는 우리들에게 말해줍니다. 우리는 격심한 산통을 겪을 것이지만, 그 고통 속에 이미 새로운 미래가 담겨 있다는 것을 …….

9장 탈현대적 삶의 양식의 세계관적 기초 : 통일체적 세계관

우주는 분할 할 수 없는 하나의 전체이며,
그 안에서 모든 존재가 서로 연결되어 있고
어떤 것도 따로 분리되어 존재하지 않는다.[81)]

현대적인 삶의 세계관적인 기초가 현대 세계관이듯이, 탈현대적인 삶의 세계관적인 기초는 통일체적 세계관입니다. 현대가 시작하던 무렵, 현대 세계관은 중세적인 질곡 속에서 고통받고 있는 사람들에게 해방의 메시지였으며, 새로운 문명 건설을 위한 생생한 비전을 제시해 주었습니다. 하지만 현대 말·탈현대 초라 할 수 있는 오늘날에 이르러서 현대 세계관은 인간 소외의 근원이 되었고, 새로운 문명 출현을 가로막는 장애물이 되어버렸습니다.

현대 세계관은 여전히 현대인의 의식을 지배하고 있지만, 위에서 살펴본 바와 같이 이것은 탈현대적인 사회구조와 격심한 충돌을 일

81) E. Tolle, 류시화 옮김, 『Now』(조화로운 삶, 2008), p. 232.

으키고 있습니다. 세계관의 소임이 인간다운 삶과 문명 발전의 기초를 제공하는 점이라는 것을 고려한다면, 현대 세계관은 이제 역사 속에서 그 소임을 다하고 물러나야만 할 상황에 처해 있습니다. 현재의 인간 소외와 문명 위기를 해소하기 위해서는 우리는 새로운 세계관에 대한 모색이 절실히 필요합니다. 이런 시대적인 요청에 대한 응답이 통일체적 세계관입니다.

통일체적 세계관은 이 책에서 서술하고자 하는 핵심적인 내용인 탈현대적인 삶의 양식의 기초가 되는 새로운 세계관입니다. 현대 세계관이 '우주만물의 근원적인 분리'를 전제로 인간과 세계를 인식하고자 한다면, 통일체적 세계관은 '우주만물의 근원적인 통일성'을 전제로 인간과 세계를 인식하고자 합니다.

통일체적 세계관은 필자가 창안한 새로운 세계관이 아닙니다. 인류 역사가 시작된 이래로, 통일체적 세계관은 어느 시대 어느 사회에서나 존재해 왔습니다. 다만 통일체적 세계관이 인간과 세계 인식에 작용한 정도는 시대와 사회에 따라 차이가 있습니다. 또한 통일체적 세계관이 체계화된 정도에 있어서도 시대와 사회에 따른 차이가 있습니다.

역사적으로 통일체적 세계관이 정교한 체계를 갖추며 발달한 것은 불가(佛家) · 도가(道家) · 유가(儒家) 사상을 중심으로 하는 동아시아 전통 사상에서 였습니다. 그 중에서도 당대(唐代)에 융성했던 화엄(華嚴) 사상은 통일체적 세계관을 가장 체계적으로 발전시킨 역사적인 사례라 할 수 있습니다.

그러나 동아시아 전통 사상을 포함해서, 역사 속에 등장한 통일체적 세계관은 빈번히 집단 중심적인 또는 신 중심적인 세계관과 뒤섞여 있습니다.[82] 그러므로 순수한 통일체적 세계관을 구성하기 위해서는 역사 속의 통일체적 세계관에 대한 제련이 필요합니다. 필자가 수행한 작업은 동서양의 통일체적 세계관을 수합하고 정리해서 순수한 통일체적 세계관을 구성하는 것입니다.

현 시대와 미래사회에서 통일체적 세계관의 효용은 큽니다. 통일체적 세계관은 현대사회에서 인간과 세계를 바라보는 새롭고 창조적인 관점을 제공할 수 있습니다. 통일체적 세계관은 현대사회가 직면하고 있는 위기의 본질을 발전적으로 인식할 수 있는 관점을 제시할 수 있습니다. 뿐만 아니라 통일체적 세계관은 탈현대의 새로운 삶과 문명을 설계하는데 있어서, 그 바탕이 될 수 있습니다.

이 장에서는 통일체적 세계관을 세 부분으로 나누어서 살펴보도록 하겠습니다. 첫째, 통일체적 세계상을 살펴볼 것입니다. 모든 존재의 통일성에 대한 인식, 개체의 독자성에 대한 강조, 도(道)의 편재성에 대한 가정, 일체만물의 평등관 등을 여기서 다루도록 하겠습니다. 둘째, 통일체적 인간관을 서술할 것입니다. 우주적인 존재로서의 인간, 깨달을 수 있는 존재로서의 인간에 대한 관점 등을 여기서 다룰 것입니다. 셋째, 통일체적 관계관을 논의할 것입니다. 대대적(對待的) 대립관의 주요한 양상들을 여기서 논의할 것입니다.

1. 통일체적 세계상

여기에서는 통일체적 세계관의 관점에서 바라본 세계의 모습을 설

---

82) 유불도로 대변되는 동아시아 전통 사상에는 다양한 세계관이 혼합되어 있고, 유가, 불가, 도가의 세계관적인 기초도 엄격히 일치하는 것이 아닙니다. 다만 이 책의 목적은 각각의 전통 사상의 세계관적인 특징을 구명하는 것이 아니라 이들 동아시아 전통 사상에 내포되어 있는 통일체적 세계관의 요소를 추출해서 새로운 세계관으로서 통일체적 세계관을 구성하고자 하는 것입니다.

명하도록 하겠습니다. 이것은 현대 세계관의 세계상과 큰 차이가 있습니다. 차이의 핵심은 이것입니다. 현대 세계관은 모든 존재를 시공간적으로 분리된 개체로 인식합니다. 이에 반해서, 통일체적 세계관은 시공간을 넘어 모든 존재들 간의 근원적인 통일성의 전제 위에서 세계를 인식합니다. 현대인의 의식은 현대 세계관에 워낙 익숙한 상태여서, 통일체적 세계관의 관점에서 세계를 바라보는 것이 쉽지 않습니다.

하지만 아래 인용해 놓은 윌리엄 블레이크(William Blake)의 시 「순수의 전조」(Auguries of Innocence)의 첫 구절을 읽으면, 우리는 문득 통일체적 세계 속으로 진입하게 됩니다.

> 한 알의 모래 속에 세계를 보며
> To see a World in a grain of sand,
> 한 송이 들꽃에서 천국을 본다.
> And a Heaven in a wild flower,
> 그대 손바닥 안에 무한(無限)을 쥐고
> Hold Infinity in the palm of your hand,
> 한 순간 속에 영원을 보라.
> And Eternity in an hour.[83)]

이 시는 통일체적 세계상을 잘 묘사하고 있습니다. 이 구절을 읽는 순간 우리들은 온 우주가 시간적·공간적으로 상즉·상입하는 화엄의 세계에 들어선 것 같은 느낌을 받게 됩니다. 우리는 한 떨기 작은 들꽃 속에서, 온 우주를 바라보고 온 우주의 향기를 맡으며 온 우주의 율동을 느낄 수 있습니다.

통일체적 세계 인식이 현대인에게는 낯설지만, 동아시아 전통 사

83) W. Blake, 김종철 옮김, 『天國과 地獄의 結婚』(민음사, 1974), p. 83.

상에는 통일체적 사유가 풍부하게 내장되어 있습니다. '천인합일(天人合一)', '물아일여(物我一如)', '만물일체(萬物一體)', '심신일여(心身一如)', '내외합일(內外合一)', '표리일체(表裏一體)', '체용불리(體用不離)', '자타불이(自他不二)', '자타일여(自他一如)', '일즉전 전즉일(一卽全 全卽一)', '일즉다 다즉일(一卽多 多卽一)', '인즉천(人卽天)' 등의 말들은 모두 통일체적 세계상을 표현하는 용어들입니다.

『화엄경』에 나오는 제석천(帝釋天)의 인드라망(因陀羅網)에 대한 비유는 통일체적 세계상을 잘 드러냅니다. 인드라망의 모습은 "마치 여러 거울이 서로 비추어 여러 거울의 그림자가 한 거울 가운데 나타나고, 이와 같은 그림자 가운데 다시 여러 그림자를 나타내며, 낱낱의 그림자 가운데 다시 여러 그림자를 나타냄과 같으니, 곧 겹치고 겹치어 그림자를 나타내 그 다함없고 거듭 다함없음을 이룸"[84]인 것입니다.

R. W. 에머슨(Ralph Waldo Emerson, 1803-1882)의 다음 말에도 통일체적 세계상이 분명하게 나타나 있습니다.

> 우주는 한 원자 속에도, 시간의 한 순간 속에도 표시될 수 있습니다.[85]

아래 인용하는 『화엄경(華嚴經)』의 한 구절은 에머슨의 윗글과 완전히 동일한 관점을 제시하고 있습니다.

> 낱낱의 그 몸속에
> 모든 세계 용납하고
> 또 한 찰나 가운데

84) 대한불교조계종교육원편, 『화엄종관행문』(조계종출판사, 2001), 「3장 華嚴一乘十玄門」, pp. 272-273.
85) R. W. Emerson, 이창배 옮김, 『에머슨 隨想錄』(서문당, 1973), p. 221.

세 세상을 다 보이네[86)]

통일체적 세계상의 특징을 요약한다면 다음과 같이 정리할 수 있습니다.

- 우주만물은 공간적·시간적으로 연결되어 있습니다.
- 아주 미세한 입자에도 우주적인 공간이 내재해 있으며, 아주 짧은 순간에도 영원한 시간이 내재해 있습니다.
- 나는 너 속으로 너는 나 속으로, 현재는 과거 속으로 과거는 미래 속으로 자유롭게 드나들 수 있습니다.
- 우주가 작은 입자 속으로 들어간다고 해도 작은 입자는 자신의 독자성을 상실하지 않으며, 영원이 짧은 시간 속으로 들어간다고 해도 짧은 시간은 자신의 독자성을 잃지 않습니다.
- 우주만물은 절대적으로 평등합니다.

통일체적 세계상이 갖고 있는 이런 각각의 특징을 나누어서 서술해보도록 하겠습니다.

1.1. 우주만물의 통일성

통일체적 세계상은 이 세상 모든 존재들의 시공간적인 통일성을 전제로 세계를 인식하고자 합니다. 즉, 통일체적 세계관의 관점에서 보면, 어떤 존재에도 우주적인 시간과 공간이 내재해 있으며, 모든 것은 하나입니다. 틱낫한(Thich Nhat Hanh) 스님은 "만일 당신이

86) 『한글대장경 華嚴經(六十卷本) 1』, 「盧舍那佛品 2」, p. 81.

시인이라면, 당신은 이 종이 안에 구름이 떠 있는 것을 분명히 볼 수 있을 것입니다."[87]라고 말했는데, 이 말 속에는 우주만물의 통일성이 잘 표현되어 있습니다. 한 장의 종이 안에는 구름뿐만 아니라 하늘, 햇빛, 비, 그리고 이 세상 모든 것이 들어있습니다. 무한한 공간과 영원한 시간을 담고 있는 한 장의 종이, 그것이 바로 통일체적 세계관의 관점에서 바라본 이 종이의 진정한 모습입니다.

이와 같이, 통일체적 세계관에서는 '주체와 객체', '인간과 자연'의 상호 통일을 기본 전제로 하여 세계를 인식하려 합니다.[88] 통일체적 세계관의 관점에서 보았을 때, 우주만물은 서로 상즉(相卽; mutual identity) · 상입(相入; mutual penetration)하여 통일체적 존재 양식을 취하고 있습니다. 이 세상 어떤 것도 분리된 실체로 존재하지 않습니다. 모든 것은 서로 연관되어 있을 뿐만 아니라 궁극적으로 하나입니다. '부분은 전체를 포함하고 있으며, 부분과 전체는 하나'라고 하는 우주만물의 통일성에 대한 가정은 통일체적 세계 인식의 핵심적인 특징이며, 현대 세계관과의 중요한 차이점입니다.

현대인은 '모든 존재들 간의 근원적인 분리'라는 관념에 워낙 익숙해 있어서, 모든 존재의 통일성을 이해하는 것이 쉽지 않습니다. 최근 유행하고 있는 유전자 복제를 생각해보면, 우주만물의 통일성의 의미를 이해하는데 도움이 될 것 같습니다. 생명체 안에는 수많은 세포가 있습니다. 각각의 세포는 전체 몸에 대한 유전 정보를 갖고 있습니다. 그래서 하나의 세포를 배양하면 전체 생명체와 똑같은 모습의 복제가 가능합니다. 이런 식으로 생명체를 바라보는 유전 공학자의 관점은 통일체적 세계관의 관점과 유사합니다. 생명체 속의 수많은 세포들은 인드라망에 달려있는 수많은 구슬들처럼, 서로가 서로를 비추며, 하나하

---

87) N. H. Thich, *Being Peace,* Berkeley, California: Parallax Press, 1987, p. 46.
88) 蒙培元, 『中國哲學主體思惟』(北京: 東方出版社, 1993), p. 1 참조.

나의 세포가 전체 생명체를 포함하는 구조를 갖고 있습니다.

역사적으로 볼 때, 개체와 전체를 바라보는 통일체적 관점을 가장 정교하게 발달시킨 것은 화엄 사상입니다. 화엄 사상가들은 일즉다(一卽多) 다즉일(多卽一), 일중다(一中多) 다중일(多中一)의 논리 구조를 갖고서, 우주만물의 근원적인 통일성을 서술합니다.

의상(義湘)은 『화엄일승법계도(華嚴一乘法界圖)』에서 개체와 전체의 통일성을 다음과 같이 표현했습니다.

> 일(一) 가운데 일체(一切)가 있고 다(多) 가운데 일(一)이 있으며
> 一中一切多中一
> 일(一)이 곧 일체(一切)요 다(多)가 곧 일(一)입니다.
> 一卽一切多卽一
> 한 티끌 속에 시방(十方)을 포함하고
> 一微塵中含十方
> 일체(一切) 티끌 중에도 이와 같습니다.
> 一切塵中亦如是[89]

위의 구절에서 볼 수 있듯이, 화엄 사상의 통일체적 세계관은 상즉(相卽) 사상에 잘 나타납니다.[90] 상즉이란 '색즉시공(色卽是空) 공즉시색(空卽是色)', '일즉다(一卽多) 다즉일(多卽一)', '일즉일체(一卽一切) 일체즉일(一切卽一)'이라고 말할 때와 같이, 외견상 상이한 범주들 간의 통일성을 지시하는 개념입니다.

상즉 사상의 한 가지 표현인 '일즉다 다즉일'의 사유 체계에는, 통일체적 세계관에서 말하는 개체와 전체의 통일성에 대한 관념이 담겨 있습니다. 화엄 사상 관련 서적을 읽으면, '일이 일체이며 일체가

89) 김해주, 『義湘華嚴思想史硏究』(민족사, 1993), p. 122.
90) G. C. C. Chang, 이찬수 옮김, 『華嚴哲學』(경서원, 1998), p. 219 참조.

일이다[一卽一切 一切卽一].'라는 구절이 빈번하게 등장합니다. '일즉다'란 '일이 다를 포함하고 있고, 다가 일을 포함하고 있어서' 지금 바로 이 순간에 있어 '일이 곧 다요, 다가 곧 일임'을 주장합니다. 법장(法藏, 643-712)은 "하나가 일체에 즉하고 일체가 하나에 즉하여 완전무결하게 융합되어 자유자재하며 걸림이 없다."라고 말했습니다.[91]

두순(杜順, 557-640)의 「화엄법계관문(華嚴法界觀門)」에서는 물결의 비유를 들어 모든 존재들의 통일성을 다음과 같이 말했습니다. "이는 온전히 한 큰 바다가 한 물결 가운데 있으나 바다가 줄어들지 않음과 같으며, 저 한 작은 물결이 큰 바다를 두르되 물결이 커지지 않음과 같다."[92]

『화엄경』「보현보살행품(普賢菩薩行品)」에서는 '개체와 전체'의 통일성을 다음과 같이 표현하고 있습니다.

> 일체 세계를 한 털구멍에 들이고 한 털구멍에서 불가사의한 세계를 내며, 일체 중생의 몸을 다 한 몸에 들이고 한 몸에서 한량없는 몸을 내며, 말할 수 없는 겁을 다 한 찰나에 들이고 한 찰나를 말할 수 없는 겁에 들게 하며, 일체의 불법을 다 한 법에 들이고 한 법을 일체의 불법에 들게 하며, 일체의 받아들임을 한 받아들임에 들이고 한 받아들임을 일체의 받아들임에 들게 하며, 일체의 감관을 한 감관에 들이고 한 감관을 일체의 감관에 들게 하며, 일체의 감관을 감관 아닌 법에 들이고 감관 아닌 법을 일체의 감관에 들이며, 일체의 모양을 다 한 모양에 들이고 한 모양을 일체의 모양에 들이며, 일체의 말을 한 말에 들이고 한 말을 일체의 말에 들이며, 일체 삼세(三世)를 다 한 세상에 들이고 한 세상을 일체의 삼세에 들이는 것 등이다.[93]

『화엄경(華嚴經)』에는 개체와 전체의 통일성을 가리키는 구절들이

---

91) 法藏, 김무득 옮김, 『華嚴學體系(華嚴五敎章)』(우리출판사, 1998), p. 374.
92) 대한불교조계종교육원편, 앞의 책, p. 170.
93) 『한글대장경 華嚴經(六十卷本) 2』, 「普賢菩薩行品」, pp. 209-210.

많습니다. 아래 인용한 것은 이 중의 일부입니다.

이 말할 수 없는 세계의 티끌 수 같은 향수해 가운데 말할 수 없는 세계 티끌 수의 세계종(世界種)이 있고, 낱낱 세계종(世界種)에는 말할 수 없는 세계의 티끌 수 같은 세계가 있느니라.[94]

세 세상이 한량없는 그 겁 동안에
이뤄지고 무너지는 갖가지 모양
한 털 구멍에서 모두 나타내나니
이것이 깨끗한 최상의 지혜이네.[95]

한 털 속에 모든 세계 다 수용하고[96]

낱낱의 티끌 같은 그 갈래에서
일체 모든 세계를 다 나타내네.[97]

하나하나의 그 티끌 속에서
시방의 모든 국토 두루 보았네.[98]

하나하나 티끌 속에
나타나는 모든 세계[99]

한 티끌 속에 있는 많은 세계들[100]

하나 가운데 한량없는 것 알고
한량없는 것 가운데서 하나를 알아

94) 『한글대장경 華嚴經(八十卷本) 1』, 「華藏世界品 1」, p. 162.
95) 『한글대장경 華嚴經(八十卷本) 1』, 「世間淨眼品」, p. 39.
96) 『한글대장경 華嚴經(八十卷本) 1』, 「盧舍那佛品 2」, p. 70.
97) 『한글대장경 華嚴經(八十卷本) 1』, 「盧舍那佛品 2」, p. 74.
98) 『한글대장경 華嚴經(六十卷本) 2』, 「入法界品 9」, p. 629.
99) 『한글대장경 華嚴經(六十卷本) 2』, 「入法界品 9」, p. 85.
100) 『한글대장경 華嚴經(六十卷本) 2』, 「賢首菩薩品 1」, p. 190.

그것들이 서로 서로 내는 줄 알면
지혜로운 그 사람 공포 없으리.[101]

낱낱의 작은 그 티끌 속에
한량이 없는 부처 세계 있나니
하나 속에서 무량을 알고
무량 속에서 하나를 아네.[102]

『화엄경』에서 미세한 것과 거대한 것의 상입을 말하는 구절이 많이 있습니다. 아래 인용한 것은 이 중의 일부입니다.

한 국토가 시방에 차기도 하고
시방 세계 한 국토에 들기도 하나[103]

한 몸으로 한량없는 몸이 되다가
한량없는 몸이 다시 한 몸 되나니[104]

한 털 끝에 한량없는 세계 있어도
그 안이 조금도 비좁지 않고
미세한 그 털끝이 커지지도 않지만
두루 넓은 부처 세계 다 용납하네.[105]

저 세계의 하나하나 티끌 가운데
시방 세계 국토들이 모두 들도다.[106]

---

101) 『한글대장경 華嚴經(六十卷本) 2』, 「如來光明覺品」, p. 132.
102) 『한글대장경 華嚴經(六十卷本) 2』, 「普賢菩薩行品」, pp. 214-215.
103) 『한글대장경 華嚴經(六十卷本) 1』, 「盧舍那佛品 3」, p. 101.
104) 『한글대장경 華嚴經(六十卷本) 1』, 「如來光明覺品」, p. 139.
105) 『한글대장경 華嚴經(六十卷本) 1』, 「心王菩薩問阿僧祇品」, p. 147.
106) 『한글대장경 華嚴經(八十卷本) 1』, 「華藏世界品 1」, p. 155.

우주만물의 통일성에 대한 관념은 도가 사상과 유가 사상에서도 풍부하게 찾아볼 수 있습니다. 『노자(老子)』와 『장자(莊子)』를 중심으로 하는 도가 사상에는 만물일체(萬物一體) 사상이 내장되어 있습니다. 도가 사상가들은 인간과 자연의 통일성을 강조했습니다. 모든 존재는 도(道)의 관점에서 보면 하나입니다. 인간은 자신의 육체적인 한계를 벗어나서 자연과 교감을 나누며, 우주와 일체가 됩니다.

『장자』에 나오는 다음 구절들은 도가 사상에 내장되어 있는 만물일체 사상을 잘 보여줍니다.

참된 도의 입장에서는 다 같이 하나가 된다.[107]

천지는 나와 함께 태어났으며, 만물은 나와 일체가 된다.[108]

천지도 하나의 손가락이고 만물도 한 마리의 말이다.[109]

고요한 하늘과 하나가 되는 경지에 든다.[110]

장자(莊子, B.C. 362-286)의 만물일체 사상은 『노자』에도 본체계와 현상계의 신비한 합일을 뜻하는 현동(玄同)이란 형태로 이미 등장했습니다. 도가의 만물일체 사상은 불교와 신유학을 포함하여 후대 동아시아 사상에 폭넓은 영향을 미쳤습니다. 이런 의미에서 도가의 만물일체 사상은 우주만물의 통일성을 강조하는 동아시아 전통 사상의 근원이 되고 있습니다. 훗날 석두(石頭) 희천(希遷, 700-790)은 장자 사상의 영향을 받아서 다음과 같이 말했습니다.

---

107) 『莊子』, 「齊物論」, "道通爲一"
108) 『莊子』, 「齊物論」, "天地與我竝生 而萬物與我爲一"
109) 『莊子』, 「齊物論」, "天地一指也 萬物一馬也"
110) 『莊子』, 「大宗師」, "乃入於寥天一"

천지와 나는 같은 뿌리에서 나왔고, 모든 만물은 나와 하나이다.[111]

송대 신유가의 한 사람인 장재(張載, 1020-1077)도 '만물은 한 몸'이라는 만물일체(萬物一體) 사상을 발전시켰는데, 이는 모든 존재들 간의 근원적인 통일성에 대한 주장을 담고 있습니다. 노사광(勞思光)은 장재의 주저인 「서명(西銘)」의 요지는 "만물은 한 몸이라는 것[萬物一體]과, '이치'는 하나인데 나뉘어 다르게 되었다[理一分殊]는 뜻을 논한 것"[112]이라고 했습니다.

만물일체 사상은, 「서명」에 나오는 아래의 구절들에 명료하게 나타납니다.

건은 (하늘로서) 아버지라 부르고 곤은 (땅으로서) 어머니라고 부른다. 나는 여기서 아득하게 작지만 하늘·땅과 한데 섞여져서 그 가운데 있다. 하늘과 땅의 가득 찬 것은 나의 몸이고, 하늘과 땅을 이끌고 가는 것은 나의 본성이다. (사람이나 사물은 만유의 기가 모여서 이루어진 것으로) 사람들은 모두 한 뱃속의 형제와 같고, 모든 만물은 나와 함께 있는 (친구인) 것이다.[113]

천하를 보건대 어떠한 사물도 자기가 아님이 없다.[114]

「서명」은 부모 자식 간의 사랑을 전 우주적인 범위까지 확대한

---

111) 吳經熊, 류시화 옮김, 『禪의 황금시대』(경서원, 1986), pp. 247-248에서 재인용, "天地與我同根 萬物與我爲一"

112) 勞思光, 정인재 옮김, 『中國哲學史』(탐구당, 1987), p. 205.

113) 『張子全書 1』, 「西銘」, "乾稱父 坤稱母 豫玆藐焉 乃混然中處 天地之塞吾其體 天地之師吾其性 民吾同胞 爲吾與也" 장윤수, 『정주철학원론』(이론과 실천, 1992), p. 159의 번역 참조.

114) 『張子全書 1』, 「西銘」, "視天下無一物非我" 장윤수, 『정주철학원론』(이론과 실천, 1992), p. 159의 번역 참조.

것입니다. 공자(孔子)와 맹자(孟子)에서 시작된 '인(仁)' 사상은 부모에서 이웃과 인류에 대한 사랑으로 넓혀져 갔습니다. 이것은 마침내 송대(宋代)에 이르러 천지가 만물을 낳는 마음으로 환원되고, 인간과 만물이 일체가 되는 경지로 차원의 전환을 이루었습니다.[115] 나와 세계의 통일성에 대한 사상이 확충되고 체계화된 것입니다.

통일체적 세계관에서 말하는 모든 존재들 간의 통일성은 시간적인 측면에서도 작용합니다. 순간과 영원은 상즉·상입하면서 통일체적 존재 양식을 취합니다. 통일체적 세계관은 '시간을 초월하여 모든 존재들은 하나'라고 하는 우주만물 간의 근원적인 통일성을 가정합니다. 과거·현재·미래 간의 시간적인 통일성을 기본 전제로 하고서, 나와 세계를 이해하고자 합니다.

의상(義湘)의 『화엄일승법계도(華嚴一乘法界圖)』[116]의 다음 구절은 통일체적 세계에서의 시간적인 통일성을 잘 표현하고 있습니다.

무량한 먼 겁이 곧 일념이요,	無量遠劫卽一念
일념이 곧 무량겁이다.	一念卽是無量劫

이렇듯, 한 순간 속에 영원한 시간이 들어있다는 것이 통일체적 세계관의 시간관입니다. 각각의 순간은 영원과 맞닿아 있으며, 영원을 포함하고 있습니다. 순간과 영원은 하나입니다.

『화엄경』에도 순간이 영원을 포함하고 있다는 통일체적 시간관이 많이 표현되어 있습니다.

---

115) 곽신환, 「周易에서의 大德과 萬物一體論」, 『동서철학의 제 문제』(허원선생·이경선생화갑기념논문집, 1996), p. 17 참조.

116) 김해주, 『義湘華嚴思想史硏究』(민족사, 1993), p. 122.

한량없고 수없는 그 많은 겁을
한 생각 가운데서 다 관찰할 때
온 것도 없거니와 간 것도 없고
현재에도 또한 머물러 있지 않네.117)

세 세상의 한량없는
그 동안에 하시던 일
찰나 찰나 그 사이에
남김없이 다 보시네.118)

한 찰나 사이에 말할 수 없는
모든 겁의 바다에 두루 들어가119)

지난 세상 오는 세상 지금 세상의
시방에 벌려 있는 모든 세계들
한량없는 겁 동안의 깨끗한 장엄
낱낱 부처 세계에 다 나타나네.120)

세 세상의 부처님과
그 일체의 불국토를
한 세계의 가운데서
그 모든 것 볼 수 있네.121)

과거가 바로 그 미래요
미래가 바로 그 과거요
현재가 바로 과거요 미래거니
보살은 그것 모두 환히 아네.122)

---

117) 『한글대장경 華嚴經(六十卷本) 1』, 「如來光明覺品」, p. 147.
118) 『한글대장경 華嚴經(六十卷本) 1』, 「世間淨眼品 2」, p. 57.
119) 『한글대장경 華嚴經(六十卷本) 3』, 「入法界品 15」, p. 150.
120) 『한글대장경 華嚴經(六十卷本) 1』, 「盧舍那佛品 2」, p. 87.
121) 『한글대장경 華嚴經(六十卷本) 1』, 「盧舍那佛品 3」, p. 108.

틱낫한 스님은 또한 순간과 영원의 통일성에 관해 다음과 같이 말했습니다.

> 우리들이 현재의 이 순간과 깊이 있게 접촉하였을 때, 우리들은 모든 우리의 조상들과 모든 미래의 후손들이 우리들 안에 현존하고 있음을 볼 수 있습니다.[123]

지금의 나 속에는 나의 아버지와 어머니가 살고 있고, 나의 할아버지와 할머니가 살고 있으며, 수십 억 년 전의 나의 조상인 아메바와 같은 단세포 생물을 포함해서 모든 나의 조상들이 살고 있습니다. 또한 나 속에는 나의 자식과 자식의 자식, 그리고 수 억 년 후의 나의 후손들이 살고 있습니다. 나는 이들 모두이고, 이들 모두는 나이며, 나와 이들 모두는 하나입니다. 통일체적 세계관에서 볼 때, 한 순간은 영원을 담고 있는 것입니다.

틱낫한 스님의 시 「종이 한 장」은 모든 존재들이 시간적으로 상즉·상입하는 통일체적 세계를 아름답게 표현하고 있습니다.

> 옴도 감도 없고
> 나중도 먼저도 없다
> 나는 그대를 꼬옥 붙잡았다가
> 자유롭게 놓아드립니다
> 나는 그대 안에 있고 그대는 내 안에 있습니다[124]

---

122) 『한글대장경 華嚴經(六十卷本) 2』, 「普賢菩薩品」, p. 225.

123) N. H. Thich, *Present Moment Wonderful Moment,* California: Parallax Press, 1990, p. 13.

124) N. H. Thich, 허문명 옮김, 『죽음도 없이 두려움도 없이』(나무심는 사람, 2003), pp. 117-118.

1.2. 독자적인 개체들 간의 어울림

통일체적 세계관에서 볼 때, 시간과 공간을 넘어서 우주만물은 하나입니다. 하지만, 이런 통일성에 대한 강조가 개체의 개성과 자유에 대한 억압으로 이어지는 것은 아닙니다. 오히려, 통일체적 세계관은 개체의 독자성과 자율성을 강조하며, 개체의 독자성과 자율성의 바탕 위에서만 진정한 통일이 이루어질 수 있음을 말합니다.

개인의 자유, 자율성, 개성 등은 현대사회가 어렵게 성취한 것입니다. 이런 현대적인 성취는 통일체적 세계를 이루어가는 한 가지 초석입니다. 통일체적 세계관은 개체들 간의 분리를 극복하고자 한다는 점에서 현대 세계관을 극복의 대상으로 삼지만, 개체성을 존중한다는 측면에서는 현대 세계관을 계승합니다.

이 책이 통일체적 세계관을 구성하는데 있어서, 중요한 전거로 삼고 있는 것은 동아시아 전통 사상입니다. 그런데 동아시아 전통 사상은 전현대 사회에서 발전한 것입니다. 따라서, 동아시아 전통 사상에는 개인의 개체성에 대한 인식이 미발달되어 있는 경우가 많습니다. 인간은 빈번하게 그가 속한 집단으로부터 미분화된 존재로 인식됩니다. 그러므로 동아시아 전통 사상으로부터 통일체적 세계관을 구성하는데 있어서, 이 점을 유의해야 하고 또한 보완해야 합니다.

그러나 비록 동아시아 전통 사상에 집단 중심적인 관점이 많이 섞여 있다고 하더라도, 통일체적 세계관은 그 원리상 개체의 특수성과 독자성을 전제하기 때문에, 개체의 독자성을 강조하는 부분이 내포되어 있다는 사실도 주목해야 합니다. 이 책에서는 그런 부분들을 참고하면서, 개체의 독자성을 강조하는 통일체적 세계관의 특징을 서술하도록 하겠습니다.

우주만물의 '통일성'이란 개념은 집단 중심적인 관점에서 말하는 모든 존재들의 '일체성'이란 개념과 외관상 유사해 보입니다. 그러나 '통일성'과 '일체성'은 근본적으로 다릅니다. 양자 간의 차이를 명백하게 인식하는 것은 통일체적 세계관을 올바르게 인식하는데 있어서 중요합니다.

집단 중심적인 관점에서 '일체성'을 말할 때, 집단 구성원들 각자가 갖고 있는 개별자로서의 독자성은 인정되지 않습니다. '일체성'이란 전체만을 중시하는 가운데, 개체의 개성이 인정되지 않은 획일화된 '동(同)'의 상태를 가리킵니다. 예를 들어서, 똑같은 군복을 입고서, 똑같은 걸음으로 행진하는 군대의 모습을 상상해보십시오. 그것이 바로 획일화된 '동'의 상태로 '일체성'이 확보된 모습입니다.

그러므로 집단 중심적인 관점에서 말하는 '일체성'은 개체성에 대한 억압과 부정을 반드시 수반합니다. 일체성을 중시하는 집단 중심적인 관점에서, 전체를 구성하고 있는 각각의 구성원은 개별자로서의 독자성을 갖지 못합니다. 개인은 오직 집단에 종속되었을 때만 자신의 존재 의미를 찾을 수 있습니다. 집단 중심적인 관점에서, 전체가 하나 되기 위해서는 개체가 갖는 특성은 소멸되어야만 합니다.

이에 반해서, 통일체적 세계관에서는 각각의 개인이 자신만의 색깔과 향기를 갖고 있는 독자적인 존재라고 간주하며, 이를 존중합니다. 통일체적 관점에서 말하는 '통일성'의 구현은 전체를 구성하고 있는 개체가 갖고 있는 자유와 개성 그리고 자율성의 실현에 바탕을 둡니다. '통일성'이란 각각의 개체가 자신의 개성을 실현하는 가운데, 다양한 것들 간의 어울림이 이루어진 '화(和)'의 상태입니다. 통일체적 세계란 획일성이 강조되는 '동'의 세계가 아니라 서로 다른 것들 간의 어울림이 강조되는 '화'의 세계인 것입니다.125)

125) 바로 이런 이유에서 공자는 『論語』, 「子路篇」에서 "君子和而不同 小人同而不和"라고 말했습니다.

그러므로 통일체적 관점에서 말하는 '통일성'에 이르기 위해서는, 개체성에 대한 존중과 개성 실현이 반드시 전제되어야 합니다. 모든 것들이 하나 되기 위해서는, 각각의 개체가 갖고 있는 고유한 특성이 실현되어야 하는 것입니다.

통일체적 세계관에는 집단 중심적인 관점[126]이 중시하는 '전체의 일체성'이라는 관념과 개인 중심적인 관점이 중시하는 '개체의 독자성과 자율성'이라고 하는 관념이 모두 포함되어 있습니다. 하지만 '통일성'이란 전체의 '일체성'이나 개체의 '독자성' 중에서 그 어느 하나와 동일한 개념은 아닙니다.

'통일성'이란, 모든 존재들 간의 분리를 전제하는 가운데 개체의 '독자성'만을 인정하는 '독자성'과 의미가 다른 만큼이나, 각 개체의 '독자성'을 인정하지 않는 가운데 전체의 '일체성'만을 인정하는 '일체성'과도 의미가 다릅니다.

이와 같이 통일체적 세계관의 관점에서 볼 때, 전체 세계의 통일성과 부분이 갖고 있는 개성은 서로 모순되지 않습니다. 뿐만 아니라, 전체를 이루고 있는 각각의 부분은 자신이 갖고 있는 개성을 지키고 실현해 나가는 과정에서 전체의 조화에 참여하게 됩니다. 융이 '참된 자기'를 실현해 가는 과정을 '개성화[individuation] 과정'이라고 명명한 것도 이와 같은 맥락에서 이해할 수 있습니다.

다만 여기에서, 통일체적 세계관에서 말하는 개체의 개성과 개인 중심적인 관점에서 말하는 개체의 개성이 가리키는 바가 다른 것임을 잊지 말아야 합니다. 개인 중심적인 관점에서 말하는 개체의 개성이란 세계와 분리되고 단절된 개체가 갖고 있는 특수한 성질을 가리킵니다. 이에 반해서, 통일체적 세계관에서 말하는 개체의 개성이

126) 집단 중심적인 관점과 개인 중심적인 관점의 의미에 대해서는 홍승표의 『깨달음의 사회학』(예문서원, 2002), pp. 25-41을 참조하기 바람.

란 개체가 갖고 있는 고유한 특성이지만 그것은 시간과 공간을 넘어 우주만물과 연결되어 있고 궁극적으로는 하나인 것입니다.

엄군평(嚴君平, B.C. 88-A.D. 1-5?)의 저술인 『노자지귀(老子指歸)』에는 우주만물의 통일성에 대한 주장과 더불어 개체의 자유와 독자성에 대한 강조가 두드러집니다. 엄군평의 사상을 소개하면서, 원정근은 이렇게 말했습니다. "도가 철학은 존재하는 모든 것이 전체로서 유기적 통일성의 관계망을 형성하면서도 그 전체에 함몰되지 않고 개체적 독자성을 누리고 있다는 사실을 자명한 원리로 삼는 데서 출발한다."[127]

엄군평이 지향하는 이상 사회는 태평 사회입니다. 태평 사회란 모든 사람이 우주만물과 하나로 합치하는 상태에서 각자 자신의 자유를 실현할 수 있는 사회입니다.[128] 엄군평은 태평 사회의 기초로 '독(獨)'과 '현동(玄同)'을 제시했습니다. "'독'은 개인의 독자적 자유 상태를 말하고, '현동'은 사회의 공동체적 통일 상태를 말하며, 양자는 분리될 수 없는 하나의 관계로 통섭되어 있다."[129] 여기에서 그는 '독'을 '현동'의 전제로 삼고 있습니다.

엄군평은 개별자의 독자성과 우주만물의 통일성의 조화를 설명하기 위해, 인체를 예로 들고 있습니다. 인체는 사지와 다양한 장기로 구성되어 있습니다. 각 기관이 갖고 있는 특성과 수행하는 기능은 서로 다릅니다. 몸의 여러 가지 기관은 자신의 독자성을 실현하는 동시에 전체의 통일성에 기여합니다. 이 둘은 다른 것이 아닙니다.[130]

---

127) 원정근, 『도가철학의 사유방식』(법인문화사, 1997), p. 42.
128) 같은 책, p. 59 참조.
129) 같은 책, 같은 곳.
130) 嚴遵, 『老子持歸』(中華書局, 1994), p. 34, "四支九竅 趨務舛馳 異能殊形 皆元一心"

화엄 사상에서도 개체의 독자성에 대한 강조를 찾아볼 수 있습니다. 만물이 상즉·상입한다고 했을 때, 상즉이나 상입하는 개체의 특성이 사라진다는 것은 결코 아닙니다. 각 존재는 자신만의 개성을 잃지 않을 뿐만 아니라, 바로 그 개성이 상즉과 상입을 위한 전제가 됩니다. 그러므로 일(一)과 다(多)는 서로를 받아들이고 있으면서도 같은 것은 아니라고 하는 '일다상용부동(一多相容不同)'[131]이 성립되는 것입니다. "일 속에 다를 갖추고 있다고 하더라도 또한 일은 바로 그 다가 아닐 따름이다."[132] 바로 이점에서 화엄 사상은 통일체적 세계관의 특징을 구비하고 있습니다. 화엄의 다즉일(多卽一)은 개체성을 인정하지 않는 전체주의 철학과는 근본적으로 다른 것입니다.

『화엄오교장(華嚴五敎章)』에서는 집을 짓는 것을 예로 들어서, 전체를 구성하고 있는 개체들 간의 차이와 전체가 이루어지는 것이 하나임을 설명합니다. 서까래와 기와가 각각 갖고 있는 개체성을 상실하고 모두 같은 것[同]이 되어 버린다면, 집은 이루어질 수 없습니다. 서까래와 기와의 다름이 집이 이루어질 수 있는 전제가 되는 것입니다. 서까래와 기와는 각각이 자신의 개성을 갖고 있는 개체이지만, 둘 다가 집을 구성하는 부분이라는 점과 집을 이루려는 뜻에서는 동일한 것입니다. 집의 구성 요소와 집 간의 관계에 대한 이와 같은 비유는 통일체적 관점에서 개체와 전체 간의 관계를 바라볼 수 있는 시각을 제공해 줍니다.

---

131) 일다상용부동문(一多相容不同門)은 화엄사상 「십현문(十玄門)」의 하나입니다.

132) 法藏, 앞의 책, p. 398.

1.3. 도(道)의 편재성

통일체적 세계관의 관점에서 보면, 모든 존재에는 도가 편재해 있습니다. 장자(莊子)와 동곽자(東郭子)가 주고받은 아래 문답은 도(道)의 편재성에 대한 통일체적 세계관의 관점을 잘 보여줍니다.

> 동곽자: 소위 도란 어디에 있습니까?
> 장자: 없는 곳이 없소.
> 동곽자: 분명히 가르쳐 주십시오.
> 장자: 땅강아지나 개미에게 있소.
> 동곽자: 어째서 그렇게 낮은 곳에 있습니까?
> 장자: 강아지풀이나 피에 있소.
> 동곽자: 어째서 그렇게 점점 더 낮아집니까?
> 장자: 기와나 벽돌에 있소.
> 동곽자: 어째서 그렇게 차츰 더 심하게 내려갑니까?
> 장자: 똥이나 오줌에 있소.
> 동곽자는 (그만 말문이 막혀) 아무 대꾸도 하지 않았다.[133]

장자가 조금 더 친절하게 대답했다면, '도는 땅강아지에도 개미에도, 강아지풀이나 피에도, 기와나 벽돌에도 그리고 똥이나 오줌에도 흐르고 있다.'라고 말했을 것입니다. 이로부터 천년의 세월이 흐른 후, 당나라 선사였던 조주(趙州) 종심(從諗, 778-897)은 같은 의미의 질문을 던지는 승려에게 장자와 똑같이 대답했습니다. "뜰 앞의 잣나무이다."[134] 질문을 받는 순간, 그의 눈에 뜰 앞의 잣나무가 들어

---

133) 『莊子』, 「知北遊」, "東郭子問於莊子曰 所謂道惡乎在 莊子曰 無所不在 東郭子曰 期而後可 莊子曰 在螻蟻 曰 何其下邪 曰 在稊稗 曰 何其愈下邪 曰 在瓦甓 曰 何其愈甚邪 曰 在屎溺 東郭子不應" 『장자莊子』의 번역을 위해 안동림이 역주를 단 『莊子』(현암사, 1993)를 참조함.

134) 吳經熊, 앞의 책, p. 141.

왔었을 것입니다.

통일체적 세계관의 관점에서 볼 때, 대우주의 도(道)는 모든 것에 편재해 있습니다. 신유가의 리(理)·도가의 도(道)·불가의 불성(佛性) 등은 모든 사물 속에 내재해 있는 것입니다. 사람이나, 동물, 식물, 그리고 원자에서 대우주에 이르기까지, 모든 존재는 우주적인 도(道)가 여러 가지 형태로 나타난 것입니다.[135]

도가 사상에는 도의 편재성에 대한 관념이 풍부하게 내장되어 있습니다. 도는 모든 곳에 편재한다는 생각을 노자는 이렇게 표현했습니다. "대도가 넘쳐남이여! 그 좌우로 넘치는구나."[136] 도는 흘러 넘쳐서 이르지 않는 곳이 없다는 말입니다. 이 세계의 모든 존재들은 우주적 대생명과 하나하나 관련되어 있습니다.[137] 그러므로 아무리 미물이더라도 모든 존재에는 대우주의 도가 흐르고 있습니다. '도는 어디에나 없는 곳이 없는'[138] 것입니다.

이와 같이, 도는 모든 곳에 편재해 있기 때문에, 삶에서 마주치는 어떤 경험을 통해서나 도를 깨달을 수 있습니다. 『장자』에서 포정(庖丁)이 소를 잡는 과정에서 도를 깨닫는 일화나 바퀴 만드는 장인이 작업 과정을 통해서 도를 깨닫는 것은 그 하나의 예입니다. 그러므로 우리가 인생에서 '무엇과 만나는가'가 아니라 그것과 '어떻게 만나는가' 하는 것이 중요한 것입니다.

불가 사상에도 도의 편재성에 대한 관념이 존재합니다. 틱낫한 스님은 다음과 같이 말합니다. "모든 것이 법을 설하고 있습니다. 조약돌 하나하나, 나뭇잎 하나하나, 그리고 꽃들이 『묘법연화경(妙法蓮華

135) J. S. Bolen, 이은봉 옮김, 『道와 人間心理』(집문당, 1994), pp. 12-13 참조.
136) 『老子』, 34장, "大道氾兮 其可左右" 왕필(王弼, 226-249)은 이 구절을 주석하기를 "도는 흘러 넘쳐서 가지 않는 곳이 없다."라고 했습니다.
137) 陳鼓應, 최진석 옮김, 『老莊新論』(소나무, 1997), p. 293 참조.
138) 『莊子』, 「齊物論」, "道惡乎往而不存"

經)』을 설법하고 있습니다."[139] 동산(洞山, 807-869)이 강을 건너다 읊은 아래 게송도 도의 편재성에 대한 관념을 잘 보여줍니다.

나는 오늘 홀로 가다가　　　　我今獨自往
곳곳마다 그대를 만나게 되었네.　　處處得逢渠[140]

『화엄경』에도 불성의 편재성을 가리키는 구절들이 많이 등장합니다. 대표적인 게송을 인용하면 다음과 같습니다.

부처님 몸 온 법계에 두루 계시어
간 데마다 중생 앞에 나타나시며[141]

송대(宋代) 신유가의 대표자인 주희(朱熹)의 리일분수론(理一分殊論)은 도의 편재성이라고 하는 통일체적 세계상의 한 측면을 담고 있습니다. 리일분수란 통일체의 이치가 모든 사물에 나누어 부여되어 있는 것을 말합니다. 그러므로 세상 만물은 모두 '리(理)'를 내재하고 있습니다. 주희는 제자들과의 문답에서, '리'란 모든 곳에 편재해 있다고 말했습니다. '리'는 마치 커다란 호수에 담긴 물과 같은 것입니다. 그것이 하나의 국자에 떠지건, 커다란 통에 담기건, 작은 그릇에 채워지건, 이 모두가 같은 물이라는 사실에는 변함이 없습니다.[142]

---

139) N. H. Thich, *Being Peace,* Berkeley, California: Parallax Press, 1987, p. 26.

140) 이것은 동산의 「과수게過水偈」의 한 구절입니다. 장순용, 『禪이란 무엇인가-十牛圖의 사상』(세계사, 1991), p. 51에서 재인용.

141) 『한글대장경 華嚴經(六十卷本) 1』, 「盧舍那佛品 1」, p. 71.

142) 『朱子語類』, 「理氣上」, "如一海水 或取得一杓 或取得一擔 或取得一椀 都是這海水"

도의 편재성에 대한 관념은 동아시아 전통 사상뿐만 아니라, 기독교 신비주의 사상이나 아메리카 원주민들의 글을 통해서도 확인할 수 있습니다. 기독교 신비주의 사상가들은 이 세상 모든 존재에 신이 깃들어있다고 말합니다. 그러므로 모든 존재는 성스러운 것입니다. M. 에크하르트(Meister Eckhart, 1260-1327)는 이렇게 말했습니다. "우리가 성스러운 한, 그리고 내면에 신적 존재를 갖고 있는 한, 우리는 우리가 하는 모든 일들 곧 먹고 자고 철야하는 일과 그 외의 모든 일들을 성스럽게 하는 것이다."[143] 이 말은 당나라 선사 마조(馬祖) 도일(道一, 709-788)의 제자 방온거사(龐蘊居士)가 읊었던 "내 마음 공부는 물 긷고 땔나무 줍는 일이로다."[144]와 상통하는 말입니다.

아메리카 원주민 수콰미쉬 족과 두와미쉬 족의 추장이었던 시애틀의 다음 말은 모든 존재가 신성하다고 생각했던 고대인의 의식세계를 잘 보여줍니다. "햇살 속에 반짝이는 소나무들, 모래사장, 검은 숲에 걸려있는 안개, 눈길 닿는 모든 곳, 잉잉대는 꿀벌 한 마리까지도 우리의 기억과 가슴속에서는 모두가 신성한 것들이다."[145]

1.4. 일체만물의 평등관

일체만물의 통일성과 도의 편재성에 대한 사상은 필연적으로 일체만물의 절대 평등사상으로 이어집니다. 통일체적 세계관의 관점에서 볼 때, 나와 너를 포함해서 우주만물은 영원한 대우주의 도를 내재하고 있습니다. 그러므로 인간을 포함해서 모든 사물들은 절대적으

143) M. Eckhart, 이민재 옮김, 『마이스터 에크하르트 1』(다산글방, 1994), p. 37.
144) 吳經熊, 앞의 책, p. 91.
145) 류시화, 『나는 왜 너가 아니고 나인가』(김영사, 2003), p. 17.

로 평등하며 존귀한 것입니다. 이것이 바로 장자가 말하는 '제물(齊物)의 세계'이며, 통일체적 세계의 모습입니다.

장자는 "만물은 한결 같이 평등하다."[146]라고 했습니다. 이 밖에도 장자는 우주만물의 절대적인 평등을 주창하는 많은 언명을 했습니다.

> 문둥병 환자와 미인 서시를 비교한다는 것은, 매우 괴이하고 야릇한 대조이지만 참된 도의 입장에서는 다 같이 하나가 된다.[147]

> 오직 도에 도달한 자는 모든 것이 하나임을 깨닫게 된다.[148]

현대사회에서 서로를 경계 짓는 권력・지위・돈・명예・외모・지식 같은 것들에 있어서의 차이란, 영원한 도의 관점에서 보았을 때 아무 것도 아닙니다. 이것은 어떤 차별의 근거도 될 수 없습니다. 높은 산이 낮은 땅 아래에 처하는 『주역』「겸괘(謙卦)」의 괘상은 바로 이런 절대 평등사상에 기반을 둔 것입니다.

2. 통일체적 인간관

통일체적 세계관의 관점에서 보았을 때, 인간이란 어떤 존재일까요? 인간은 아름다운 존재입니다. 무엇보다 놀라운 점은 인간은 통일체로서의 세계를 자각할 수 있는 능력을 갖고 있다는 점입니다. 이것은 인간이 부처가 될 수 있는 존재라는 것을 의미합니다. 통일

146) 『莊子』, 「秋水」, "萬物一齊"
147) 『莊子』, 「齊物論」, "厲與西施 恢恑憰怪 道通爲一"
148) 『莊子』, 「齊物論」, "唯達者知通爲一"

체적 세계관의 관점에서 볼 때, 이 세계는 통일체로서의 세계입니다. 하지만 통일체로서의 세계를 자각할 수 있는 지구상의 유일한 생명체는 인간입니다. 바로 이것이 통일체적 인간관에서 인간다움의 핵심적인 의미입니다.

통일체적 인간관의 관점에서 보았을 때, 인간의 발전 과정으로 3단계가 있고, 인간의 존재 차원으로 3차원이 있습니다. 그리고 양자의 내용은 동일합니다. 1단계 인간 존재는 에고가 발생하기 이전에 자연의 일부로서의 인간입니다. 2단계 인간 존재는 에고가 자신의 주인이 되는 자연에서 떨어져나가 소외된 존재로서의 인간입니다. 3단계 인간 존재는 셀프가 자신의 주인이 되어 자신과 세계의 통일성을 자각하고 사랑의 삶을 살아가는 존재로서의 인간입니다. 이 각각의 단계에 대해, 통일체적 인간관을 서술해보도록 하겠습니다.

2.1. 자연의 일부로서의 인간

수백만 년 인류 역사에서, 인류가 문명을 형성한 최근 1만 년 정도를 제외하면, 인간은 자연의 일부로 살았습니다. 또한 문명이 형성된 이후 오늘날에 이르기까지도, 자연의 일부로서의 인간은 인간 존재의 한 차원을 형성하고 있습니다. 특히 자궁 속의 아기나 에고가 생겨나기 이전 영아의 경우는 전적으로 자연의 일부로 생존합니다.

이런 인간의 존재 차원에 대한 통일체적 인간관의 관점은 어떤 것일까요? 통일체적 인간관의 관점에서 볼 때, 자연의 일부로서의 인간은 이 세상 다른 사물이나 생명체들과 마찬가지로 더 없이 존귀하며 경이로운 존재입니다. 신진대사, 화학적인 작용, 신경계의 반응, 근육의 작용, 호흡과 배설, 수면, 뇌의 작용 등 고등생명체로서의 인간의 내부에서 일어나는 모든 활동은 '경이롭다!'라는 말밖에 할 수 없을 정도입니다. 인간은 하나의 작은 우주입니다.

그러나 인간이 갖고 있는 이런 경이로움은 인간만의 것이 아니며, 우주 속의 모든 생명체들과 물질들이 공유하는 것입니다. 대우주 자체가 경이이며, 대우주 속을 떠다니는 먼지 하나조차도 경이로운 것입니다. 최근 물질의 미세한 영역을 탐구하는 입자 물리학자들은 먼지 하나 조차도 그 안에 경이로운 세계를 갖추고 있음을 입증하고 있습니다.

이 대우주 속의 모든 존재는 영원한 시간과 무한한 공간을 품고 있는 위대하며 경이로운 존재입니다. 자연의 일부로서의 인간 역시 다른 존재와 동일한 의미에서 위대하며 경이로운 존재입니다. 통일체적 세계관의 관점에서 볼 때, 내 안에는 까마득한 과거로부터 먼 미래에 이르기까지 우주적인 시간이 내재해 있습니다. 내 안에는 아주 작고 미세한 것에서부터 아주 크고 거대한 것에 이르기까지 우주적인 공간이 내재해 있습니다. 너 속에도 그리고 이 세상 어떤 존재에도 이런 우주적인 시간과 공간이 내재해 있습니다. 그러므로 인간은 다른 모든 존재와 마찬가지로 지극히 위대한 존재인 것입니다.

2.2. 에고로서의 인간

에고로서의 인간은 문명과 함께 출현했습니다. 에고로서의 인간은 현대문명에 이르러 전성기에 도달합니다. 에고로서의 인간 인식의 핵심은 자연이나 다른 집단과 분리된 개체로서의 자기 인식입니다. 에고의 발달은 인류 진화에 결정적인 한 단계라고 볼 수 있습니다. 하지만 통일체적 인간관의 관점에서 볼 때, 에고로서의 인간 인식은 소외된 것입니다. 에고로서의 인간 인식이 이루어질 때, 인간은 결코 존재의 불안으로부터 자유로울 수 없으며, 고통의 바다를 벗어날 수 없습니다.

에고의 측면에서 보면, 외모, 돈, 인기, 권력, 지위, 학력, 명예, 소유, 소비 등과 같은 에고의 성취는 자기 자신과 동일시될 만큼 대단한 것으로 인식됩니다. 그래서 에고는 이런 것들의 성취와 확장, 유지를 위해 진력하는 삶을 살아갑니다. 하지만 통일체적 인간관의 관점에서 보면, 이 모든 것들은 부질없는 것입니다.

그래서 불교에서는 이런 것들 모두를 공(空)이라고도 하고, 무아(無我)라고도 표현했습니다. 살면서 온갖 영화를 누렸던 솔로몬은 만년에 이렇게 말했습니다. "헛되고 헛되며 헛되고 헛되니 모든 것이 헛되도다."[149] 대우주의 광활한 공간과 영원한 시간 앞에 선 나는 누구일까요? 나는 무(無)라고밖에 할 수 없는 지극히 미소하며 덧없는 존재에 불과합니다.

그러므로 통일체적 인간관의 관점에서 볼 때, 이런 자아확장에 온 힘을 기울이는 삶은 소외된 것입니다. 에고가 추구하는 이 모든 것들이 헛된 것이라는 것을 자각하는 것이야말로, 인간다운 삶을 위한 출발점이 됩니다.

2.3. 셀프로서의 인간

통일체적 인간관은 인간을 셀프로서 바라보는 관점입니다. 이런 인간관은 다시 세 가지로 분류될 수 있습니다. 첫째, 존재론적으로 셀프를 간직하고 있는 인간, 둘째, 이런 셀프를 자각할 수 있는 존재로서의 인간, 셋째, 이런 셀프를 자각한 인간이 그것입니다. 여기에서는 셀프로서의 통일체적 인간의 모습을 이 세 가지로 나누어 설명

---

149) 『베스트 성경』(성서교재간행사, 1995), 「전도서」 1장, p. 947.

해보도록 하겠습니다.

셀프를 내재하고 있는 인간

통일체적 인간관의 관점에서 보면, 인간의 내면에는 작은 자아를 넘어서 우주적인 자기가 살고 있는데, 이것이야말로 진정한 인간의 모습이라는 것입니다. 우주적인 자기는 모든 인간에 내재해 있습니다. 그래서 노자는 선한 사람뿐만이 아니라 선하지 않은 사람도 우주적인 자기[도(道)]를 자신 안에 간직하고 있다고 말합니다.150)

이런 '우주적인 나'를 가리키는 많은 호칭이 있습니다. 유가에서 말하는 '성(性)', '명덕(明德)', '인(仁)', 불가에서 말하는 '불성(佛性)', '진여(眞如)', '여래장(如來藏)', 도가에서 말하는 '신인(神人)', '진인(眞人)', '대인(大人)' 등이 모두 '우주적인 나'에 대해 붙여진 이름들입니다. 융은 자아[ego]와 구분되는 '자기[self]'를 말했으며, 기독교 신비주의자들은 '우리 안에 살고 있는 신'이라고 표현했습니다. 다른 표현을 쓰고 있지만, 이들 모두가 궁극적으로 말하고자 하는 것은 작은 자아를 넘어선 '참된 자기'입니다.

동서양의 많은 사상가들은 이런 궁극적인 자기를 구름 뒤편에서 언제나 밝게 빛나는 태양에 비유하곤 했습니다.151) 통일체적 세계관이 주목하는 것은 바로 이렇게 영원한 시간과 무한한 공간을 자기 안에 품고 있는 '우주적인 존재로서의 인간'입니다.

유가 사상가들은 인간에게 '참된 자기'가 내재해 있다고 보았습니

---

150) 『老子』, 62章, "道者 萬物之奧 善人之寶 不善人之所保"

151) 에크하르트는 이렇게 표현했습니다. "태양은 끊임없이 비치고 있지만, 구름이나 안개가 우리와 태양 사이를 가릴 때 우리는 빛을 받을 수 없다."(Eckhart, 1994: 141-142)

다. 『중용(中庸)』에서 말하는 '성(性)'[152], 『대학(大學)』의 '명덕(明德)'[153], 공자나 맹자의 '인(仁)'은 표현을 달리 하지만, 모두 이를 가리킵니다. 인간 본성은 하늘로부터 부여받은 것이며, 모든 인간에 내재해 있습니다. 그리고 이 본성은 바로 하늘의 이치이기도 합니다.

유가의 관점에서 본다면, 인간은 다른 사람들이나 이 세계와 분리된 개체가 아닙니다. 나와 세계는 시간과 공간을 초월한 통일체인 것입니다. 모든 인간에게는 하늘의 이치가 내재해 있습니다. 그러므로 각자 수신(修身)의 노력을 통해서 자신의 본성을 자각하고 실현해간다면, 그는 동시에 우주만물의 이치를 깨닫고 우주만물과 하나가 될 수 있습니다.

불가 사상에도 우주적인 존재로서의 인간관이 존재합니다. 불성은 모든 존재에 편재해 있습니다. 그러므로 당연히 인간에게도 불성이 내재해 있습니다. '부처를 품고 있는 존재' 이것이 불가의 인간관입니다. 불성, 진여, 진아(眞我), 여래장 등의 개념들은 모두 인간에 내재해 있는 '참된 자기'를 가리키는 말들입니다.

중생의 마음은 탐욕[貪]·분노[瞋]·어리석음[痴]과 같은 번뇌에 물들어서 아상(我想) 또는 가아(假我)라고 하는 '거짓된 나'를 벗어나지 못합니다. 그러나 아무리 어리석은 인간이라고 하더라도 그의 내면 깊은 곳에는 부처의 성품이 존재합니다. 불교에서는 '일체 중생은 모두 불성을 갖고 있다.'고 봅니다. 여래장 사상은 이런 불가의 인간관을 잘 보여줍니다.

『대반열반경(大般涅槃經)』에서는 땅 속에 묻혀 있는 황금에 대한 비유를 들어서 인간에 내재해 있는 불성을 설명합니다.

---

152) 『中庸』, 1장, "天命之謂性"
153) 『大學』, 1장, "大學之道 在明明德 在親民 在止於至善"

> 가난한 여인의 집안에 진금장(眞金藏)이 묻혀 있어도 그녀는 그것을 모른다. 그것을 다른 사람이 파내어서 보여주니까 그제야 비로소 그 여인은 마음에 기쁨이 생겼다. 중생에게 불성이 갖추어져 있어도, 그것이 번뇌로 뒤덮여 있기 때문에 중생은 그것을 보지 못하며, 알지 못하고, 이제 여래에 의하여 그것이 개시된다고 하는 의미로 풀이할 수 있다. 여기서 가난한 여인이란 헤아릴 수 없이 많은 일체의 중생을 가리키며, 진금장이란 불성을 지시하는 것이다.154)

전혀 다른 문화권에서 활동했던 에크하르트도 위의 인용과 흡사한 비유를 하면서, '겉사람'과 구분되는 '속사람'에 대한 주장을 하고 있습니다. 에크하르트는 말했습니다.

> 만일 그대가 진정 그대의 가난을 바꾸기를 원할진대 그대는 어찌하여 이루 말할 수 없는 만큼 값진 보물이 들어 있는 창고로 곧바로 가서 부요해지지 않는가?155)

이는 시대와 사회가 달라도 초월적인 자기에 대한 공통된 인식이 이루어질 수 있다는 것을 보여주는 하나의 사례입니다.

셀프를 자각할 수 있는 인간

셀프를 자신 안에 내재하고 있는 것은 인간만이 아닙니다. 이 세상 모든 존재가 자신 안에 셀프를 간직하고 있습니다. 다른 존재와 인간을 구분 짓는 것은 '셀프를 내재하고 있는가?'의 여부가 아니고, '셀프를 자각할 수 있는가?'의 여부입니다. 오직 인간만이 셀프를 자

154) 이평래, 「如來藏思想 形成의 歷史的 考察」, 『佛敎學報』 제29집(동국대학교 신라문화연구원, 1992), pp. 459-460에서 재인용.

155) M. Eckhart, 이민재 옮김, 『마이스터 에크하르트 1』(다산글방, 1994), p. 69.

각할 수 있습니다. 한자경은 인간이 갖고 있는 이런 놀라운 능력을 이렇게 표현했습니다.

> 그러나 '일 즉 일체'의 사실 자체 보다 한층 더 놀라운 것은 우리가 그 '일 즉 일체'의 사실을 의식한다는 사실이다. 그 점에서 우리 인간은 먼지나 이끼나 돌멩이와 구분된다.156)

통일체적 세계관의 관점에서 볼 때, 모든 존재는 무한한 공간과 영원한 시간을 자신 안에 품고 있습니다. 그리고 인간은 유독 이런 통일체적 세계를 자각할 수 있습니다. 하지만 이 말이 인간이 태어나면서부터 곧바로 통일체적 세계를 자각하고 있다거나 저절로 통일체적 세계를 자각하게 된다는 것을 의미하는 것은 아닙니다. 통일체적 세계는 인간이 이를 자각하건 자각하지 않건 언제나 존재하고 있습니다. 그리고 인간은 통일체적 세계를 자각할 수 있는 잠재적인 능력을 갖고 있습니다. 하지만, 실제로 통일체적 세계를 깨닫기 위해서는 열심히 노력해야만 합니다.

통일체적 세계를 자각하기 위해 기울이는 노력을 수행이라고 합니다. 인간은 유일하게 수행할 수 있는 존재입니다. 수행은 에고의 구름을 뚫고 셀프의 태양에 도달하기 위해 기울이는 노력이며, 수행의 결과, 우리는 시간과 공간을 초월해서 자신과 우주만물이 하나라고 하는 통일체적 세계 인식에 도달하게 됩니다.

셀프를 자각한 인간

통일체적 인간관의 관점에서 볼 때, 셀프를 자각한 사람은 가장

156) 한자경, 『일심의 철학』(서광사, 2002), p. 101.

인간적인 존재입니다. 석가모니, 노자, 예수 등은 대표적인 예입니다. 현대인 중에서도, 틱낫한 스님, 간디, 시바이쩌, 김수환 추기경 등은 셀프의 자각이 높은 분들입니다. 셀프에 대한 자각이 이루어지면, 자신과 우주만물이 '하나 됨'을 즐기는 삶을 살아갈 수 있습니다.

셀프에 대한 자각이란 정신분석학적인 측면에서 보면 완전한 정신건강 상태에 도달하는 것입니다. 그는 마음속 욕망의 응어리를 다 제거해서, 어떤 욕망이나 희망·공포·불안 등의 영향도 받지 않고, 현실의 가장 깊은 층을 또렷하게 볼 수 있습니다. 장자는 셀프를 자각한 사람의 이와 같은 마음 상태를 '조철(朝徹)'이라고 표현했습니다. 조철이란 아침 해가 처음 떠오를 때처럼 마음이 맑아지는 것을 말합니다.

셀프를 자각하면, 모든 대립이나 이원성이 사라집니다. 그의 마음은 자신과 모든 사물들이 하나임을 압니다.[157] 그 이전까지 평범하고 진부하게만 느껴졌던 모든 일들이 신성하며 기적 중의 기적으로 다가옵니다. 이것은 우리가 사랑을 느낄 때, 그때까지 잠들어 있던 모든 것들이 깨어나서 말을 걸어오고 눈부시게 아름다운 자신의 모습을 보여주는 체험과 유사한 것입니다. 운문(雲門, ?-949)이 말했던 '하루하루가 다 좋은 날[日日是好日]'의 세계가 열리는 것입니다.

에머슨의 아래 글귀에서도 무아의 상태에서 우주와 하나 된 깨달음의 상태를 느낄 수 있습니다.

> 나는 하나의 투명한 안구가 된다. 나는 무(無)로 된다. 나는 만물을 본다. 우주적 존재의 흐름이 나를 뚫고 순환한다.[158]

---

157) W. Johnston, 이원석 옮김, 『禪과 기독교 신비주의』(대원정사, 1993), p. 53 참조.

158) R. W. Emerson, 앞의 책, p. 14.

셀프를 자각한 사람은 사랑의 삶을 살아갑니다. 태양이 자신과 마주치는 모든 대상에게 빛을 발하는 것과 같이, 셀프를 자각한 사람은 자신과 마주치는 모든 대상을 사랑으로 대합니다. 그에게 사랑하는 것은 호흡하는 것과 같이 자연스러운 일입니다. 그래서 그는 다른 사람들에게 위로와 기쁨을 안겨주는 사람이 되고, 자신도 행복해집니다.

셀프를 자각한 사람은 대자유의 삶을 살아갑니다. 죽음마저도 이제 더 이상 그에겐 장애물이 되지 않습니다. 하물며, 인기, 돈, 권력 등과 같이 현대인을 얽매고 있는 모든 것으로부터 그는 자유롭습니다. 허공을 나는 새와 같이, 그는 유유자적하게 소요로서의 삶을 살아갑니다.

3. 통일체적 관계관

통일체적 세계관과 현대 세계관을 구분 짓는 중요한 기준의 하나는 '모든 존재들 간의 관계'에 대한 가정의 차이점입니다. 현대 세계관은 '시간과 공간 속에 존재하는 모든 것들 간의 근원적인 분리'를 전제합니다. 모든 존재들 간의 분리를 전제하면, 적대적(敵對的) 관계관(關係觀)이 생겨납니다. 이에 반해서, 통일체적 세계관은 '시간과 공간을 넘어 모든 존재들 간의 근원적인 통일성'을 전제합니다. 모든 존재들 간의 근원적인 통일성을 전제하면, 대대적(對待的) 관계관(關係觀)이 생겨납니다.

대대적 관계관을 설명하기 위해, '마주하고 서 있는 두 그루의 나무가 있다'고 생각해 보겠습니다. 두 나무의 관계는 어떤 것일까요? 우리는 이 두 나무의 관계를 '이해관계가 상반되는 적대적인 대립'으로 해석할 수도 있고, '상대편의 존재를 전제로 하여, 나의 존재가 성립하는 대대적인 대립'으로 인식할 수도 있습니다.

적대적 관계관의 관점에서 보면, 모든 대립물들은 자신이 살아남기 위해서는 상대편을 극복해야만 하는 상황에 놓여 있습니다. 그러므로 모든 대립물들은 살아남기 위해 치열한 싸움을 벌여야 합니다. 마주하고 서 있는 두 나무는, 더 많은 햇빛을 받기 위해, 더 많은 수분과 땅 속의 영양분을 차지하기 위해, 다른 나무와 싸워야 합니다.

반면에 대대적 관계관의 관점에서 보면, 이 세상 어떤 존재도 홀로 살아갈 수는 없습니다. 모든 대립물들은 서로 의존하고 있으며, 근원적으로 하나입니다. 사막 위에 홀로 서있는 나무를 상상해 보십시오. 그 나무가 잘 자랄 수 있을까요? 그 나무는 너무 강렬한 햇빛에 견딜 수 없어 말라 죽어갈 것이고, 뿌리를 의지할 데가 없어서 조금만 바람이 불면 쓰러져 버릴 것이며, 땅 속의 수분이나 영양분도 다 증발해 버려 견딜 수 없을 것입니다. 나의 삶은 너의 삶을 전제로 하여 이루어져 있으며, 궁극적으로 우리의 삶은 하나인 것입니다.

통일체적 대립관인 대대적 관계관의 특징을 정리하면, 다음과 같습니다.

첫째, 대대적 관계관의 관점에서 볼 때, 나의 존재는 상대편의 존재를 전제로 해서 성립할 수 있습니다. 틱낫한 스님의 책 『평화로움』에 나오는 '풀과 땅'에 대한 시는 대대로서의 대립 관계를 잘 보여줍니다.

나는 내 자신을 땅에 맡기고,	I entrust myself to earth,
땅은 그 자신을 나에게 맡깁니다.	Earth entrusts herself to me.[159]

159) N. H. Thich, *Being Peace,* Berkeley, California: Parallax Press, 1987, p. 22.

풀과 땅은 서로 마주하고 있는 대립물이며, 상대편이 없이는 자신의 존재 자체가 성립할 수 없습니다. 풀은 땅의 도움을 받아서 자신의 생명을 키우고, 땅은 풀로 인해 더욱 비옥해집니다. 이런 관점에서 보면, 땅이 없이는 풀이 있을 수 없듯이, 자연이 없이는 인간이 있을 수 없고, 여자가 없이는 남자가 있을 수 없으며, 너희가 없이는 우리가 있을 수 없습니다.

둘째, 대대적 관계관의 관점에서 볼 때, 대립물들은 서로를 이루어 줍니다. 『주역』「중택태괘(重澤兌卦)」에 나오는 '이택(麗澤)'은 서로를 이루어주는 대대적 관계의 적절한 사례입니다.160) '이택'이란 두 개의 연못이 연이어 있어서 서로 물을 윤택하게 해 주는 모양을 가리킵니다. 이는 '벗끼리 서로 도와서 학문과 덕을 닦음'을 비유해 이르는 것입니다. 연이어 있는 두 개의 연못이 서로를 풍부하게 하듯이, 함께 학문을 익히는 벗들이 서로를 이루어 줍니다. 이 두 개의 연이은 연못과 같이, 마주하고 있는 대립물들이 '서로를 불어나고 더하게 하는 것'은 대대적 관계의 중요한 측면입니다.

셋째, 대대적 대립관에서 볼 때, 대립물들 간의 다름이 조화와 통일을 위한 전제 조건이 됩니다. 또한 서로 간의 교감과 통일성의 회복은 각자의 개성을 더욱 온전한 형태로 발현시키는 데 기여합니다. '하늘과 땅'이나 '남성과 여성' 등과 같이, 서로 다른 성질을 가진 것들이 만났을 때만 교감이 이루어질 수 있는 것입니다. 그러므로 통일체적 세계에서는, 대립물들 간의 이해관계의 반목이나 갈등은 존재하지 않습니다. 『중용』에서는 다음과 같이 말했습니다.

> 만물이 함께 길러져 서로 해치지 않으며, 도가 함께 행하여 서로 위배되지 않는다.161)

160) 『周易』, 「兌卦」, "象曰 麗澤 兌 君子以朋友講習"

넷째, 대대적 관점에서 볼 때, 대립물들 간의 창조적인 관계 방식은 교감입니다. '감(感)'은 '함(咸)'과 '심(心)'이 합해진 글자입니다. '감'이란 마주보고 있는 두 존재가 서로 느껴서 하나의 마음이 되는 것을 의미합니다.[162] 그러므로 '감'이란 곧 사랑입니다. 이와 같이, 대대적 대립관은 사랑과 조화의 관계를 정상적이며 이상적인 관계로 간주합니다. 이것은 적대적 대립관이 경쟁과 갈등, 지배와 복종의 관계를 자연스럽게 받아들이는 것과 큰 차이점입니다. 대대적 대립관의 관점에서 볼 때, 각자가 자신의 개성과 주체성의 바탕 위에서 마주 하고 있는 상대편과 사랑과 조화의 관계를 이룰 때, 창조적인 변화가 일어나는 것입니다.

161) 『中庸』, 30章, "萬物竝育而不相害 道並行而不相悖"

162) 이완재, 「易學的 認識과 表現方法에 關하여」, 韓國周易學會 편, 『周易의 現代的 照明』(범양사 출판부, 1992), p. 205 참조.

10장 탈현대적 삶의 양식 1 : 수행으로서의 삶

수행이란 내 삶의 주인공이 에고로부터 셀프로 바뀌도록 하기 위해
주체적인 노력을 기울이는 것입니다.

현대적인 삶의 양식이 현대 세계관의 바탕 위에서 형성되었다면, 탈현대적인 삶의 양식은 통일체적 세계관의 바탕 위에서 구상된 것입니다. 바다와 파도의 비유를 통해, 현대적인 삶의 양식과 탈현대적인 삶의 양식의 차이를 드러내보도록 하겠습니다.

현대적인 삶이란 파도[분리된 나]로서의 나를 더 크고 더 높게 만드는데 진력하는 삶입니다. 그러므로 현대적인 삶에서는 노동과 소비가 삶의 중심을 차지합니다. 이에 반해서, 탈현대적인 삶이란 바다[우주적인 나]로서의 나를 자각하고 이를 즐기는 삶을 뜻합니다. 그러므로 탈현대적인 삶에서는 수행(修行)과 낙도(樂道)가 삶의 중심을 차지합니다.

탈현대적인 삶이란 내 안에 잠자고 있던 '우주적인 내'가 깨어나서

내 삶의 주인공이 되어 살아가는 삶을 의미합니다. 분석적으로 본다면, 탈현대적인 삶은 두 가지로 구성되어 있습니다. 하나는 '우주적인 존재로서의 나'를 깨어나게 하기 위해 노력을 기울이는 것으로, 이것을 '수행'이라고 합니다. 다른 하나는 '우주적인 존재로서의 내'가 깨어나서 활동하는 것으로, 이것을 '낙도'라고 합니다. 이 두 가지는 분석적으로 보면 둘이지만, 실제로는 하나입니다. 수행을 통해 '우주적인 내'가 깨어나는 만큼, 낙도로서의 삶을 살아갈 수 있기 때문입니다. 수행과 낙도는 인과적으로 이루어진다기보다는 동시적으로 이루어집니다.

수행으로서의 삶이라고 했을 때, 수행이란 내 삶의 주인공이 에고[분리된 나]로부터 셀프[우주적인 나]로 바뀌도록 하기 위해 주체적인 노력을 기울이는 것입니다. 수행이란 셀프와 무관하며 셀프를 외면하고 억압하는 무의미한 삶의 양식으로부터 벗어나서, 셀프가 깨어나서 활동할 수 있도록 노력을 기울이는 것을 말합니다. 아래 틱낫한 스님의 말씀에는 수행의 의미가 잘 표현되어 있습니다.

> 우리 안에는 무생무사(無生無死)의 세계가 들어있다. 그런데 우리가 그것을 결코 접하지 못하는 까닭은 다만 기존의 생각에 묻혀 살아가고 있기 때문이다. 이러한 생각들을 떨쳐버리고 궁극적 차원, 즉 열반, 하나님, 무생무사의 세계를 접하는 것이 바로 수행이다.163)

수행으로서의 삶은 탈현대적인 삶의 양식의 두 개의 중심축 중의 하나입니다. 에고가 완전히 떨어져나간 존재란 현실적으로 불가능한 것이기에, 수행으로서의 삶은 죽음에 이르는 순간까지 계속됩니다. 이 장에서는 수행으로서의 삶의 의미를 설명해보도록 하겠습니다.

---

163) N. H. Thich, 진현종 옮김, 『아! 붓다』(반디미디어, 2004), p. 164.

1. 수행의 방법

어떻게 수행을 해나가야 할까요? 셀프를 깊이 자각한 사람들이 다양한 수행 방법을 제시했습니다. 모든 수행 방법의 공통 목표는 에고가 주인이 되는 삶을 벗어나서 셀프가 주인이 되는 삶을 살도록 하는 것입니다. 그러므로 모든 수행 방법은 서로 연결되어 있습니다. 여기에서는 대표적인 수행 방법 몇 가지를 설명해보도록 하겠습니다.

1.1. 깨어 있기 수행

'깨어 있기 수행'은 에고가 하는 모든 종류의 활동에 깨어 있는 것입니다. 에고에 대해 깨어 있는 주체는 셀프이기 때문에, 깨어 있기 수행이 거듭되면, 점점 더 셀프가 활동하게 됩니다. 깨어 있기 수행은 위파사나 수행에서 특히 강조하는 수행 방법입니다.

'깨어 있기 수행'의 한 가지 대상은 나의 생각입니다. 마음속에서는 온갖 형태의 생각이 끊임없이 일어납니다. 생각 중에는, 입에 담을 수 없을 만큼 더러운 생각도 있고, 야비한 생각도 있습니다. 깨어 있기 수행은 내 마음에서 일어나는 생각을 그냥 지켜보는 것입니다.

어떤 생각이건 그것을 억압하려 하거나 없애려고 시도하지 않습니다. 생각이라는 것이 끊임없이 생겼다가 없어지는 구름과 같이 부질없는 것임을 알기에 그냥 일어나는 생각을 지켜보는 것입니다. 수행이 거듭되면 '생각을 지켜보는 나'의 존재가 점점 커지게 되면서 생각의 속박으로부터 자유로워지는 것을 느낄 수 있습니다.

'깨어 있기 수행'의 대상 중 하나는 나의 감정입니다. 마음속에서는 온갖 형태의 감정이 끊임없이 일어납니다. 조선조 유학자들이 '희노애락애오욕(喜怒哀樂愛惡欲)'이라고 했듯이, 기쁨, 분노, 슬픔, 즐거움, 애착, 미움, 욕심, 시기, 질투, 두려움, 불안 등, 우리 마음속에서는 많은 감정이 일어납니다. 특히 남녀 간에 느끼는 불타는 애정이나 분노 같이 강렬한 감정은 우리 존재를 지배하는 큰 힘을 갖고 있습니다. 이때, 감정에 함몰되는 것이 아니라 일어나는 감정을 지켜보는 것이 '깨어 있기 수행'입니다. 감정 역시 생각과 마찬가지로 거대한 바다 위에 잠시 생겼다 사라지는 파도와 같은 것입니다. '깨어 있기 수행'이 계속되면, 나는 점점 감정의 노예 상태에서 풀려나게 됩니다.

'깨어 있기 수행'의 대상 중 하나는 나의 욕망입니다. 소유에 대한 욕망, 권력에 대한 욕망, 인기에 대한 욕망, 쾌락에 대한 욕망, 소비에 대한 욕망, 과시에 대한 욕망, 명예에 대한 욕망, 승리에 대한 욕망, 지위에 대한 욕망 등 우리 안에는 수많은 욕망이 들끓고 있습니다. 특히 자본주의사회를 살아가는 현대인의 경우, 이런 욕망의 폭발은 더욱 현저합니다. '깨어 있기 수행'은 마음속에서 일어나는 욕망을 지켜보는 것입니다. 욕망 또한 생각이나 감정과 마찬가지로 우리를 지나쳐가는 것입니다. 욕망을 지켜보는 수행이 거듭되면서, 욕망으로부터의 자유도 증가하게 됩니다.

1.2. 마음 다하기 수행

'마음 다하기 수행'이란 지금 이 순간의 삶에 온 마음을 기울이는 수행 방법입니다. 우리 마음은 흔히 과거나 미래 또는 마음을 빼앗고 있는 어떤 대상에 가 있는 경우가 많습니다. '마음 다하기 수행'의 대상은 지금 이 순간의 모든 것입니다. 그것은 지금 마시고 있는 한 잔의 차일 수도 있고, 지금 걷고 있는 걸음일 수도 있으며, 지금 마주 대하고 있는 어머니나 아내일 수도 있고, 지금 걷고 있는 길가에 피어난 작은 들꽃일 수도 있습니다.

마음이 무언가에 사로잡혀 있는 동안 우리는 나 자신과 이 세상에 잠들어 있습니다. 마치 꿈속에서의 삶과 같이, 살아있지 않는 방식으로 살아있는 것이고, 존재하지 않는 방식으로 존재하는 것입니다. 시인 T. S. 엘리어트는 「황무지」에서 다음과 같이 썼습니다.

> 현실감이 없는 도시,
> 겨울 새벽의 갈색 안개 속으로
> 한 떼의 사람들이 런던 교 위로 흘러갑니다. 저렇게 많이,
> 나는 죽음이 이처럼 많은 사람을 풀어놓았다고는 생각지 못했습니다.[164)]

우리가 살고 있는 현재의 순간에 깨어있지 않을 때, 엘리어트의 시에서처럼, 우리가 살고 있는 도시는 비존재의 도시가 되고, 우리의 존재는 비존재의 존재가 되어버립니다. '마음 다하기 수행'이란 지금 이 순간의 삶에 깊이 들어가는 것입니다.

틱낫한 스님은 '마음 다하기 수행'을 특히 강조했고, 『마음다함의 기적』이란 책을 썼습니다. 마음 다하기의 기적이란 우리가 '지금 이 순간'에 마음을 다하자마자 그때까지 실제로 존재하지 않던 모든 것들이 존재하게 되고, 나에게 말을 걸어오는 놀라운 체험을 말합니다.

필자는 특히 충동적인 성향이 강해, 언제나 무언가에 마음을 빼앗기고 있는 경우가 많았습니다. 그래서 언제나 마음이 분주하고, 마주치는 모든 것들을 스쳐지나갔습니다. '마음 다하기 수행'을 해나가면서, 필자는 진정으로 존재하기 시작했고, 아내, 아들, 구름 속에 뜨는

---

164) T. S. Eliot, *The Waste Land*, London: Faber and Faber, 1971

달, 제자들, 연구실 앞의 나무 등 필자를 둘러싸고 있는 모든 것들이 깨어나 실제로 존재하기 시작했습니다.

1.3. 무위(無爲)의 수행

'무위의 수행'이란 에고의 활동을 멈추는 수행입니다. 현재의 상태와 다른 미래의 어떤 목표에 도달하기 위한 모든 활동을 중단하는 것입니다. 현대인의 삶의 대부분을 차지하는 것은 에고의 활동입니다. '무위의 수행'은 에고의 활동을 멈춤으로써 셀프가 활동할 수 있는 공간과 기회를 주는 것입니다.

에고의 활동은 목적 지향적입니다. 에고의 활동은 불완전하고 불만족스러운 현재를 벗어나 완전하고 만족스러운 미래를 향하고 있습니다. '무위의 수행'은 모든 에고의 활동을 멈추는 수행입니다. 노자는 '멈춤[止]'을 강조했습니다. 그래서 '지지(知止)'와 '지족(知足)'을 말했습니다.

우리는 에고가 주인 되는 삶에 너무나 익숙해 있기 때문에, '무위의 수행'을 하는 데는 어려움이 있습니다. 가능하다면 경험이 많은 스승의 도움을 받는 것이 좋습니다. 에고의 눈으로 보면, '무위의 수행'을 하고 있는 사람이 게으름뱅이로 보일 것입니다. 평생을 통 속에서 뒹굴었다는 디오게네스의 삶이나 성공이나 성취를 위한 활동을 중단한 히피의 삶이 '무위의 수행'을 행한 사람의 예가 될 수 있습니다.

사실 에고의 활동을 멈추어보면 무척 편안하고 자유로움을 느끼기 때문에 '무위의 수행'은 쉬운 것이라고 말할 수도 있을 것입니다. 하지만 현대인은 에고의 삶에 깊이 중독되어 있기 때문에 '무위의 수행'을 하게 되면 심한 금단 현상을 느끼는 경우가 많습니다. 담배나

술을 중단할 때도 우리는 유사한 금단 현상을 느낍니다. 이때 참으면 우리는 영원히 담배나 술로부터 자유로워질 수 있습니다.

그러나 이렇게 될 때까지는 시간이 걸립니다. '무위의 수행'도 마찬가지입니다. 셀프와 에고는 동시에 활동할 수가 없습니다. 짙은 구름이 끼여 있는 동안에는 태양이 빛을 전할 수 없는 것과 마찬가지입니다. 수행이란 셀프가 깨어나 활동하도록 하기 위해서 기울이는 주체적인 노력입니다. 그러므로 에고의 활동을 중지시키는 것이 수행의 중요한 측면이며, 이것을 행하는 것이 '무위의 수행'입니다.

1.4. 받아들이기 수행

'받아들임의 수행'이란 일어난 상황을 저항하지 않고 받아들이기 위해 노력을 기울이는 것을 말합니다. 현대인은 흔히 '하필 나에게 이런 일이 일어날게 뭐람.'하고 말합니다. 이런 불평과 불만은 받아들임이 되고 있지 않다는 증거입니다. 전쟁, 지진이나 홍수와 같은 자연재해, 사고, 시험이나 승진에 실패, 자신의 추한 외모, 모난 성격을 갖고 있는 동료 등 우리들에게 일어난 모든 좋지 않은 상황은 '받아들이기 수행'의 대상이 됩니다.

대지는 자신에게 주어지는 것에 저항하지 않고 분별하지 않고 모두 받아들입니다. 받아들임이란 무슨 일이 일어나더라도 그 사건과 내면적으로 일치함을 의미합니다.[165] 일어나는 일과 내면이 일치한다는 것은 일어나는 일에 대해 마음이 저항하지 않음을 의미합니다.[166] 노자는 이를 일컬어 대순(大順)[167]이라고 말했습니다. 새옹

165) E. Tolle, 류시화 옮김, 『Now』(조화로운 삶, 2008), p. 234 참조.
166) E. Tolle, 류시화 옮김, 『Now』(조화로운 삶, 2008), p. 235 참조.
167) 『老子』, 65章 참조.

지마(塞翁之馬)의 고사에는 이미 받아들임의 의미가 잘 나타나 있습니다.

일어나는 일에 저항하는 것은 누구일까요? 그것은 우리의 에고입니다. 저항은 일어나는 일을 중대한 것으로 만들고, 그래서 결국은 에고를 강화시키게 됩니다. 일어나는 일에 대해 좋아하건 싫어하건 간에 그것은 저항입니다. 일어나는 일을 좋아하는 것은 일어난 좋은 일을 계속 유지하고자 하는 집착을 만들어 냅니다. 일어나는 일을 싫어하는 것은 일어나 나쁜 일을 회피하고자 하는 저항을 만들어 냅니다. 그래서 어떤 반응을 보이건 간에 에고를 강화시키게 됩니다.

'받아들임의 수행'의 한 가지는 삶에서 부딪히는 곤경을 받아들이는 것입니다. 『주역』 「수뢰둔괘(水雷屯卦)」 상육(上六) 효사(爻辭)는 "말을 탔다가 내려서 피눈물이 물 흐르듯 하는구나."[168]입니다. 우리의 인생살이에서도 어떤 일을 감행하다가 어려움이 극한에 이르러 피눈물을 흘리는 경험을 할 때가 있습니다. 만일 이때, 상황으로부터 도피하거나 상황을 불평만 한다면 상황은 더 나빠져서 우리를 불행하게 만들 것입니다. 이런 때에는 자신에게 다가온 불운 자체를 인정하고 받아들여야 합니다. 불운을 반가운 손님으로 맞아들일 때, 불운한 그대로 우리는 삶의 비약을 이루게 됩니다.

받아들임은 일어난 일이 좋은 일이건 나쁜 일이건 간에 그 순간의 모습이 있는 그대로 존재할 수 있도록 허용하는 것입니다.[169] 일어나는 일을 받아들일 경우, 일어난 일이 어떤 일이건 간에, 우리는 일어난 일을 통해서 영원한 시간과 무한한 공간과의 접촉이 이루어지게 됩니다. 이때, 에고는 활동을 멈추고, 반대로 우주적인 내가 깨어나 활동하게 됩니다.

---

168) 『周易』, 「水雷屯卦」, 上六爻辭, "乘馬班如 泣血漣如"
169) E. Tolle, 류시화 옮김, 『Now』(조화로운 삶, 2008), p. 236 참조.

'받아들임의 수행'은 '우주적인 나'를 깨어나게 하는데 효과적입니다. 필자가 겪은 최근의 사례를 하나 소개하도록 하겠습니다. 필자는 수업시간에 수강생들의 태도가 나쁘면 이로 인해 수업에 많은 어려움을 겪습니다. 이번 학기에 필자가 가르치는 전공 수업에서 이런 경험을 했습니다. 수강생들은 필자가 가르치고자 하는 내용을 잘 이해하지 못하는 것 같았습니다. 수업 후반부가 되면 잠을 자는 학생도 많고 무관심한 표정을 짓는 학생들도 많았습니다.

이렇게 수업의 어려움을 겪던 중, 심한 충격을 받았습니다. 학생들에게 조별 발표 준비를 독려하고 그 과정과 결과를 우리 수업 게시판에 올리도록 지시했었습니다. 그런데 이런 지시를 하고나서 일주일 후쯤 확인을 해보니 어떤 게시물도 올라있지 않았습니다. '수강생들이 필자에게 저항하고 있다.'는 생각이 들었습니다. 그래서 밤새 무척 괴로웠고 이 수업을 앞으로 어떻게 끌어가야 할지 많은 걱정이 되었습니다.

그런데 아침에 일어났을 때 제 심경에 큰 변화가 일어났습니다. '받아들임'이란 단어가 제 마음에 다가왔습니다. 수강생들이 필자의 어려운 수업을 싫어하고 필자의 지시를 거부하는 것을 그래서 필자의 에고가 상처를 받는 것을 받아들이려 노력했습니다. 그러자 점점 현실이 또렷하게 보이기 시작하고 고통이 줄어들었습니다. 수강생들이 싫어하고 거부하고 상처를 줄 수 있는 것은 다만 필자의 에고에 대해서일 뿐이라는 것이 분명해졌습니다. 그리고 이것은 필자가 자신의 에고를 자각하고 '우주적인 나'를 깨어나게 할 수 있는 좋은 기회임을 알게 되었습니다.

생각이 여기에 미치자 노자의 다음 말이 떠올랐습니다. "화는 복의 의지하는 바요, 복은 화의 엎드려 있는 바이다."[170] 우리가 인생에서 부딪치는 갖가지 어려움은 모두 자신의 에고를 벗어나 '우주적인 나'를 자각하기 위한 좋은 기회임을 알게 되었습니다. 이렇게 상황에 대한 저항을 멈추자, 필자가 그때까지 몰랐던 것들을 알게 되었습니다. 저는 자신의 에고가 입은 상처의 고통에 연연하느라고 수강생들에게는 눈을 돌릴 여유가 없었습니다.

수강생들은 필자를 싫어하는 것이 아니고 제 강의내용이 좀 이해하기 어려웠을 뿐임을 알게 되었습니다. 필자가 어렵고 단조로운 강의로 일관하자 수강생들이 상당히 힘이 들었음을 알게 되었습니다. 더군다나 요즘 체육대회 예선이 있어 몇몇 학생들은 수업에도 참석하지 못하는 등 수업분위기에 영향을 미치는 외적인 요인이 있음을 알게 되었습니다.

위와 같은 현실을 또렷이 알게 되자, 이에 현명하게 대처하는 것은 쉬운 일이었습니다. 필자는 제 수업에 변화를 주었습니다. 수강생들이 보다 알아듣기 쉽게 강의하려고 노력했고, 수업시간에 수강생들의 참여를 늘였습니다. 그리고 함께 토의를 통해 수강생들 스스로 교수내용을 깨우쳐갈 수 있도록 했습니다. 이렇게 해서, 필자와 수강생들 모두에게 이 수업은 행복한 것이 되어갔습니다.

1.5. 비우기 수행

비움은 에고를 더 크고 높게 만들고자하는 욕망을 비우는 것입니다. 에고의 욕망이 비워진 마음의 공간이 커질수록 셀프가 활동할 수 있는 마음의 공간은 넓어집니다.

비움은 상대편으로부터 인정받기 위한 노력을 멈추는 것입니다. 자기 스스로 자신을 인정함으로써 외부로부터 인정을 받고자 하는

170) 『老子』, 58章, "禍兮福之禍所倚 福兮禍之所伏"

욕망을 줄이는 것입니다. 상대편의 인정에 연연하게 되면, 상대편에게 속박되고, 상대편을 진정으로 사랑할 수 없습니다. 상대편으로부터 인정을 받으려는 마음을 내려놓을수록, 우리는 자유롭고 편안한 삶을 살아갈 수 있습니다.

비움은 소유와 소비에 집착하는 마음을 내려놓는 것입니다. 자동차, 집, 의복 등에 대해 현대인은 실용적인 차원을 넘어 그것을 추구하는 경향을 보입니다. 비움은 승리나 성공에 집착하는 마음을 내려놓는 것입니다. 현대인은 승리나 성공에 집착하는 경우가 많습니다. 비움은 마음속 분노나 불평 등을 비우는 것입니다. 분노나 불평 등은 모두 에고의 영역에 속합니다. 이것은 에고가 자신을 부풀리기 위한 하나의 방편이지만, 결과적으로는 고통과 불행을 증가시킵니다.[171]

하지만 이 모든 집착은 해소되지 않는 갈증과 같은 것이어서, 아무리 채워도 만족이 없습니다. 더구나 이런 것을 추구하는 가운데 우리는 소중한 삶을 낭비하게 됩니다. 집착하는 마음은 늪과 같은 것이어서 그 안에서 허우적거릴수록 더 깊이 빠져듭니다. 집착에서 벗어나는 것은 집착과의 싸움을 통해서가 아니라 우리가 집착하는 대상물이 '텅비어 있음[空]'을 자각함으로써만 가능합니다.

도가 사상가들은 비움을 특히 강조했습니다. 노자는 수행의 요체로 허정(虛靜)을 되풀이해서 말했습니다.[172] 욕망을 비워 마음이 고요해졌을 때, 도가 깃들 수 있다는 것입니다. 또한 노자는 "배움을 이루는 것은 날로 더하는 것이요, 도를 이루는 것은 날로 덜어내는 것이다. 그러므로 덜어내고 또 덜어내어 무위에 이른다."[173]고 했습

171) E. Tolle, 류시화 옮김, 『Now』(조화로운 삶, 2008), p. 298 참조.
172) 『老子』, 16章, "致虛極 守靜篤"
173) 『老子』, 48章, "爲學日益 爲道日損 損之又損 以至於無爲"

니다. 장자 또한 "도란 텅 빈 곳에만 깃든다."[174]고 말해, 욕망을 비움이 수행의 핵심임을 강조했습니다. 욕망을 비우면, 우리는 더 이상 욕망에 얽매이지 않습니다. 마음은 자유롭고, 근심이 없어지며, 욕망이 비워진 마음자리에 '우주적인 내'가 들어와 살 수 있게 됩니다.[175]

1.6. 미소 짓기 수행

자신과 세상을 향해 '따뜻하게 미소 짓는 수행'은 '우주적인 나'를 깨어나게 하는 쉽고 효과적인 방법입니다. '따뜻한 미소 짓기 수행'은 자신과 상대편의 어떤 잘못도 용서하고 모든 것을 품어주며 모든 것에 대해 따뜻한 미소를 지어주는 수행입니다. '미소 짓기 수행'의 대상은 무엇일까요? 그 대상은 나와 너의 에고이며, 에고가 일으키는 모든 감정과 생각, 행위입니다. '미소 짓기 수행'의 주체는 누구일까요? 셀프입니다.

'미소 짓기 수행'은 모든 형태의 감정을 그 대상으로 합니다. 에고가 경험하는 슬픔, 기쁨, 분노, 환희, 짜증, 우울, 움츠러듦, 자신감, 우월감, 열등감 등 나와 너의 에고에서 생겨나는 모든 형태의 감정에 대해 따뜻한 미소를 보내는 것이 '미소 짓기 수행'입니다.

에고는 어떤 감정이 올라오면, 그 감정이 모든 것인 듯이 느끼고, 그 감정에 압도되고 함몰됩니다. 그래서 에고는 감정으로 인해 고통받습니다. 하지만 생겨난 감정에 미소 짓는 순간 우리는 감정의 노예상태로부터 해방됩니다. 감정이 하늘에 끊임없이 생겼다 사라지는

174) 『莊子』, 「人間世」, "唯道集虛"
175) 홍승표, 「동양사상과 복지 주체로서의 노인」, 『사회과학논총』 28집 1호(계명대학교 사회과학연구소, 2009), p. 440 참조.

구름과 같은 것임을 자각하게 됩니다.

'미소 짓기 수행'은 모든 형태의 생각을 그 대상으로 합니다. 마음속에서는 끊임없이 온갖 형태의 생각이 일어납니다. 그 중에서는 입에 담을 수조차 없는 패륜적인 생각도 있고, 악랄한 생각, 잔인한 생각, 치사한 생각 등도 있습니다. 이런 생각에 사로잡히면, 생각은 고통을 낳습니다. 그러나 어떤 생각이던 그 생각에 미소 짓는 순간, 우리는 그 생각에서 놓여나게 됩니다. 생각은 감정과 마찬가지로 우리 안에서 생겨났다 사라지는 대수롭지 않은 것임을 우리는 자각합니다.

'미소 짓기 수행'은 우리가 인생에서 경험하는 승리와 패배, 성공과 실패를 그 대상으로 합니다. 승리와 성공을 거두었을 때는 온 세상을 모두 얻은 듯이 우쭐하는 마음이 들고, 패배와 실패에 직면했을 때는 세상이 무너지는 것 같은 고통을 맛봅니다. '미소 짓기 수행'은 승리와 패배, 성공과 실패 모두에 따뜻한 미소를 보내는 것입니다. 승리와 성공으로 인해 우쭐하는 마음과 패배와 실패로 인해 움츠려드는 마음 모두에 따뜻한 미소를 보내는 것입니다. 이런 수행을 통해, 우리는 승리와 패배, 성공과 실패 이 모든 것에 대해 더 이상 속박되지 않으며, 자유인이 되어갑니다.

'따뜻한 미소 짓기 수행'은 자신이나 상대편이 범한 과실을 그 대상으로 합니다. 이것은 자신이나 상대편이 범한 작은 실수나 커다란 잘못에 대해 따뜻한 미소를 보내는 것입니다. 대부분의 경우 잘못은 고의적으로 이루어진 것이 아닙니다. 또한 악의에 의해 일어난 일이라고 하더라도, 악의를 품고 있는 나 자신이나 상대편은 가엾은 존재이기에 용서해주고 따뜻하게 품어주어야 합니다. '따뜻한 미소 짓기 수행'을 통해, 차가운 에고가 녹고 그 안에 숨어있던 '참된 자기의 태양'이 모습을 드러내게 됩니다.

1.7. 감사 수행

감사 수행은 자신에게 주어진 모든 것에 감사를 느낄 수 있는 능력을 키우는 수행입니다. 감사는 셀프의 특징입니다. 에고는 현재에 만족하지 않으며 감사할 줄 모릅니다. 끊임없이 현재보다 나은 미래를 추구하는 에고는 현재에 대해 불평과 불만을 품고 있습니다. 그러므로 에고에 바탕을 두고 있는 현대문명을 살아가는 현대인은 현재에 만족하지 않으며 감사하지 않습니다. 그 결과 현대인은 많은 고통을 겪습니다.

만족과 감사는 셀프가 느끼는 감정이며, 행복에 이르는 빠른 길입니다. 그래서 노자는 '지족(知足)'을 말했습니다. 성인은 언제나 자족하며, 결핍감이 없습니다. 통 속에서 뒹굴던 디오게네스와 알렉산더 대왕의 만남은 지족의 의미를 잘 드러냅니다. 어쩌면 알렉산더 대왕은 발길을 돌리면서 평생 처음으로 누군가에 대해 부러운 마음을 품었을지도 모릅니다. 성인은 자신 안에 무진장의 보물을 품고 있기에, 인기, 권력, 돈, 지위, 명예 등과 같이 하찮은 외물을 차지하기 위해 삶을 소모하지 않습니다.

감사하는 능력을 배양하는 수행은 일상생활의 모든 국면에서 이루어질 수 있습니다. 아침에 눈을 뜨면, 새롭게 주어진 하루라고 하는 선물에 감사합니다. 아침식사를 하면서, 정성스럽게 아침밥을 차려준 아내에게 그리고 농부에게 감사합니다. 샤워를 하면서 쏟아지는 물줄기에 감사합니다. 출근길에 길가에 피어있는 민들레에 감사하고, 호흡하는 신선한 공기에 감사합니다.

나에게 주어진 직장과 일에 감사합니다. 따뜻하게 비춰오는 햇볕에 감사하고, 시원한 바람에 감사합니다. 나에게 주어진 건강에 감사합니다. 아름다운 음악을 편안하게 들을 수 있음에 감사합니다. 오늘

하루도 우리 가족 모두 무사히 지낼 수 있었음에 감사합니다. 그리고 마침내 내 인생을 마감해야 하는 순간이 오면, 가을 잎이 떨어지듯이 아름답게 감사하며 떨어집니다.

2. 수행의 양태

모든 수행은 공통된 목표를 갖고 있지만, 수행의 양태는 여러 가지 입니다. 여기서는 상실과 고통을 통한 수행, 사랑의 수행, 이해의 수행, 자유의 수행, 겸손의 수행 등을 살펴보도록 하겠습니다. 물론 이런 여러 유형의 수행은 서로 연결되어 있습니다.

2.1. 상실과 고통을 통한 수행

인생에서 겪는 상실과 고통의 경험은 누구라도 피할 수 없을 것입니다. 우리에게 주어진 선택은 '상실과 고통의 경험을 어떻게 해석하고 맞아드릴 것인가?'하는 것입니다. 에고의 차원에서 보면, 상실과 고통은 파괴적인 현상일 따름입니다. 그러므로 에고는 상실과 고통에 저항합니다. 하지만 셀프의 차원에서 보면, 상실과 고통은 셀프를 자각할 수 있는 좋은 기회입니다. 상실과 고통의 체험은 모두 에고 차원에서의 상실과 고통입니다. 왜냐하면 셀프는 잃어버릴 수도 상처를 입을 수도 없기 때문입니다. 상실과 고통의 체험은 이것으로 인해 에고의 보호막이 약해짐을 의미합니다. 셀프의 태양을 가리고 있는 에고의 구름이 열어질수록, 셀프에 대한 자각이 이루어지기 쉽습니다. 그러므로 상실과 고통은 셀프를 자각하기 위한 좋은 수행의 계기를 제공합니다. 이런 방식으로 상실과 고통의 경험을 해석하고 맞아드리는 것을 '상실과 고통을 통한 수행'이라고 합니다.

늙어감의 수행

'늙어감의 수행'은 늙어감을 수행의 계기로 삼는 것입니다. 늙어감은 누구도 피할 수 없습니다. 다만 우리들에게 주어진 선택은 '아름답고 행복하게 늙어갈 것인가' 아니면 '추하고 불행하게 늙어갈 것인가'하는 것입니다. 대부분의 사람들이 아름답고 행복하게 늙어가기를 선택할 것 같지만, 실제로 대부분의 현대인이 선택하는 것은 '추하고 불행하게 늙어가기'입니다.

어떻게 이런 이상한 현상을 설명할 수 있을까요? 그 답은 분명합니다. '현대 인간관이 현대인의 의식을 지배하고 있기 때문'이라는 것이 그 답입니다. 현대 인간관은 인간을 출생에서 사망까지 한정된 시간만을 살아가는 유한한 존재라고 봅니다. 죽음은 자기 존재의 종말을 뜻하며, 늙어감은 죽음에 다가가는 과정입니다. 그러므로 현대 인간관의 바탕 위에서는 늙어감에 대한 창조적인 해석이 근원적으로 불가능합니다.

현대 인간관의 관점에서 보았을 때, 늙어감이란 육체적으로 노쇠하고 정신적으로도 활력을 상실해가는 과정입니다. 사회적인 측면에서 보았을 때도 늙어감이란 직장의 상실, 자녀의 출가, 배우자나 친구의 죽음 등 상실의 과정입니다.176) 그러므로 현대인은 늙어감을 단지 부정적인 측면으로만 해석하며, 추하고 불행하게 늙어갑니다.

그러나 통일체적 인간관의 관점에서 보면, 늙어감에 대한 해석은

176) 홍승표, 「통일체적 세계관과 늙어감에 대한 새로운 인식」, 『東洋社會思想』 제 9집(東洋社會思想學會, 2004), p. 10 참조.

판이해집니다. 늙어감이란 에고의 측면에서 보면 상실의 과정이지만, 셀프의 측면에서 보면 성숙의 과정입니다. 늙어감이 에고에게 부정적인 변화이며 고통을 준다는 것은 분명한 사실입니다. 늙어감으로 인한 에고의 상실과 고통은 셀프에게는 기회입니다. 이렇게 늙어감으로 인한 에고의 상실과 고통을 셀프의 자각을 위한 기회로 활용하는 것이 '늙어감의 수행'입니다.

'늙어감의 수행'은 늙어 감에 따라 에고가 상실의 경험을 하고 고통받는 것을 따뜻하게 미소지으며 지켜보는 것입니다. 정년퇴직을 하고나서, 오랜 동안 해왔던 일을 상실하고 자신이 쓸모없는 존재가 되었다는 느낌이 들면, 또 주위사람들이 자신을 바라보는 시선이 바뀌었다는 생각이 들면, 그냥 손상되어 고통받고 있는 에고를 따뜻하게 미소지으며 바라보면 됩니다.

건강이 나빠져서, 이제는 늘 걷던 산책로조차 걸을 수 없게 되었을 때, 머리카락이 빠져 대머리가 되고 검은 머리가 백발이 되었을 때, 이빨이 빠지고 아침에 잠자리에서 일어날 때 몸이 무겁게 느껴질 때, 에고는 건강했던 젊은 시절을 떠올리며 고통스러워합니다. 이런 경험을 할 때, '늙어감의 수행'은 고통스러워하는 에고를 따뜻한 눈으로 바라보는 것입니다. 이 밖에, 자녀의 출가, 배우자나 친구의 죽음 등 노년기에 일어나는 모든 종류의 에고의 상실에 대해서도 똑같은 방법으로 대응합니다.

'늙어감의 수행'의 원칙은 늙어감으로 인해 에고가 겪는 상실과 고통을 치유하려는 어떤 노력도 기울이지 않는다는 것입니다. 왜냐하면 '늙어감의 수행'의 목표는 에고의 회복이 아니기 때문입니다. 상실로 인해 고통받고 있는 에고를 따뜻한 눈으로 바라볼 때, 바라보는 그 나가 바로 셀프입니다. 이런 연습이 거듭될수록, 셀프는 깨어나 활동하게 되며, 에고가 차지하고 있던 주체로서의 나의 자리를 점점 더 셀프가 차지하게 됩니다.

이런 주체의 변화는 다음과 같은 것을 포함합니다. 나는 그때까지 나를 얽매고 있었던 온갖 형태의 욕망과 욕망에 대한 집착으로부터 자유로워집니다. 늙어가는 나, 그래서 그때까지 갖고 있었던 것들을 상실해가는 나를 바라보면서, 나는 에고의 무상(無常)함을 느낍니다. 나의 에고가 애착심을 갖고 있던 모든 것이 결국은 사라진다는 사실을 자각할 때, 우리는 집착의 감옥으로부터 해방되며, 이때부터 우리는 집착이 아니라 사랑을 시작할 수 있습니다.

나는 나 자신과 세계에 대한 깊은 이해에 도달하게 됩니다. 우리는 이런 형태의 이해를 지식과 구분해서 지혜라고 부릅니다. 나는 나에게 주어진 삶의 의미, 나와 함께 하는 아내의 존재, 그리고 해마다 찾아오는 봄・여름・가을・겨울의 계절들, 하늘과 시냇물 등 모든 것에 대해, 젊은 시절에는 가질 수 없었던 깊은 이해를 갖게 됩니다. 삶과 자연을 사랑할 수 있게 되고, 깊은 감사의 마음을 가질 수 있습니다.

나는 진정 겸손해집니다. 에고의 붕괴는 오만을 치료하는 묘약입니다. 늙어감에 따라 붕괴되어가는 에고를 바라보면서, 나는 내 존재가치의 축을 빈약한 에고로부터 무한한 셀프로 옮깁니다. 나는 더 이상 에고의 성취로 인해 오만하지 않으며, 에고의 상실로 인해 움츠려들지 않습니다. 나는 다만 오만해하는 또는 움츠려드는 에고를 향해 따뜻한 미소를 보냅니다.

죽음을 통한 수행

'죽음의 수행'은 죽음을 수행의 계기로 삼는 것입니다. 죽음이란 '에고의 종말'을 의미하며, 누구도 피할 수 없는 인간의 운명입니다.

그러므로 죽음은 '분리된 자아로서의 나'를 벗어날 수 있는 계기를 줍니다. 실제로 사형을 선고받은 죄수나 말기 암 환자와 같이 죽음을 직면하고 있는 사람들은 '분리된 자아로서의 나'를 벗어나 '우주적인 존재로서의 나'를 자각하는 경우가 많습니다. 그런 사람들은 죽음을 평화롭게 맞아들입니다.

그러나 실제로 죽음에 직면한 사람이 아니더라도, 누구나 자신의 죽음을 상상할 수 있으며, 늘 자신의 곁에 죽음을 둘 수 있습니다. 죽음의 수행은 무상(無常)의 자각을 도와줍니다. '분리된 자아로서의 나 자신'이나 삶에서 부딪치는 갖가지 사건을 죽음에 비추어 볼 수 있으면, 우리는 집착으로부터의 자유를 얻을 수 있게 됩니다.

죽을 수 있는 것은 무엇일까요? 그것은 '분리된 자아로서의 나'입니다. '우주적인 존재로서의 나'는 불생불멸입니다. '죽음의 수행'이란 현대인이 갖고 있는 견고한 에고의 껍질을 깨뜨리기 위해 분리된 나의 죽음을 활용하는 것입니다. 죽음의 수행을 통해 우리는 '우주적인 존재로서의 나'에 진입할 수 있습니다.

질병을 통한 수행

'질병 수행'은 우리가 병에 걸렸을 때 이를 수행의 계기로 삼는 것입니다. 질병은 감기와 같이 경미한 것일 수도 있고, 암과 같이 위중한 것일 수도 있으나, 경중의 차이는 있지만 원리는 동일합니다. 질병은 우리 몸의 전신이나 일부분에 이상이 생겨 정상적인 기능이 이루어지지 않아 고통을 느끼는 현상을 가리킵니다. 질병은 에고가 입을 수 있는 손상의 하나입니다.

에고의 차원에서 보면, 질병은 단지 고통을 초래하는 부정적인 현상일 따름입니다. 하지만 셀프의 차원에서 보면, 질병은 에고가 손상된 틈을 이용해서 셀프를 자각할 수 있는 좋은 기회입니다.

실제로 암과 같은 치명적인 불치병에 걸린 사람들이 셀프를 자각하는 경우를 주변에서 종종 볼 수 있습니다. 그들은 건강했던 시절보다 더 평화로우며, 삶의 경이로움과 존재의 아름다움을 깊이 느낍니다. 대부분의 경우, 몸이 건강한 동안에는 에고의 껍질이 단단해서 셀프를 자각하기 힘듭니다. 하지만 병이 나면 에고의 단단한 껍질에 취약한 부분이 생기고, 그 틈을 타고 셀프가 출현하는 것입니다. 바로 이와 같은 과정을 의도적으로 시도하는 것이 '질병 수행'입니다.

아내의 친구 남편 중에 치과의사가 있는데, 전에 여러 번 그분을 만난 적이 있었습니다. 그런데 며칠 전 저녁시간에 아내와 앞산을 산책하다가 그 부부와 만났습니다. 그런데 내가 그분을 알아보지 못해 인사를 하며 머뭇거렸습니다. 몇 년 전에 봤던 그 사람과는 외모가 너무 변해 있었습니다. 모든 집착을 내려놓은 도인의 외양을 하고 있었기 때문입니다. 알고 보니 그분은 두 차례나 위암 수술을 받았고, 지금도 간에 암을 달고 있다고 합니다. 처음에는 '왜 나에게 이런 일이 생겼나'하는 생각에 화가 났었는데, 몇 달 전부터 암을 받아들이면서, 마음이 평화로워졌다고 합니다. 만일 그분이 암에 걸리지 않았더라면 평생을 겉돌 수도 있었을 '진정한 나'와의 만남이 이루어졌다는 것을 알 수 있었습니다.

크고 작은 질병에 걸리면, 우리는 일단 분주한 일상적인 삶을 중지하게 됩니다. 대부분의 현대인에게 있어서 일상적인 삶이란 에고의 삶입니다. 그러므로 일상적인 삶의 중지는 에고의 삶의 중지를 뜻합니다. 질병은 삶에 에고의 여백을 만들어내며, 에고의 여백은 셀프가 출현할 수 있는 기회가 됩니다. 분주한 일상의 삶을 멈추는 것은 존재 변화를 위한 중요한 전제인데, 질병은 자연스럽게 이런 전제를 충족시켜줍니다.

또한 우리는 질병으로 인해 고통을 경험합니다. 이때 고통은 몸의 부분적인 기능장애 또는 전면적인 해체과정의 결과입니다. 그래서 질병의 체험은 무상(無常)을 자각할 수 있는 좋은 기회를 제공합니다. 몸이 건강할 때는 마치 우리가 영원히 살 것 같은 착각을 하기가 쉽습니다. 하지만 몸이 아파보면 우리의 몸이나 분리된 자아로서의 내가 영원한 존재가 아님을 알 수 있습니다. 무상의 자각은 그때까지 우리가 갇혀 있었던 수많은 욕망과 욕망에 대한 집착으로부터 해방될 수 있는 좋은 기회를 제공해줍니다. 더 이상 노예로서가 아니라 자유인으로서의 삶을 시작할 수 있게 됩니다.

경쟁에서의 패배를 통한 수행

경쟁심이 강한 현대인에게 경쟁에서의 패배는 큰 상처를 줍니다. 때로는 그 상처가 너무 커서 자살을 하는 경우도 있습니다. 필자도 경쟁에서의 패배로 큰 상처를 받았던 경험이 있습니다. 오래 전에 공을 들였던 대학에서 경쟁자에게 패배해 교수임용에서 탈락했습니다. 그때 큰 스트레스를 받아 머리가 하얗게 세어버렸고, 매일 머리를 감을 때마다 한 움큼 씩 머리카락이 빠져나갔습니다.

경쟁에서의 패배는 고통스런 것이지만, 이것은 수행의 기회로 활용될 수 있습니다. 경쟁에서의 패배로 고통받는 주체는 '분리된 자아로서의 나' 즉 에고입니다. 패배는 에고를 덮고 있던 단단한 껍질을 부드럽게 만드는 효과가 있습니다. 그러므로 일반적으로 경쟁에서 승리한 사람보다 패배한 사람에게 셀프를 자각할 수 있는 기회가 더 많이 주어집니다.

패배를 기회로 활용하기 위해서는 패배 자체를 온전히 받아들여야 합니다. 이것은 다음과 같은 것들을 포함합니다. '패배에 대한 인정',

'패배로 인해 에고가 무너져 내리는 것을 지켜봄', '패배로 인해 일어나는 분노나 배신감, 회한 등과 같은 고통스런 감정을 지켜봄' 등입니다. 이런 패배를 지켜보는 작업이 진행되면서, 패배에 함몰되어 있을 때와는 달리 자신과 패배 사이에 약간의 이격이 생겨납니다.

조금씩 힘이 생겨나면, 패배로 인해 고통받고 있는 자신을 따뜻하게 포용하고 감싸안아주는 노력을 기울이면 됩니다. 자신이건 상대편을 향한 것이건 비난은 도움이 되지 않습니다. 그냥 고통받고 있는 자신을 향해 아름다운 미소를 지어주고, 자신에게 일어난 어떤 감정도 용서해주면서, 한없이 부드럽게 자신을 안아주면 됩니다. 이렇게 하는 과정에서 고통받는 에고를 사랑하는 셀프가 깨어나 활동을 하게 되며, 에고의 차원에서 셀프의 차원으로 존재 영역의 변화가 일어납니다.

경제적인 상실을 통한 수행

현대사회에서는 경제적인 성취가 삶의 중요한 부문을 차지하기에, 경제적인 상실은 현대인이 겪는 고통의 중요한 근원입니다. 더구나 최근 자동화 등의 영향으로 경제적인 성취를 위한 경쟁은 격화되고 있고, 많은 사람들이 이로 인해 큰 좌절을 겪고 있습니다. 사업체를 운영하는 사람에게는 파산, 자영업자에게는 문을 닫는 일, 직장에 근무하는 사람들에게는 해고를 당하는 일 등이 경제적인 상실의 전형입니다.

중년의 나이에 직장에서 해고되어 실의에 빠져 있다가 자영업을 해보지만 이 역시 쉽지 않아 문을 닫고 좌절에 빠진 삶을 살아가는 사람을 흔히 봅니다. 또 기업체를 운영하면서 다른 사람들이 부러워하는 윤택한 삶을 살다가, 부도가 나서 하루아침에 인생의 나락으로 떨어진 사람을 보는 것도 어렵지 않습니다.

에고의 차원에서 보자면, 경제적인 상실을 창조적으로 해석하고 받아들일 수 있는 가능성은 애초에 없습니다. 경제적인 성취는 에고가 자신을 더 크고 높게 만드는 중요한 통로이기 때문에, 경제적인 상실은 그만큼 에고에게 큰 상처가 됩니다. 하지만 셀프의 차원에서 보면, 상황은 달라집니다. 에고가 받는 상처와 고통은 셀프에게는 기회입니다. 셀프는 약해진 에고의 지각을 뚫고 나오기가 가장 쉽기 때문입니다. 지상에서의 저주가 천상에서의 축복이 되는 것이 바로 이와 같은 이치에서 비롯됩니다.

자신이 갖고 있는 주식이 내린다든지, 예기치 않은 지출로 쪼들린다든지, 월급이 삭감된다든지 하는 그렇게 치명적이지 않은 경제적인 상실로 인해서도 우리의 에고는 적지 않은 동요를 느낍니다. 하물며, 위에서 언급한 파산이나 해고와 같은 것은 경제적인 삶의 기반을 송두리째 잃어버리는 계기가 되기 때문에 엄청난 스트레스와 고통을 줍니다. 그 고통이 너무 커서, 사람들은 자살을 하기도 하고, 알코올 중독자가 되어 폐인이 되기도 합니다.

하지만 분명한 사실은 이미 발생한 경제적인 상실을 돌이킬 수 없다는 점입니다. 그러므로 일단 경제적인 상실이 발생했을 때, 우리의 유일한 선택은 '셀프가 깨어나는 기회로 그것을 활용하느냐 아니냐' 하는 것입니다. 비록 셀프가 깨어나는 기회로 경제적인 상실을 활용하더라도, 경제적인 상실이 주는 불편함이나 에고의 고통은 여전히 남습니다. 하지만 수행의 기회로 경제적인 상실을 활용할 경우, 에고가 겪는 고통의 대가로 셀프의 깨어남이라고 하는 값진 선물을 받을 수 있습니다. 이것을 활용하지 않을 경우, 경제적인 상실은 다만 고통일 따름입니다. 그러니 경제적인 상실을 활용하는 것이 분명히 현명한 일입니다.

그렇다면, 경제적인 상실의 체험을 했을 때, 이것을 어떻게 받아들이는 것이 경제적인 상실을 통한 수행이 되는 것일까요? 일차적으로는 이미 발생한 경제적인 상실을 인정하는 일입니다. 이미 경제적인 상실이 발생한 상태에서, 상실 이전의 좋았던 과거를 그리워한다거나 후회하는 일 따위는 상황을 개선하는데 도움이 되지 않습니다.

상황에 대한 인정이 되고 나면, 그 다음은 경제적인 상실로 인해 고통받고 있는 자신을 돌보아주어야 합니다. 경제적인 상실로 인해 고통받는 자신을 비난해서는 안 됩니다. 경제적인 상실로 인해 나는 이미 충분히 고통스러우며, 더 이상의 나에 대한 힐난을 필요로 하지 않습니다. 고통받고 있는 자신에게 따뜻한 미소를 보내주고 감싸 안아주어야 합니다.

이런 노력을 계속하면서, 우리는 경제적인 상실과 경제적인 현실 자체로부터 조금씩 자유로워지는 자신을 자각할 것입니다. 우리들의 힘이 커져가더라도, 경제적인 상실은 여전히 불편하고 고통스러운 일일 것입니다. 하지만, 경제적인 상실에 함몰되어 있었을 때와는 달리, 그 이전에는 경험하지 못했던 새로운 힘을 느낄 수 있을 것입니다.

2.2. 사랑의 수행

'사랑의 수행'은 사랑할 수 있는 능력을 기우는 것입니다. '사랑의 수행'은 수행으로서의 삶의 핵심입니다. 우리가 깨우려고 하는 셀프[우주적인 나]의 다른 이름이 사랑이기 때문입니다. 사랑의 능력이 커진다는 것은 곧바로 셀프가 깨어나 활동하는 것을 의미합니다.

'사랑의 수행'을 논의하기에 앞서서, 이 책에서 말하는 '사랑'의 의미를 분명히 규정해두고자 합니다. 이 책에서 말하는 '사랑'은 현대

사회에서 흔히 말하는 '사랑'의 의미와 전혀 다른 것입니다. 요점을 말하자면, 현대사회에서 말하는 사랑의 주체는 대부분 에고[분리된 자아]입니다. 이에 반해서, 이 책에서 말하는 사랑의 주체는 셀프[우주적인 나]입니다.

현대사회에서 '사랑'을 말할 때, 그것이 가리키는 대상은 보통 두 가지입니다. 하나는 남녀 간의 사랑이고, 다른 하나는 혈육 간의 사랑입니다. 혈육 간의 사랑 중에서도 어머니의 자녀에 대한 사랑이 가장 강렬합니다. 현대적인 의미에서의 사랑은 다음과 같은 특징을 갖고 있습니다.

첫째, 사랑의 주체는 에고입니다. 둘째, 사랑은 생물학적인 본능에서 유래하며, 누구나 사랑할 수 있습니다. 셋째, 사랑은 그 대상이 한정되어 있습니다. 넷째, 사랑은 지속하지 않습니다.

이에 반해서, 이 책에서 말하는 사랑은 다음과 같은 특징을 갖고 있습니다. 첫째, 사랑의 주체는 셀프[우주적인 나]입니다. 둘째, 사랑의 능력은 연습을 통해 커지며, 사랑의 능력이 생긴 사람만이 사랑할 수 있습니다. 셋째, 사랑은 마주치는 모든 대상에 대한 사랑입니다. 넷째, 사랑은 지속적입니다. 지금부터 이 책에서 '사랑'이란 용어는 후자의 의미로만 사용됨을 밝힙니다.

현대인은 대부분 에고의 삶을 살아갑니다. 그러므로 현대인은 사랑의 무능력자입니다. 현대인은 심지어 자기 자신조차 사랑할 수 없습니다. 사람들은 흔히 '다른 사람은 몰라도 나 자신은 사랑해.'라고 생각합니다. 하지만 이것은 사실이 아닙니다. 현대인은 빈번히 자신에게 애착심을 갖고 집착합니다. 하지만 이것은 사랑이 아닙니다. 현대인은 자신을 사랑하지 않는다기보다 사랑할 수가 없습니다. 에고 덩어리인 자신은 사랑스럽지 않습니다. 현대인은 사랑스럽지 않은 것을 사랑할 능력이 없기 때문에, 결국 자신을 사랑할 수 없습니다.

상대편의 에고를 사랑하는 것은 더욱 불가능합니다.

사랑의 능력이란 사랑스럽지 않은 것을 사랑할 수 있는 능력입니다. 사랑스러운 것을 사랑하는 데는 별다른 능력이 필요 없습니다. 사람들은 사랑의 능력을 키우지 않더라도 꽃을 사랑하며, 하늘이나 봄날을 사랑합니다. 누구나 아기의 웃음을 사랑합니다. 사람들은 또한 사랑스런 사람을 사랑합니다. 사랑스런 사람이란 에고가 떨어져나간 사람입니다. 그러나 사랑의 능력이 없는 사람은 사랑스럽지 않은 것을 사랑할 수 없습니다. 사랑스럽지 않은 것이란 나와 너의 에고입니다.

그러므로 '사랑의 능력 키우기 수행'은 나와 너의 에고를 사랑하는 연습입니다. 이때 사랑하는 주체는 셀프입니다. 셀프의 태양이 나와 너의 에고의 얼음 덩어리를 비출 때, 에고는 흔적도 없이 녹아버리는 변화가 일어납니다. 이것이 에고를 무력화하고 해소하는 유일한 방법입니다. 이 장에서는 다양한 형태의 너와 나의 에고에 대한 '사랑의 능력 키우기 수행'을 설명해보도록 하겠습니다.

열등함에 대한 사랑

열등함을 느끼는 대표적인 영역은 외모, 지능, 능력, 소유, 소비, 학력 등입니다. 현대를 살아가는 많은 사람들이 키, 몸무게, 얼굴 생김새, 다리 모양 등과 같은 자신의 외모에 대해 열등감을 갖고 있습니다. 자신의 지능이나 능력 또는 학력에 대해 열등감을 갖고 있는 사람도 많습니다. 자신의 소유와 소비 수준에 대한 열등감을 품고 있는 사람도 많습니다.

'열등함에 대한 사랑'을 논의하기 위해서는 우선 열등함과 열등감을 구분해야합니다. 열등함이란 다른 에고와의 비교에서 자신의 에고가 갖고 있는 열등한 특징이며, 열등감이란 열등함에 대한 부정적인 태도입니다. 열등함은 많은 경우 열등감을 초래합니다. 하지만 '열등함에 대한 사랑'을 통해서 여전히 열등한 채로 우리는 열등감 없이 행복한 삶을 영위할 수 있습니다.

예를 들어, 내가 '작은 키'라고 하는 열등함을 갖고 있다고 가정해 보도록 하겠습니다. 열등함에 대한 사랑은 열등함을 극복하고자 하는 것이나 열등함 속에서 우월함을 찾고자 노력을 기울이는 것이 아님을 우선 인식해야 합니다. '작은 키'를 '큰 키'로 바꾸기 위해서 노력을 기울인다거나 '작은 키'가 갖고 있는 장점을 찾는 것이 여기에 해당합니다. 이것은 자신의 열등함을 극복하기 위해 노력을 기울이는 것이지 열등함을 사랑하는 것은 아닙니다.

'작은 키'라고 하는 나의 열등함에 대한 사랑은 '작은 키' 자체를 사랑하는 것입니다. '작은 키' 자체를 따뜻한 눈으로 바라보고 품어주며, '작은 키'로 인해 고통받고 있는 나에게도 따뜻한 눈길을 보내는 것입니다. 나는 스스로 '작은 키'를 갖고 싶어서 키가 작은 것이 아님을 압니다. 유전적인 요인이나 성장기의 영양상태 등의 요인으로 인해서, 나는 원치 않았지만 작은 키를 갖게 된 것임을 압니다. 그러므로 '작은 키'로 고통받고 있는 나를 비난해서는 안 됩니다. 나는 비난받아야 될 대상이 아니라 위로받아야 될 대상임을 압니다. 그래서 '작은 키'를 가진 나를 따뜻하게 품어주는 것, 이것이 나의 '작은 키'를 사랑하는 것이며, 나의 열등함을 사랑하는 것입니다.

'작은 키' 뿐만 아니라 내가 갖고 있는 어떤 형태의 열등함에 대해서도 우리는 똑같이 사랑할 수 있습니다. '작은 키'를 비롯한 나의 열등함은 나의 에고가 갖고 있는 특징입니다. 이런 에고의 열등함을 사랑하는 나는 바로 나의 셀프입니다. 그 이유는 셀프만이 사랑할 수 있기 때문입니다. 그러므로 '열등함에 대한 사랑의 수행'은 나의 셀프를 깨어나 활동하게 합니다. '나의 열등함에 대한 사랑의 수행'을 통해, 나의 주인공은 '에고'에서 '셀프'로 점점 바뀌어갑니다. 에고는 나의 열등함에 대해 열등감을 느끼지만, 셀프는 나의 열등함을 사랑합니다.

'나의 열등함에 대한 사랑'과 '너의 열등함에 대한 사랑'은 완전히 동일합니다. 이것은 다만 사랑의 대상이 나의 열등한 에고에서 너의 열등한 에고로 바뀌었을 뿐입니다. 사랑의 주체는 어느 경우에나 나의 셀프입니다. '너의 열등함에 대한 사랑의 수행'에서는 너의 열등함에 대한 비난이나 조소, 무시하는 마음을 버립니다. 나는 네가 열등하고 싶어서 열등한 것이 아님을 깊이 이해하기 때문입니다. 나는 너의 열등함을 따뜻한 눈으로 바라보며, 위로해 줍니다. 이런 나와 너의 열등함에 대한 수행을 통해, 나의 셀프는 짙은 구름이 걷힌 뒤의 태양처럼 우리의 열등감으로 얼어붙은 존재에 따뜻한 빛을 비추게 됩니다.

우월함에 대한 사랑

'우월함에 대한 사랑'은 '열등함에 대한 사랑'보다 조금 더 어렵습니다. 우월함은 쉽게 우월감으로 연결됩니다. 그리고 나와 너의 우월감은 사랑스럽지 않습니다. 사랑스럽지 않은 것을 사랑하는 것은 어려운 일이지만, 우리가 사랑의 수행의 대상으로 삼고 있는 것 모두가 사랑스럽지 않은 것이라는 점에 주목할 필요가 있습니다.

사랑스런 것에 대해서는 사랑의 수행을 할 필요가 없습니다. 우리는 수행을 하지 않더라도 이른 아침에 활짝 피어있는 나팔꽃이나 피부를 부드럽게 어루만지는 봄바람을 사랑합니다. 맑게 갠 하늘이나 비가 떨어지는 소리, 다람쥐나 강아지, 아기의 웃음을 사랑합니다.

우리는 또한 석가모니나 예수, 틱낫한 스님이나 김수환 추기경, 테레사 수녀나 간디를 사랑합니다. 왜냐하면 이들 모두는 사랑스럽기 때문입니다.

나팔꽃이나 봄바람 등은 에고가 생겨나기 이전의 자연물이며, 석가모니나 간디 등은 에고가 떨어져나가 셀프의 존재가 된 사람들입니다. 사랑스럽지 않은 것은 에고입니다. 그러므로 사랑의 수행은 모두 에고의 특징을 대상으로 합니다. 에고가 갖고 있는 특징 중에서도 사랑스럽지 않은 것일수록 사랑의 수행에는 더욱 효과적입니다. '우월함에 대한 사랑의 수행'도 이런 경우에 속합니다.

우월함의 영역은 열등함의 영역과 완전히 동일합니다. 우월함의 대표적인 영역은 외모, 지능, 능력, 소유, 소비, 학력 등입니다. 예를 들어, 내가 소유의 영역에서 우월함을 갖고 있다면, 이를 사랑한다는 것은 어떤 것일까요? '나는 80평 고급 아파트에 산다.', '나는 벤츠를 타고 다닌다.', '나는 수 백만 원하는 명품가방을 몇 개나 갖고 있다.', '나는 몇 개의 큰 빌딩을 갖고 있다.' 등 이런 사실에 우쭐해 하는 자신에게 따뜻한 미소를 보내주는 것이 '우월함에 대한 사랑'입니다.

위의 사실에 우쭐해하는 나 자신은 얼마나 앙증스러운가요! 더군다나 나는 어린 시절을 빈한하게 보내서, 빌딩 몇 개 갖고 있는 것이 마치 천하를 소유한 듯합니다. 그러나 광대한 대우주의 바다의 관점에서 그리고 억겁의 시간의 눈으로 보면, 지금 내가 우쭐거리고 있는 그것은 바다 위에 잠시 생겼다 꺼지는 물거품 하나도 되지 않습니다. 그러니 나의 우쭐거림이 얼마나 앙증맞고 귀여운 것인가요! 이렇듯, 내가 가진 빌딩 몇 채에 압도되어 우쭐거리는 나에게 따뜻한 미소를 보내는 것이 '자신의 우월함에 대한 사랑의 수행'입니다.

미소 짓는 순간 우리는 자신을 지배하던 우월감으로부터 해방될 수 있습니다. 우리는 진정한 겸손을 배울 수 있습니다. 우쭐거리는 주체가 나의 에고라면, 우쭐거리는 나에게 따뜻한 미소를 보내는 사람은 나의 셀프입니다. 그래서 '우월함에 대한 사랑의 수행'은 셀프를 깨어나게 하고, 활동하게 합니다.

너의 우월함에 대한 사랑도 똑 같은 것입니다. 다만 대상이 '나의 우쭐거리는 에고'에서 '너의 우쭐거리는 에고'로 바뀐 것뿐입니다. 나의 에고보다 우월한 너의 에고는 나의 에고에게 압박감을 줍니다. 상대편의 우월함과 우쭐거림으로 인해, 압박감을 느끼는 나의 에고에게 따뜻한 미소를 보냅니다. 그리고 상대편의 우월함과 우쭐거림에 대해서도 따뜻한 미소를 보냅니다. 우리가 이런 미소를 보낼 수 있는 것은 영원한 시간과 무한한 공간의 관점에서 압박감을 받는 나의 에고와 우쭐거리는 너의 에고를 바라볼 수 있기 때문입니다. 그리고 이런 미소를 통해서 나의 셀프가 성장하게 됩니다.

이기심에 대한 사랑

이기적인 나와 너는 사랑스럽지 않습니다. 그래서 이기심은 사랑의 수행을 위한 좋은 대상이 됩니다. 이기(利己)라고 했을 때, '기[나]'는 물론 에고로서의 나입니다. 이기심을 흔히 '나에 대한 사랑'인 것처럼 생각합니다. 하지만 이것은 착각입니다. 에고는 사랑할 수 없습니다. 그러니 '이기'의 주체인 에고로서의 내가 나[에고]를 사랑하는 것은 불가능합니다. 그러므로 이기심은 '나에 대한 사랑'이 아닙니다. 이기(利己)라고 했을 때, '이(利)'는 사랑이나 진정으로 위함이 아닙니다. 그것은 에고의 욕망을 채우고자 함일 뿐입니다.

현대인은 이기적인 사람이 많습니다. 이것은 현대 인간관의 영향 때문입니다. 인간을 분리된 개체로 간주하기에, 자신이나 상대편을 사랑할 수 없습니다. 사랑이란 분리의 극복이며 하나 됨이기 때문입니다. 인간을 욕망 주체로 간주하기에, 자신을 위해주는 것은 자신의 욕망을 채워주는 것을 뜻합니다. 그러므로 '에고의 욕망을 채우기 위한 몸부림'이 바로 현대적인 삶의 주제입니다. 이런 까닭으로, 현대인은 이기적인 사람이 될 수밖에 없는 커다란 압력을 받고 있는 것입니다.

이기적인 현대인은 불행합니다. 자신의 욕망을 채우기 위해 다른 사람들과 부대끼면서 고통을 겪습니다. 욕망의 좌절에 따른 불행을 겪습니다. 설혹 어렵게 욕망을 채운다 해도, 만족감을 느끼는 것은 잠시 뿐이며, 곧 더 큰 욕망을 향해 자신을 내던집니다. 그래서 톨레는 이렇게 말했습니다. "에고가 당신의 삶을 이끌어 가는 한, 불행해지는 두 가지 길이 있다. 하나는 당신이 원하는 것을 얻지 못하는 것이다. 그리고 다른 하나는 당신이 원하는 것을 얻는 것이다."[177]

그러니 어쩔 수 없는 힘에 의해 이기적인 사람이 되어버렸고, 그래서 불행한 현대인을 어떻게 대해야 할까요? 이기적인 나 자신이나 상대편을 비난해야 할까요? 아닙니다. 그를 따뜻한 눈으로 바라보고, 위로해줘야 합니다. 더 이기적인 사람일수록, 더 고통받는 사람이고, 더 불쌍한 사람입니다. 그 사람이 나 자신이건 상대편이건 마찬가지입니다. 아주 이기적인 사람은 유전적인 측면에서 보통 사람보다 열등한 유전자를 물려받았거나, 성장과정에서 보통사람보다 많은 상처를 받은 사람들입니다.

그들은 상대편에게 심한 불쾌감을 주고 상처를 주기 때문에 사람들은 자연히 그들을 멀리하고 싫어합니다. 하지만 그들 역시 어쩔 수 없는 힘에 의해 그렇게 되었고, 우리보다 더 불행하다는 사실을 이해한다면, 우리는 그들에 대한 비난이나 증오를 멈출 수 있을 것

177) E. Tolle, 류시화 옮김, 『Now』(조화로운 삶, 2008), p. 245.

입니다. 그리고 그들에게 따뜻한 위로의 눈길을 보낼 수 있을 것입니다. 이기적인 나의 에고나 너의 에고에게 따뜻한 눈길을 보내는 바로 그 사람이 나의 셀프입니다. 그러므로 '이기심에 대한 사랑의 수행'은 셀프를 깨어나고 성장하게 합니다.

악함에 대한 사랑

'악함에 대한 사랑', 이것 역시 어렵고 그러기에 효과적인 사랑의 수행입니다. 주위에서 우리는 어렵지 않게 악한 사람을 만날 수 있습니다. 악한 사람은 나를 공격하고 비난하며 나에 대한 음모를 꾸밉니다. 자신이 원하는 것을 갖기 위해서 나에게 해를 끼칩니다. 그는 나에게 상처를 줍니다. 그래서 우리는 악한 사람을 싫어하고 증오하며, 가능하다면 그에게도 상처를 되 안겨주고자 합니다. 그런데 그런 그를 사랑한다는 것이 가능한 것일까요? 이것은 분명 어려운 일입니다. 하지만 가능한 일입니다.

'악함에 대한 사랑'의 시작은 '악함에 대한 깊은 이해'에서부터 시작해야합니다. 우리는 악한 사람이 자꾸만 나의 에고에게 고통과 상처를 주기 때문에 그를 깊이 이해하기 위해 마음을 내기가 어렵습니다. 하지만 조금만 깊이 들여다보면, 그 사람 역시 고통받고 있음을 알 수 있습니다. 빈번히 그 사람으로 인해 고통받고 있는 나보다 그 사람의 고통이 더 클 때가 많습니다. 만일 사이코패스와 같이 그 사람이 상대편에게 고통을 주면서도 자신은 고통스럽지 않다면, 그 사람은 그야말로 깊은 상처를 입은 가엾은 사람입니다.

나에게 상처를 주는 악한 사람을 깊이 들여다보면, 그가 나보다 더 고통받고 있으며, 깊이 상처받은 사람임을 알 수 있습니다. 그는 유전적으로 악한 성격을 타고난 사람일 수도 있고, 성장과정에서 큰 상처를 받은 사람일 수도 있습니다. 어떤 경우이건, 분명한 사실은 스스로 악하고 싶어서 악한 사람은 아무도 없다는 점입니다. 악한 사람은 모두 자신도 어쩔 수 없는 힘에 의해 악한 사람이 되었고, 자신의 악함으로 인해 고통받고 있습니다. 악한 사람은 주변 사람들에게 고통을 줍니다. 그러므로 그는 주변 사람들로부터 반드시 미움을 받게 되어있는데, 미움받는다는 것은 무척 고통스런 일입니다.

이렇게 악한 사람을 깊이 들여다보면, 그가 비난받거나 처벌받아야 할 사람이 아님을 알 수 있습니다. 그는 주변 사람들에게 피해를 주지만, 자기 자신도 피해를 입은 사람임을 알 수 있습니다. 이 세상에 비난받거나 처벌받아 마땅한 사람은 아무도 없습니다. 악한 사람이 필요로 하는 것은 비난이나 처벌이 아니라 자신에 대한 깊은 이해와 사랑입니다.

악한 사람을 깊이 이해하고, 그가 진정으로 필요로 하는 것을 주는 것, 이것이 바로 '악한 사람에 대한 사랑의 수행'입니다. 그를 측은한 눈으로 바라보고, 감싸 안아주는 것, 이것만이 꽁꽁 얼어붙어 있는 그의 차가운 마음을 녹일 수 있습니다. 그리고 '악함에 대한 사랑의 수행'을 통해, 에고로서의 나는 셀프로서의 나로 존재의 변화를 일으킵니다.

초라한 나에 대한 사랑

삶에서 우리는 빈번하게 볼품없는 나 자신과 만나게 됩니다. '이것이 내가 아니었으면 좋겠는데.'하는 생각과 마주치게 됩니다. '소심한 나', '교활한 나', '야비한 나', '충동적인 나', '옹졸한 나' 같은 것이 그 예입니다. 우리는 흔히 이런 나 자신을 부정하고, 멋있어 보이는 나 자신을 만들어가고자 합니다. 하지만 이런 노력은 볼품없는 에고를 멋진 에고로 바꾸려는 것에 불과합니다. 이런 노력을 통해 셀프에 도달하는 것은 불가능합니다.

셀프에 도달하는 길은 초라한 나를 부정하고 외면하는 데 있는 것이 아니라 초라한 나를 만나고 깊이 경험해주는 데 있습니다. 이것이 '초라한 나에 대한 사랑'의 출발점입니다. 나는 이제 더 이상 초라한 나 자신을 외면하지도 부정하지도 억압하지도 않습니다. 초라한 나와 마주칠 때마다 적극적으로 그를 만나고 경험해줍니다.

'충동적인 나'를 예로 들어 설명해보도록 하겠습니다. 필자는 무척 충동적인 에고를 갖고 있습니다. 필자는 무엇이건 적절히 좋아하지 못하고, 일단 좋아하면 거기에 빠져버리며, 절제가 되지 않습니다. 그래서 충동에의 탐닉은 쾌락보다 더 큰 고통을 저에게 안겨 줍니다. 필자에게 이런 중독은 여러 가지 형태로 찾아왔고, 한 가지를 끊으면 곧 또 다른 중독에 빠지곤 했습니다.

필자는 무엇에건 중독되어 빠져나오지 못하는 자신을 싫어합니다. '이런 모습이 자신이 아니었으면 좋겠다.'는 바람도 있었습니다. 하지만 이런 자신에 대한 비난이나 억압, 외면은 필자에게 도움이 되지 않았습니다. 오히려 억압할수록 그것은 더 큰 에너지를 갖고 필자를 엄습해왔습니다. 그래서 필자는 자신의 이런 충동적인 성향을 사랑하는 수행을 하게 되었습니다.

우선 왜 자신이 이런 강한 충동적인 성향을 갖게 되었는가를 곰곰이 생각해보았습니다. '충동적인 성향을 유전적으로 물려받은 것일까?'하고 생각해보았습니다. 형제들이 대부분 충동적인 성향을 갖고 있다는 점에서 부분적으로 그럴 것 같았습니다. 또 한 가지는 대면하기 힘든 현실로부터 도피하는 메커니즘으로 무엇에 탐닉하는 성향이 형성된 것 같습니다. 필자에게 이런 성향이 처음 나타난 것은 고입시험을 준비하던 중3 시절이었는데, 삼국지를 일곱 번이나 쉬지 않고 읽었는데도 중단할 수 없어서, 책을 화장실에 던져버리고서야 읽기를 중단했던 기억이 있습니다. 그때 삼국지를 읽지 않으면 하기 싫은 고입시험 준비를 해야만 했었는데, 이것이 삼국지에의 몰입을 가져왔던 것 같습니다.

요즘도 필자가 어떤 것에 대해 중독이 되는 시점은 대면하기 싫은 현실이 생긴 경우가 많습니다. 원인을 분명히 밝히기는 힘들지만, 한 가지 분명한 사실은 이런 충동적인 성향이 필자에게 큰 고통을 주기 때문에 필자 스스로 원해서 이런 성향을 갖게 된 것은 아니라는 점입니다. 그렇다면 자신의 충동적인 성향을 비난하는 것은 부당하다는 생각이 들었습니다. 그래서 필자는 이런 성향을 싫어하고 비난하는 것을 중단했습니다. 비난의 중단은 소극적인 의미이기는 하지만 사랑의 출발점이 됩니다.

비난을 중단하고 난 후에, 필자는 자신의 이런 충동적인 성향을 사랑하려고 노력했습니다. 자기 마음에서 충동적인 성향이 솟아오를 때마다, 필자는 충동을 비난하지 않고 만나고, 측은히 여기고 따뜻하게 품어주려고 노력했습니다. 충동에 빠진 행동을 엄격하게 중지한 채로 위의 작업을 수행하려고 애썼습니다. 충동을 중지하면 충동의 힘은 더 강해집니다. 이럴 때일수록, 모진 마음을 먹고 충동에 빠진 행위를 중지해야만 사랑의 수행이 가능합니다.

이런 노력이 지속되면서, 필자에게는 충동을 사랑할 수 있는 능력이 조금씩 자랐습니다. 예전에는 충동을 두려워하고 회피하는 일이 많았지만, 이제는 충동을 점점 더 귀엽게 여깁니다. 자신 속에서 올라오는 충동은 필자의 에고입니다. 그리고 충동을 귀엽다는 눈으로 바라보는 나는 셀프입니다. 결국 '충동에 대한 사랑의 수행'을 통해 셀프의 힘이 점점 자라났습니다. 이제 충동은 힘을 많이 잃어버려서 필자를 지배하는 경우가 적습니다. 필자는 여전히 충동적이긴 하지만, 충동과 평화롭게 공존합니다.

충동에 대해서뿐만 아니라, 소심한 나, 교활한 나, 야비한 나 등을 포함한 어떤 유형의 볼품없는 나에 대해서도 똑 같은 방식으로 사랑의 수행을 할 수 있습니다. 초라한 나의 모습은 셀프를 깨우고 활동할 수 있게 하는 좋은 계기를 제공합니다.

신경증에 대한 사랑

현대인은 우울증, 불안증, 강박증, 대인공포증 등 다양한 형태의 신경증으로 인해 고통받는 사람들이 많습니다. 신경증 역시 우리가 갖고 있는 마음의 상처입니다. 이 세상 어느 누구도 신경증을 갖길 원해서 신경증을 갖고 있고, 그로 인해서 고통받는 사람은 없습니다. 자기 자신이나 상대편이 갖고 있는 신경증은 우리가 사랑의 존재로의 변화를 이루기 위한 좋은 수행 대상입니다. 왜냐하면 신경증 역시 에고가 갖고 있는 사랑스럽지 않은 특성이기 때문입니다.

모든 형태의 신경증은 자신의 내면에서 올라오는 불안을 감소시키기 위한 방편으로 형성됩니다. 그러므로 불안의 원천이 해소되지 않는 한, 아무리 신경증 증세를 없애려고 노력해도 그것은 없어지지 않거나 다른 형태로 나타나게 됩니다. 그러므로 증세를 없애려고 하거나 억압하는 것은 무의미한 노력입니다.

올바른 노력은 신경증에 대한 사랑입니다. 사랑의 출발점은 나 자신이나 상대편이 결코 신경증을 갖고 싶어서 갖고 있는 것이 아님을 분명히 자각하는 것입니다. 그러므로 신경증으로 인해 고통받고 있는 나나 당신은 비난받아야 할 사람이 아니라 위로받아야 할 사람임을 알아야합니다.

이런 자각의 바탕 위에서 이루어지는 신경증에 대한 사랑의 다음

단계는 신경증에 대한 깊은 이해입니다. 신경증에 걸려있는 사람들 대부분은 어린 시절 마음의 상처를 크게 받은 사람입니다. 지나치게 엄격한 아버지, 부모의 잦은 부부싸움, 성격이 미성숙한 부모 등 여러 가지 요인이 있습니다. 또한 이런 내상을 갖고 있는 사람이 삶의 어떤 시기에 큰 재난이나 위기, 전쟁 등과 같은 외적인 요인이 겹치면 신경증이 급속히 악화됩니다. 깊은 이해는 왜 자기 자신이나 상대편이 신경증을 갖게 되었는가를 깊이 들여다보는 것입니다.

깊은 이해는 신경증에 대한 측은한 마음을 불러일으킵니다. 신경증으로 고통받는 상대편이 자신에게 해를 끼치더라도, 이제는 예전과 같이 신경질적인 반응을 보이거나 그 사람에 대한 증오심을 일으키지 않습니다. 자신과 상대편의 신경증을 용서하고 용납할 수 있게 됩니다. 신경증을 바라보는 눈이 따뜻해집니다. 바로 이런 시선만이 신경증을 치유할 수 있습니다. 그리고 신경증을 이런 눈으로 바라보는 것이 바로 나의 셀프입니다.

2.3. 이해의 수행

통일체적 세계관의 바탕 위에서 이루어지는 깊은 이해, 올바른 이해를 위한 노력을 '이해의 수행'이라고 합니다. 현대 세계관은 '시공간적으로 모든 존재들 간의 근원적인 분리'를 인식의 대전제로 삼고 있습니다. 그러므로 현대 세계관의 바탕 위에서 이루어지는 이해란 '관찰하는 주체로서의 나'에 의한 '관찰되는 객체로서의 너'에 대한 이해입니다. 이런 이해는 '아는 것이 힘입니다.'라고 F. 베이컨(Francis Bacon, 1561-1626)이 말했을 때의 '아는 것'을 의미합니다.

이것은 알고자 하는 대상을 내 욕망 충족을 위해 이용·지배·착취·극복하는데 활용할 수 있는 대상적인 앎입니다. 이것은 장자(莊

子)가 말했던 '대지(大知)와 구분되는 소지(小知)'[178]입니다. 이것은 대지(大知)와 구분될 뿐만 아니라 대지(大知)에 이르는 것을 가로막는 장애물이기도 합니다. 통일체적 세계관의 관점에서 볼 때, 이것은 진정한 앎이 아닙니다.

'이해의 수행'이란 이해하고자 하는 대상과 하나가 되어, 안에서부터 그것을 바라보고 느끼면서 생성되는 앎을 위해 노력을 기울이는 것입니다. 올바른 이해와 사랑은 깊이 연결되어 있습니다. 올바른 이해는 반드시 이해한 대상에 대한 사랑을 낳습니다. 역으로 사랑의 전제 위에서만 올바른 이해가 이루어질 수 있습니다. 예를 들어, 한 아기가 있다고 가정해보도록 하겠습니다. 이 아기를 가장 잘 이해할 수 있는 사람은 이 아기를 가장 깊이 사랑하는 사람일 것입니다.

조카 중에 한 아이가 애기 때 밤마다 울고 보채서 우리는 그 아이를 싫어했습니다. 오직 그 아기 엄마인 누나만이 무언가 애가 고통스러워서 잠을 못 이룰 것이라면서 안타까워했습니다. 나중에 병원에 가서 진찰을 해보니 그 아기가 선천적으로 심장판막증을 앓고 있는 것을 알았습니다. 아기는 밤마다 가슴 속 통증으로 울고 보챘던 것입니다. '사랑하는 사람만이 이해할 수 있다.'는 사례가 아닐까 합니다.

또 김기태[179] 선생님의 말씀 중에도 똑같은 사례를 찾아볼 수 있었습니다. 선생님이 어릴 적 깊은 마음의 상처를 받은 어떤 사람을 가르쳤습니다. 3년 동안이나 그 사람에게 따뜻한 말을 해주면, 언제나 그 사람은 모질고 표독스런 말로 되받았다고 합니다. 그런데 선생님의 귀에는 그 사람이 하는 모든 말이 '나는 아파요. 너무 아파요.'라는 소리로 들렸다고 합니다. 이것이 그 사람이 했던 말에 대한

---

178) 『莊子』, 「逍遙遊」, "小知不及大知"

179) 김기태 선생님은 2007년 5월부터 제가 마음공부를 배우는 필자의 스승입니다.

가장 깊은 이해일 것입니다.

이해의 수행을 계속해 나갔을 때, 깊은 이해를 하는 주체가 바로 셀프입니다. 이해가 깊어갈수록, 셀프는 성장하게 됩니다. 이와 같이, 이해의 수행은 셀프를 깨어나 활동하게 하는 훌륭한 수행법입니다.

2.4. 자유의 수행

여기에서 말하는 자유는 현대사회에서 추구해온 자유와는 전혀 다른 것입니다. 현대적인 자유란 압제나 신분적인 예속 등과 같은 외적인 속박으로부터의 자유입니다. 이에 반해서, 여기에서 말하는 자유는 내적인 속박으로부터의 자유입니다. 오늘날 외적인 자유는 급진적으로 증대했으나 내적인 자유는 그렇지 못합니다. 에고의 한 가지 특성이 속박인 반면에, 셀프의 한 가지 특징은 자유입니다. 여기서는 내적인 자유의 증대를 위한 몇 가지 수행을 논의해보도록 하겠습니다.

몰입으로부터의 자유

에고에게는 사소한 일이란 없습니다. 그래서 에고는 일어난 어떤 일에나 몰입합니다. 예를 들어, 누군가가 자신의 자동차에 흠집을 내 놓은 것을 발견했다고 하면, 흠집이 자신의 마음을 모두 차지해 버립니다. 만일 누군가와 언쟁을 벌였다고 하면, 언쟁이 자신의 마음을 모두 차지해 버립니다.

이와 반대로, 셀프에게는 심각한 일이란 없습니다. 예를 들어, 교통사고가 일어나서 다리뼈가 부러졌다면, 그는 다리뼈를 치료하기 위해 노력할 뿐입니다. 교통사고는 바다에서 일어나는 수많은 파도의 하나일 뿐, 오면 정성을 다해 맞아들이고, 가면 그냥 보내줍니다.

'몰입으로부터의 자유를 수행'한다는 것은 우리가 닥친 상황을 맞이하는 주인공이 에고에서 셀프로 바뀌도록 노력하는 것을 의미합니다. 에고가 주인이 되건 셀프가 주인이 되건, 자기 자동차에 난 흠집이나 부러진 다리뼈의 고통은 동일합니다. 하지만 양자 간에는 근본적인 차이점이 있습니다. 그것은 일어난 상황에 대해 에고는 몰입하고 그로 인해 고통을 확대 재생산하는데 반해, 셀프는 일어난 상황 자체가 주는 고통만을 받는다는 것입니다.

'몰입으로부터의 자유를 수행'하는 방법은 간단합니다. 어떤 일이 일어났을 때, 대우주의 관점에서 그 일을 바라보려고 노력하기만 하면 됩니다. 예를 들어, 내 전 재산을 모두 투자한 주식이 폭락했다고 가정해보도록 하겠습니다. 이때, 주식 폭락은 에고에게는 전 우주가 붕괴되는 것처럼 충격적인 사건입니다. 하지만 이 때 그가 대우주의 관점에서 주식 폭락을 바라볼 수 있다면, 몰입만 했을 때는 존재하지 않았던 작은 자유의 공간이 생겨나게 됩니다. 그 작은 자유의 공간이 그를 숨 쉬게 합니다.

또 하나의 예로 명절 차례 상을 차리는데, 늙은 시어머니가 도움이 되지 않는 간섭을 일일이 하는 상황을 생각해보겠습니다. '애야, 이번에는 도라지와 고사리를 조금 더 삶고 시금치는 조금 덜 삶도록 해라.' '애야, 이번에는 산적거리를 조금 더 사거라.' '애야, 이번 차례 상에는 배를 하나만 놓도록 해라.'

이때, 에고의 삶을 살아가는 며느리는 엄청난 고통을 느낍니다. 실제 그 고통이 너무 커서 정신병에 걸리고 이혼을 한 여성을 알고 있습니다. 하지만 몰입으로부터의 자유를 수행한다면, 상황은 달라질 수 있습니다. 자유를 수행하는 사람도 이런 간섭을 받을 때면 싫기는 마찬가지입니다. 하지만 간섭이 자신에게 주는 상처와 고통의 양은 경감됩니다. 뿐만 아니라, 그 며느리는 시어머니의 간섭이라고 하는 문을 통해서 대자유의 세계로 들어갈 수 있습니다.

중독된 삶으로부터의 자유

중독이란 중독의 대상에 속박되어 있는 상태를 말합니다. 중독된 사람은 중독 대상에 대해 강박적인 욕구를 느낍니다. 마약, 알코올, 담배 등에 대한 중독에 대해 우리는 잘 알고 있습니다. 그러나 우리에게 잘 알려진 이런 중독들과 더불어, 다양한 형태의 중독이 있습니다.

텔레비전이나 신문에 중독되어 있는 경우를 흔히 볼 수 있습니다. 하루라도 텔레비전이나 신문을 보지 않으면 허전하고, 특별히 볼 내용도 없는데 텔레비전을 끄지 못하고, 신문에서 눈을 떼지 못하는 사람들을 흔히 봅니다. 심지어는 텔레비전을 켜놓아야지만 잠이 들 수 있는 사람도 있습니다.

프로 스포츠에 열광하고 중독되어 있는 사람도 흔히 볼 수 있습니다. 프로 야구, 축구, 골프, 배구, 농구, 씨름, 격투기, 권투, 레슬링, 미식축구, 아이스하키, 피겨스케이팅 등 프로 스포츠의 종류는 다양합니다. 이 중 자신이 좋아하는 구단이나 선수를 열렬히 좋아해서, 마음이 온통 거기에 사로잡혀 있고, 그 선수나 구단의 경기를 보지 못하면 안절부절 못합니다. 필자가 가르쳤던 학생 중에는 영국의 특정 프로 축구구단을 너무 좋아해서, 한 학기 휴학을 하고 아르바이트를 해서 번 돈으로 영국에 가서 그 구단의 축구경기를 보고 온 학생도 있습니다.

인터넷 쇼핑에 중독되어 있는 경우도 흔히 봅니다. 매일 두세 시간씩 인터넷 쇼핑몰을 돌아다니며 갖가지 상품을 구경하고 형편이 되면 구매를 하기도 합니다. 이런 사람들은 하루라도 인터넷 쇼핑몰에 들르지 않으면 허전함을 느낍니다.

컴퓨터 게임에 중독되어 있는 사람도 많습니다. 이들은 아무리 바빠도 하루에 몇 시간씩을 컴퓨터 게임으로 보냅니다. 게임을 하고 있지 않을 때도 게임에 대한 생각이 뇌리를 떠나지 않습니다. 때로는 게임 중독이 너무 심해서, 며칠 동안 PC방에서 게임만하다가 죽는 경우까지 생겨납니다.

사춘기를 전후해서 성에 대한 호기심이 많은 나이의 아이들은 인터넷 음란 사이트에 중독이 되는 경우가 많습니다. 이는 성에 대한 그릇된 관념을 형성하기 쉬울 뿐만 아니라 심한 경우에는 가상공간과 현실의 혼동을 초래하기도 합니다.

이밖에도 다양한 형태의 중독된 삶이 있습니다. 커피에 중독되어 있는 사람, 강박적으로 소비에 대한 욕구를 느끼는 사람, 인기에 중독되어 있는 사람, 과식에 대한 강박적인 욕구를 느끼는 사람, 권력에 중독되어 있는 사람, 음악에 중독되어 있는 사람, 열대어 키우기에 중독되어 있는 사람, 주식 시세를 바라보는 것에 중독되어 있는 사람, 인터넷 바둑에 중독되어 있는 사람, 성형에 중독되어 있는 사람 등 그 종류는 셀 수 없이 많습니다.

현대인이 이렇듯 다양한 형태의 중독으로 신음하는 사회구조적인 원인은 무엇일까요? 그것은 오늘날 자본주의 체제와 감각형 문화가 결합하여, 현대인에게 수많은 욕망의 덫을 만들어 놓고 있기 때문입니다. 이런 것들을 멀리 하는 것이 우주적인 나를 발견하는 첫 단계가 됩니다.[180]

그러나 일단 욕망에 중독되고 나면, 중독된 삶을 중지하는 것은

---

180) 홍승표, 『노인혁명』(예문서원, 2007), p. 147 참조.

수행과 낙도로서의 삶을 위한 출발점이 됩니다. 이때 무엇에 중독되어 있는 자신을 비난하는 것은 좋지 않습니다. 비난은 어떤 경우에도 창조적인 변화를 일으키지 못하기 때문입니다. 중독은 강박적인 욕구에 불가항력적으로 이끌리는 것이기 때문에, 중독이 되어 있는 나는 그것을 하기를 원하지 않지만 어쩔 수 없이 중독된 행동을 되풀이하는 경우가 많습니다. 그러므로 '중독된 나'는 '비난받아야 할 나'가 아니고 '측은하게 여겨줘야 할 가엾은 나'입니다.

중독되어 있는 그래서 그로 인해 고통받고 있는 나를 따뜻하게 포용해주면서 중독된 행위를 단호하게 중지해야 합니다. 그러면서 중독된 행위의 중지로 인한 금단현상이나 자신의 안에서 일어나는 강박적인 욕구를 깨어서 지켜보면 됩니다. 이렇게 해서 중독된 삶을 중지하게 되면, 우리는 '우주적인 나'가 깨어나 활동할 수 있는 시간과 공간을 제공하게 됩니다. 공자는 "그림을 그리는 것은 흰 비단을 마련한 뒤에 하는 것이다."[181]라고 말했는데, 중독된 삶의 중지가 바로 이에 해당합니다.

욕망으로부터의 자유

노자가 말했듯, 욕망에는 자연스런 욕망과 인위적인 욕망이 있습니다. '욕망으로부터의 자유'를 말할 때, '욕망'은 '인위적인 욕망'입니다. '인위적인 욕망'은 만족과 멈춤을 모릅니다. 그것을 채울 수 없는 갈증과 같은 것이어서, 결국 욕망은 자신과 주변을 고통스럽게 만듭니다. 현대인은 다양한 종류의 욕망에 속박된 삶을 살아가고 있습니다. 이 중에서 인간에게 가장 뿌리 깊은 욕망은 권력욕일 것입니다.

181)『論語』, 八佾篇 "繪事後素"

여기에서는 권력욕을 중심으로 '욕망으로부터의 자유'에 대해 살펴보도록 하겠습니다.

나 자신의 행위와 상념을 깊이 들여다보면, 권력욕이 밑바닥에 자리 잡고 있음을 알게 됩니다. 나의 권력욕은 나 스스로를 고통스럽게 만들 뿐만 아니라 주변 사람들을 고통스럽게 합니다. 내가 갖고 있는 권력욕의 크기는 무력감의 크기와 비례합니다. 무력감이 심할수록, 권력은 더 큰 가치를 갖게 되기 때문입니다. 나의 권력욕은 무력감으로부터 벗어나기 위한 몸부림이며, 그러기에 권력에 대한 추구는 강박적인 성격을 갖습니다.

현대 인간관 자체가 광대한 세계 앞에서 무력한 존재로서의 인간을 상정하기에, 현대인은 전반적으로 강한 권력욕을 갖고 있습니다. 현대인 중에서도 어린 시절 마음의 상처를 받은 사람은 권력욕이 특히 강합니다. 부모의 깊은 사랑을 받지 못한 사람, 어린 시절 집이 파산한 경험을 갖고 있는 사람, 편모나 편부 슬하에서 성장한 사람 등과 같이 자기 존재 가치를 믿을 수 없거나 외적인 힘 앞에서 무력감을 경험한 사람들은 큰 권력욕을 갖기 쉽습니다.

내가 갖고 있는 권력욕으로부터 자유로워지기 위해서는 권력욕을 깊이 들여다보아야 합니다. 깊이 들여다보면, 나는 자신의 권력욕으로 인해 고통받고 있으며, 주변에도 고통을 주고 있음을 알게 됩니다. 더 깊이 들여다보면, 나의 권력욕은 내가 갖고 싶어서 갖게 된 것이 아니라 내가 받은 마음의 상처로 인해 갖게 된 강박적인 것임을 알게 됩니다.

히틀러, 스탈린, 나폴레옹 등 역사 속에서 권력욕의 화신이 되었던 사람들은 모두 그들 마음 깊은 곳에 심한 열등감과 무력감을 갖고 있었습니다. 나의 권력욕 역시 마찬가지입니다. 권력욕으로부터 자유를 얻기 위해서는, 나의 행위, 감정, 생각 등을 주의 깊게 관찰해서,

그 밑바닥에서 작용하고 있는 권력욕을 알아차려야 합니다. 그리고 알아차린 즉시 권력욕의 발산을 중지해야 합니다. 권력욕의 발산을 중지하면 고통이 따르고, 권력욕은 다른 출구를 찾습니다. 이때, 권력욕이 발산할 수 있는 모든 통로를 차단해야 합니다. 그리고 고통 속에 머물면서, 자신의 상처 입은 마음을 돌봐줘야 합니다.

깊은 연민으로 상처 입은 마음을 위로해주면, 상처의 치유와 함께 권력욕의 약화를 경험하게 됩니다. 권력욕에 대한 연민은 에고로서의 나에 대한 사랑이며, 이것이야말로 진정한 힘입니다. 힘이 커지면, 무력감은 자연히 해소되며, 권력욕은 어느 새 자취를 감추게 됩니다.

2.5. 겸손의 수행

'분리된 자아로서의 나'는 나의 '외모, 성격, 지능, 인기, 소유, 소비, 권력, 지식, 지위, 명예' 등의 총합으로 나를 인식합니다. 그러므로 '분리된 자아로서의 나'는 늘 '오만'하거나 '비굴'할 뿐 겸손할 수는 없습니다. 높은 자리에 있게 되면 교만하고, 낮은 자리에 있게 되면 움츠려들고 근심합니다. 『주역』에서는 이와 정반대의 마음 자세를 다음과 같이 언급하고 있습니다. "높은 자리에 있어도 교만하지 아니하며 낮은 자리에 있어도 근심하지 않는다."182) 이것이 겸손함의 의미입니다.

수행이란 '분리된 자아가 나'라고 하는 생각에서부터 벗어나 '우주적인 나'라고 하는 나에 대한 새로운 정체성을 갖기 위해 노력을 기울이는 것입니다. 그러므로 겸손을 배우는 것은 수행으로서의 삶에

---

182) 『周易』, 「重天乾卦」, 文言傳, "居上位而不驕 在下位而不憂"

있어서 중요한 일부입니다. 왜냐하면 오만이나 비굴은 분리된 내가 갖는 태도이며, 겸손은 우주적인 나의 모습이기 때문입니다. 분리된 나도 겸손의 모양을 흉내 낼 수는 있습니다. 하지만, 그것은 겸손이 아닙니다. 진정한 겸손은 오직 우주적인 존재로서의 나에게만 가능한 것입니다.

외모를 예로 들어 말한다면, 분리된 자아로서의 나는 '멋진 외모를 가진 사람'이거나 '추한 외모를 가진 사람'입니다. 멋진 외모를 가진 사람은 우쭐한 마음을 가지며, 추한 외모를 가진 사람은 움츠러듭니다. 하지만 우주적인 존재로서의 나는 멋진 외모이거나 추한 외모이거나 간에 이것을 나와 동일시하지 않습니다. 나는 멋진 외모나 추한 외모가 아닙니다. 나는 이런 것들을 맞아들이는 주인입니다. 이런 것들이 다가오면 편안하게 이들을 맞아들이고, 물러가면 또한 편안하게 보내주는, 나는 자유인이며 삶의 예술가입니다.[183)]

3. 일상생활에서의 수행

수행은 수행을 위한 특별한 공간 안에서만 이루어지는 것이 아닙니다. 수행은 일상생활의 어떤 국면에서나 이루어질 수 있으며, 이루어져야만 합니다. 수행은 생각날 때마다 한 번씩 하는 것이 아니며, 우리의 일상적인 삶 자체가 되어야 합니다. 여기서는 일상적인 삶의 과정에서 행해지는 수행과 인간관계 속에서의 수행을 설명해 보도록 하겠습니다.

183) 홍승표, 「동양사상과 수행과 낙도로서의 블랙잭」, 『여가학연구』 6권 2호 (한국여가문화학회, 2008), p. 18 참조.

3.1. 일상에서의 수행

일상생활에서 수행을 행하는 요점은 '그 순간에 깨어서 깊이 머물기'라고 할 수 있습니다. 여기에서는 몇 가지 예를 중심으로 일상생활에서의 수행을 설명하도록 하겠습니다. 하지만, 일상생활에서의 수행은 이런 예에 국한되는 것이 아니며 일상생활의 모든 국면에서 수행할 수 있습니다.

걷기 수행

우리는 매일 걷습니다. 하지만 우리 중에서 잘 걷는 사람은 그리 많은 것 같지 않습니다. 필자가 대학생 시절 가두시위를 하다 체포되어 경찰서에서 보름 정도 취조를 받은 적이 있습니다. 취조하던 형사의 책상 위에서 잠을 자고나서, 창밖을 보니 교복을 입은 여학생이 등교하는 모습이 보였습니다. 자유롭게 걸음을 옮기는 그 여학생이 무척 부러웠고 행복해 보였습니다.

그러나 당사자인 그 여학생은 걸음을 옮기며 행복을 느꼈을까요? 어쩌면 학교에 지각을 할까 서두르느라고 또는 숙제에 대한 근심 때문에, 그 여학생은 걸으면서 행복하지 않았을지도 모릅니다. 행복을 느끼지 못하면서 걷는 것은 진정으로 걷는 것이 아닙니다. 현대인은 시간에 쫓기면서 어떤 생각에 사로잡혀 걷는 경우가 많습니다.

걷기 수행은 걷는 한 발자국 한 발자국에 온 마음을 기울이면서 행복하게 걷는 것입니다. 우리들 누구나 첫 발걸음을 떼어놓을 적에 가족 모두가 환호를 보내고 우리 자신도 자랑스러워 했었습니다. 정주영회장의 자서전 『이 아침에도 설레임을 안고』가 생각납니다. 정회장은 매일 아침 '설레는 마음'으로 출근했을 것입니다. 이렇듯 설레는 마음으로 걸음에 온 마음을 집중하고 걷는 것이 걷기 수행입니다.

우리는 좋으나 싫으나 매일 걷습니다. 우리의 선택은 '걷을 것이냐 걷지 않을 것이냐'가 아니라, '고통스럽거나 무감각하게 걸을 것이냐 행복하게 걸을 것이냐' 입니다. 필자가 틱낫한 스님이 운영하는 '플럼 빌리지 하계 캠프'에 참여했을 때, 제일 먼저 배운 것은 '잘 걷는 방법'과 '행복하게 걷는 방법'이었습니다. 그 당시 오십이 다되어 걸음마를 배운다는 것이 좀 쑥스럽기도 했으나 걸음마를 배우며 행복했습니다.

만일 우리들이 행복하게 걸을 수 있다면, 우리는 일상생활의 모든 곳에서 행복을 발견할 수 있을 것입니다. 지루하고 밋밋한 일상은 갑자기 경이로움에 가득 찬 것으로 뒤바뀌게 될 것입니다. '지루하고 밋밋하게 걸을 것인가 혹은 행복하게 걸을 것인가?' 상식적으로 보면, 대부분의 사람들이 후자를 선택할 것 같지만, 실제로는 전자를 선택합니다. 더군다나 많은 사람들은 근심과 고민을 걸머지고서 지루하고 밋밋하게 그리고 고통스럽게 걷습니다.

우리가 사는 현대사회에는 상식적으로 납득할 수 없는 이상한 일이 많이 벌어지고 있습니다. 그 중 하나는 현대인의 걷기입니다. 걷기 수행은 과감하게 지루하고 고통스럽게 걷기를 멈추고 행복하게 걷기를 선택하는 것입니다. 아무도 우리의 행복하게 걷기를 금지하고 있지 않으며 금지할 수 없습니다. 반 나치 지하조직을 주도하다가 수감되었던 신학자 D. 본회퍼(Dietrich Bonhoeffer, 1906-1945)는 감옥 속에서도 행복한 걷기를 실천했습니다.

근심을 가득 안고서 고통스럽게 걸어가는 사람은 우리의 에고입니다. 그에게는 끊임없이 뒤바뀌는 목적지만 있고, 지금 이 순간의 걸음은 없습니다. 행복한 마음으로 지금 내딛는 걸음에 온 마음을 기울이는 사람은 우리의 셀프입니다. 그에게는 지금 이 순간이 목적지입니다. 그는 어디에 도달하기 위해 걷는 것이 아니라 걷는 것이 목적입니다. 우리가 후자의 걷기를 실천할 때, 셀프는 깨어나 활동하게 됩니다.

숨쉬기 수행

'숨쉬기 수행'은 호흡을 자각하면서 행복하게 숨쉬기를 하는 것입니다. 호흡을 자각하는 것은 '우주적인 나'와의 접촉을 이루기 위한 쉽고 좋은 수행 방법입니다. 보통 현대인의 호흡은 비정상적으로 얕습니다. 호흡을 자각하게 됨에 따라서 우리의 호흡은 깊어집니다. 호흡의 자각은 우리를 '지금 이 순간' 속으로 데려오는 효과적인 방법입니다.[184)]

틱낫한 스님에게 한 번은 이런 일이 있었습니다. 뉴욕 공항에서 비행기 이륙이 세 시간이나 지연되었습니다. 사람들은 밀폐된 대기실에서 초조하고 안절부절 못했습니다. 이때, 틱낫한 스님은 의자에 가부좌를 틀고 앉아 호흡에 마음을 집중하고 미소를 띠며 행복한 시간을 보냈다고 합니다.[185)] 우리는 매일 여백으로 주어지는 시간을 지루해하고 고통스럽게 느낍니다. 그래서 온갖 방법을 동원해서 시간과의 대면으로부터 벗어나고자 애씁니다.

하지만 우리가 호흡에 마음을 집중하고 행복하게 숨 쉬는 방법을 깨우친다면 상황은 돌변할 것입니다. 돌이켜 생각해보면, 호흡이란 참으로 경이롭습니다. 우리는 아무 것도 먹지 않고도 며칠을 견딜

---

184) E. Tolle, 류시화 옮김, 『Now』(조화로운 삶, 2008), p. 288 참조.
185) N. H. Thich, *Peace is Every Step - The Path of Mindfulness in Everyday Life,* Bantam Books, 1992

수 있지만 숨을 몇 분만 멈추면 죽습니다. 코와 기도는 공기를 들이마셔서 폐로 전달합니다. 폐의 벽 외부에는 모세혈관이 있는데 폐동맥으로 들어온 적혈구들은 이산화탄소를 내보내고 산소를 받아들입니다. 산소를 섭취한 적혈구들은 폐정맥을 통해 심장의 좌심방으로 되돌아가며 좌심실은 좌심방에서 들어온 혈액을 대동맥을 통해 다시 온몸으로 공급합니다. 호흡을 통해 끊임없이 대기는 내가 되고 나는 대기가 됩니다. 생각하면 할수록 호흡은 놀랍습니다.

'숨쉬기 수행'은 호흡에 마음을 집중한 채 행복한 마음으로 숨을 쉬는 것입니다. '숨쉬기 수행'을 할 때, 우리는 더 깊고 천천히 그리고 미소 지으며 숨을 들이마시고 내쉽니다. 숨쉬기 수행은 외물에 빼앗겼던 내 마음을 나 자신을 향하게 함으로써, 셀프를 깨어나 활동하게 합니다.

운전하기 수행

현대인은 대부분 운전을 합니다. 그러나 행복하게 운전하는 사람은 드뭅니다. 신호등에 막혀 정지해 있는 운전자들의 표정을 유심히 살펴보면, 그들 대부분은 삭막하고 불행한 표정을 짓고 있습니다. 아마 운전자들 모두는 그들이 운전을 배우던 첫 날, 처음으로 가속페달을 밟아 차가 움직일 때의 신기함과 뿌듯함을 기억할 것입니다. 하지만 세월이 흐르고 나면, 운전이란 목적지에 도달하기 위한 귀찮은 노동으로 전락하는 경우가 많습니다.

'운전하기 수행'은 즐기는 마음으로 행복하게 운전하는 것입니다. '수행으로서의 운전'을 할 때, 운전자는 과속하지 않습니다. 운전을 하고 있는 동안, 운전은 그의 목적입니다. 그는 운전에 온 마음을 다 기울이면서 운전합니다. 붉은 신호등이 들어와 정지했을 때도, 교통체증으로 멈춰 서있을 때도, 그는 초조해하지 않으며 아름다운 미소를 짓습니다. 끼어들기 차량이나 갑자기 튀어나오는 차를 만나도, 그는 상황에 대처할 뿐 화를 내거나 불평하지 않습니다.

'수행으로서의 운전'을 하는 사람은 다른 운전자들이나 행인들에게 행복을 줍니다. 그는 교통규칙을 어기지 않고 운전하며, 행인과 다른 운전자들에게 양보하고 배려하는 운전을 하기 때문입니다. 그의 차를 타고 있는 다른 승객들도 편안합니다. '수행으로서의 운전'을 하는 사람은 운전을 할 때는 운전만 합니다. 그는 운전하는 동안 라디오나 음악을 듣지 않습니다. 전화를 하지도 않습니다. 화장을 한다거나 하는 일은 상상할 수도 없습니다. 수행으로서의 운전을 통해, 그의 셀프가 점점 깨어나 활동하게 됩니다.

그 밖의 일상에서의 수행

그 밖에도 일상생활의 어떤 순간에도 우리는 수행으로서의 삶을 살아갈 수 있습니다. 예를 들면, 문을 열고 닫을 때도 '수행으로서의 문 열기'를 할 수 있습니다. '문 열기 수행'은 문을 열고 닫으면서 하는 수행입니다. 우리는 하루에도 여러 차례 문을 열고 닫습니다. 하지만 우리 마음이 거기에 가 있는 경우는 드뭅니다. 우리는 다음에 할 일에 마음을 빼앗긴 채로 무의식적으로 문을 열고 닫거나 시간에 쫓겨 쾅하고 문을 닫을 때도 많습니다. 문 열기 수행은 문을 열고 닫을 때 우리의 마음이 온전히 거기에 가 있는 상태로 문을 열고 닫는 수행입니다.

식사와 관련해서도 우리는 수행할 수 있습니다. 정성을 기울여 사랑하는 사람들을 위해 행복하게 식사준비를 합니다. 식구들과 둘러앉아 행복하게 식사를 합니다. 이렇게 평화롭게 맛난 음식들을 먹을 수 있음에 감사합니다. 식사가 끝난 뒤, 온 마음을 기울여 즐겁게 설거지를 합니다. 깨끗해진 그릇을 보며 행복을 느낍니다.

세수를 하고 이를 닦을 때도, 샤워를 할 때도, 수행으로써 이것들을 할 수 있습니다. 세수나 양치, 샤워를 할 때, 우리의 온 마음이 거기에 가 있습니다. 우리는 천천히 즐거운 마음으로 세수, 양치, 샤워를 합니다. 앉고 일어설 때도, 우리는 '수행으로서의 앉고 일어서기'를 할 수 있습니다. 온 마음을 기울여 평화롭고 행복하게 앉고 일어섭니다. 전화를 할 때도, 음악을 들을 때도, 우리 마음은 온전히 거기에 가 있습니다. '수행으로서의 텃밭 가꾸기'도 할 수 있습니다. 사랑하는 사람들과 함께 씨앗을 심고, 잡초를 뽑아주고, 물을 주면서, 정성스럽게 채소를 가꿉니다. 청소를 할 때도 '수행으로서의 청소'를 할 수 있습니다.

3.2. 인간관계에서의 수행

우리는 매일 여러 사람들과 만납니다. 인간관계는 수행이 이루어지는 중요한 장입니다. 인간관계에서의 수행은 우리의 관계를 창조적인 사랑의 관계로 변화시킵니다. 여기서는 가장 중요한 인간관계인 부부관계와 부자관계에서의 수행, 그리고 가장 어려운 관계인 싫어하는 사람과의 관계에서의 수행을 다루어보도록 하겠습니다.

부부관계에서의 수행

부부관계는 이 세상에서 가장 가깝고 중요한 인간관계일 것입니다. 부부관계는 또한 아주 어려운 관계이기도 합니다. 실제로 많은 부부들이 부부관계의 어려움을 해결하지 못해서 이혼을 하며, 같이 산다고 하더라도 자주 싸우거나 아니면 서로에게 무덤덤한 경우가 많습니다. 비교적 사이가 좋다고 하는 부부관계에 있어서도 깊은 사랑을 키워가는 부부는 많지 않습니다.

부부가 갓 결혼을 해서는 대부분이 행복한 신혼생활을 보냅니다. 상대편의 모든 것이 좋게만 느껴집니다. 그러나 세월이 흘러가면 차츰 상대편의 단점이 보이기 시작하고, 때론 그것이 견딜 수 없을 정도로 고통스럽습니다. 상대편의 외모에 대해 느꼈던 매력도 점차 느낄 수 없게 됩니다. 이것은 모든 부부에게 찾아오는 부부생활의 시련기이고, 또한 수행의 호기이기도 합니다.

이혼의 가장 큰 이유는 부부간의 성격 차이입니다. 성격이 같은 사람은 이 세상 어디에도 없으니, 성격 차이로 이혼을 한다면 모든 부부가 이혼을 해야 할 것입니다. '부부관계에서의 수행'의 한 가지는 자신과 다른 배우자의 성격, 기호, 스타일 등을 존중해주는 것입니다.

필자는 먹는 것에 관심이 많고, 먹는 것에 돈을 쓰는 것을 아끼지 않습니다. 아내는 입는 것에 관심이 많고, 자기에게 어울리는 예쁜 옷을 사고 싶어 합니다. 그래서 아내는 많은 생활비를 식비로 지출합니다. 필자는 용돈을 아껴서 철마다 아내에게 예쁜 옷을 사줍니다. 아내가 좋아하면, 필자의 마음도 기쁩니다. 아내는 애정물을 좋아하며, 필자는 폭력물이나 첩보물을 좋아합니다. 아내와 함께 TV를 볼 때면, 필자는 아내가 좋아하는 프로를 봅니다. 양보를 해보면, 자기 것을 고집해서 볼 때보다 더 큰 기쁨을 느낄 수 있습니다. 배우자 중 누군가가 먼저 양보하면, 상대편도 양보하게 됩니다. 어차피 두 사람이 하나의 채널만을 볼 수 있기 때문에, 서로 상대편의 기호를 존중하는 부부는 기쁨 속에서 하나의 채널을 보며, 자기의 기호만을 고집하는 부부는 고통 속에서 하나의 채널을 봅니다.

우리는 누구나 상대편으로부터 존중받고자 합니다. 하지만 특히 부부와 같이 친밀한 사이에서는 상대편을 존중하지 않는 경우가 많습니다. '부부관계에서의 수행'의 하나는 자신과 다른 배우자의 성격이나 특징을 존중하는 것입니다. 그러면 상대편도 당신을 존중하게 되며, 부부생활의 행복은 증가합니다.

'부부관계에서의 수행'의 한 가지는 상대편에 대한 믿음의 수행입니다. 진정한 믿음이란 믿을 수 없는 것을 믿는 것입니다.[186] 행복한 부부생활의 가장 중요한 기초를 한 가지만 말하라고 한다면, 그것은 상대편에 대한 깊은 믿음일 것입니다. 깊은 불신이 생길 경우, 부부관계는 반드시 파탄에 이르게 됩니다. 필자가 잘 알고 있는 한 부부가 있었습니다. 두 사람은 각자 무척 좋은 사람이었습니다. 그런데 남편에게 심한 의처증이 생겼습니다. 그래서 끊임없이 아내를 의심하고 감시했습니다. 아내는 도저히 견딜 수 없어서, 두 사람은 이혼했습니다. 너무 고통이 심했던 남편은 암에 걸렸고, 마침내 젊은 나이에 죽어버렸습니다.

그 남편은 아내의 불륜을 의심했습니다. 그런데 여기서 중요한 것은 '불륜을 저질렀느냐 아니냐' 하는 사실이 아닙니다. 아내를 의심했던 그 남편을 포함해서, 결혼생활을 하면서 마음속에서 간음하지 않은 사람이 누가 있겠습니까? 신라시대의 <처용설화>는 부부 간 믿음의 중요성과 의미를 잘 보여주고 있습니다. 처용은 아내가 역신과 외도를 하는 현장을 목격했습니다. 하지만 그는 그들을 비난하거나 단죄하지 않았습니다. 그들에게 관용을 베풀었을 뿐만 아니라 아내에 대한 믿음을 버리지 않았습니다. 그래서 아내와 역신은 처용에 대한 깊은 존경심을 갖게 되었습니다. 그 후로 처용의 아내는 누구

186) 그래서 『老子』, 49章에서는 "미더운 것을 나는 믿습니다. 미덥지 않은 것 또한 나는 믿습니다[信者吾信之 不信者吾亦信之]."라고 말했습니다.

보다 정숙한 아내가 되었을 것이고, 두 사람은 행복한 결혼생활을 영위했을 것입니다.

깊은 믿음은 변화를 일으키는 힘을 갖고 있습니다. 의심과 감시는 무력합니다. 의처증이나 의부증의 피해자가 된 배우자는 상대편을 깊이 증오할 것입니다. 그러므로 의심과 감시를 통해 배우자의 사랑을 얻고 행복해지겠다는 계획은 달성 불가능한 것입니다. 의심과 감시가 에고의 차원에서 행복 추구인 반면에, 깊은 믿음은 셀프의 차원에 속합니다. 셀프만이 깊이 믿을 수 있으며, 깊은 믿음의 대상이 되는 것도 배우자의 에고가 아니라 셀프입니다. 외도를 하거나 배신하는 것은 상대편의 에고입니다. 에고의 구름 뒤에 상대편의 셀프가 언제나 빛나고 있습니다. 그러므로 상대편이 아무리 자신을 기만하고 배신하더라도 상대편에 대한 믿음을 지킬 수 있습니다. 그리고 진정한 믿음은 배우자를 지배하고 있는 에고의 얼음덩이를 녹여버리는 따뜻한 빛이 됩니다.

'부부관계에서의 수행'의 또 다른 한 가지는 배우자의 단점을 따뜻하게 바라보는 노력을 기울이는 것입니다. 신혼 초에는 '곰보도 보조개로 보인다.'는 옛말이 있습니다. 하지만 결혼을 하고 어느 정도 세월이 지나면 상대편의 단점이 눈에 들어오기 시작합니다. '게으르다.', '낭비가 심하다.', '약속을 지키지 않는다.', '지저분하다.', '바람기가 많다.', '고집이 세다.', '이기적이다.', '자기주장이 강하다.', '무능하다.', '쩨쩨하다.', '배려심이 없다.', '감성이 약하다.', '손가락이 너무 짧다.', '목소리가 너무 크다.', '요리를 잘 못한다.', '허영심이 강하다.', '나를 존중해주지 않는다.', '내 말을 귀담아듣지 않는다.', '주책이 없다.', '배가 너무 나왔다.', '화를 잘 낸다.', '독종이다.', '치사하다.', '우유부단하다.', '치밀하지 못하다.', '늘 찡그리고 있다.', '사랑이 식었다.', '성격이 맞지 않는다.', '교양이 부족하다.', '예의범절이 없다.',

'같은 애기를 반복한다.', '입이 짧다.', '절제력이 부족하다.', '욕심이 많다.', '비사교적이다.', '재미가 없다.', '소심하다.', '자신감이 없다.', '말이 너무 많다.', '말이 너무 없다.', '애교가 없다.', '조급하다.', '구질구질하다.', '낭만을 모른다.', '코를 심하게 곤다.', '물건을 쓰고 제자리에 두지 않는다.', '치약을 몸통에서부터 짠다.' 등 누구나 상대편의 수많은 단점을 찾아낼 수 있습니다.

단점을 전혀 갖고 있지 않은 배우자가 있을까요? 물론 없습니다. 그러면 우리는 단점을 가진 배우자와 살아가야만 합니다. 어떻게 행복한 부부생활을 만들어가야 할까요? 가장 잘못된 방법은 상대편의 단점을 비난하고 고치려고 하는 것입니다. 이것을 고집할 경우, 부부생활은 반드시 파탄에 이르게 됩니다. 이것만큼 나쁘지는 않지만 성공하기 어려운 방법은 배우자의 장점을 보려고 노력하는 것입니다. 하지만 번번이 우리의 시선은 다시 배우자의 단점을 향하고 있음을 발견합니다. 배우자가 갖고 있는 단점에 대한 창조적인 대응은 배우자의 단점에 대해 수행하는 것입니다.

'배우자의 단점에 대한 수행'은 이해의 수행과 사랑의 수행으로 나눌 수 있습니다. 배우자의 단점에 대한 이해의 수행은 배우자의 단점을 깊이 바라보는 것입니다. '자기중심적이다.'라는 성격적인 단점을 예로 들어보겠습니다. 남편 A는 여섯 명의 누나를 둔 장남으로 태어났습니다. 부모님은 아이를 온갖 정성을 기울여 키우셨고, 누나들도 동생을 왕자처럼 떠받들었습니다. 주변의 친척들이나 어른들도 그 아기를 귀하게 여겼습니다. 아이의 입장에서 보면, 온 세계가 자기를 중심으로 돌아가는 것 같았고, 자기가 원하는 것은 주변 사람 모두가 이루어주려고 노력하는 것을 알았습니다. 자연히 아이는 자기중심적인 성향을 갖게 되었고, 이로 인해 학교를 다닐 때는 그를 싫어하는 아이들이 많아서 고통을 받기도 했습니다. 결론적으로 말하면, 남편도 어쩔 수 없이 자기중심적인 사람이 되었으며, 이로 인해 고통받고 있다는 사실에 대한 이해에 도달하게 됩니다. 이것이 이해의 수행이며, 깊은 이해에 이르게 되면, 그 이전에 가졌던 자기중심적인 배우자에 대한 증오심은 상당히 약해집니다.

자기중심적인 남편에 대한 이해의 수행에 이어서 사랑의 수행을 해야 합니다. 나 자신이나 상대편이 병이 났을 때, 우리는 병을 탓하지 않고 나을 수 있도록 돌봐줍니다. 남편의 자기중심성은 배우자가 앓고 있는 병의 일종입니다. 비난은 남편의 자기중심성을 치료할 수 없을 뿐만 아니라 악화시킵니다. 남편이 자신도 어쩔 수 없이 자기중심적인 성향을 보였을 때, 이것이 그의 상처임을 느끼면서 그를 따뜻한 눈으로 바라보는 것이 사랑의 수행의 요체입니다. 이런 수행은 부부관계의 발전에 도움이 될 뿐 아니라, 남편의 자기중심성이 해소될 수 있는 유일한 방법입니다.

부자관계에서의 수행

부자관계 역시 중요한 관계입니다. 부자관계가 올바로 정립되지 않고서는 부모든 자녀든 간에 행복해지는 것은 거의 불가능합니다. 부부관계가 양쪽이 대등한 영향을 미치는 것과는 달리, 부자관계에 주도적인 영향을 미치는 것은 부모입니다. 그러므로 행복한 부자관계를 위해서는 부모의 역량이 필수적입니다.

부자관계에서 가장 빈번하게 발생하는 문제는 자녀를 자신의 뜻대로 지배하려는 부모의 성향입니다. 자녀가 부모를 통해서 이 세상에 온 것은 사실입니다. 하지만 자녀는 부모의 소유물이 아닙니다. 출가 이전의 자녀는 경제적으로나 일상생활의 영역에서 부모에 의존하고 있기 때문에, 부모가 자녀를 대등한 인격체로 존중하는 것은 때로 힘이 듭니다. 그러므로 '부자관계에서의 수행'에서 가장 중요한 측면은 부모가 자녀의 개성이나 인격을 존중하기 위해 노력을 기울이는 것입니다.

예를 들어, 내성적인 성격을 갖고 있는 한 아이가 있다고 가정해 보도록 하겠습니다. 그런데 만일 부모가 '외향적인 성격이 좋다.'라고 단정하고, 아이의 성격을 개조하려 한다면, 아이는 불행해지고 부자관계는 파탄에 이르게 됩니다. 아이의 성격이나 진로 등에 대해 부모가 미리 결정을 하고, 아이를 거기에 맞추려 한다면, 아이와 부모 모두 불행해지게 됩니다. 아이의 성격이나 선택을 존중하고, 그것이 좋은 방향으로 발전할 수 있도록 도와주는 것이 부모의 역할입니다. 아이는 부모의 도움을 필요로 하지만 지배를 필요로 하지는 않습니다.

'부자관계에서의 수행'의 한 가지는 부모가 자녀에 대해 깊은 믿음을 갖는 것입니다. 자녀가 비행을 저지르거나 해서 부모를 실망시킬 때가 있습니다. 이때, 도저히 믿음이 가지 않는 아이를 부모가 깊은 믿음을 갖고 대하면, 이것이 자녀에게 큰 힘이 됩니다.

필자가 초등학교 고학년 시절에 도벽에 빠진 적이 있었습니다. 용돈이 궁하지도 않았고, 쓸 일도 없었는데, 여하튼 필자는 거의 매일 아버지 바지주머니에서 돈을 훔쳐, 장판 밑에다 모아 두었습니다. 마침내 발각이 되어 아버지에게 심한 매질을 당했습니다. 아버지는 심하게 꾸중을 하셔서 그것이 잘못된 행동임을 필자에게 분명히 가르쳐 주셨습니다. 하지만 지나치게 실망한다거나 필자에 대한 사랑을 철회하는 일은 없었습니다. 오히려 초등학교를 졸업할 때까지, 같은 이부자리를 썼던 아버지는 이전보다 더 은근하게 필자를 사랑해주셨습니다. 그때 이후로 필자는 한 번도 돈이나 물건을 훔친 적이 없습니다. 도벽이 사라졌고, 도덕적인 아이가 되었습니다. 아버지의 필자에 대한 깊은 믿음이 이런 변화를 가능케 했다고 봅니다.

'부자관계에서 수행'의 한 가지는 부모가 마음에 들지 않는 자녀의 특징을 수용하고 사랑하는 것입니다. 완전하게 부모의 마음에 드는 아이는 없습니다. 아이는 장애를 갖고 태어났을 수도 있고, 지능이 떨어질 수도 있습니다. 아이의 외모나 성격이 마음에 들지 않을 수도 있습니다. 이럴 때, 부모의 마음에 들지 않는 아이의 특징을 비난하면, 아이는 큰 상처를 받게 되고, 불행해집니다. 사랑스럽지 않은 자녀의 모습을 깊이 사랑해주는 것, 이것이 부모의 역할입니다.

부모의 사랑에 대한 감동적인 일화가 있습니다. 태어나면서부터 심한 자폐증을 앓고 있는 아이가 있었습니다. 부모는 짜증을 내거나 실망하지 않고, 아이를 보살폈습니다. 병원에서는 아이의 회복을 포기하는 것이 좋겠다고 말했습니다. 하지만 아버지는 아이가 하루 종일 접시돌리기를 하는 옆에 앉아서 자신도 하루 종일 접시를 돌렸습니다. 그렇게 하기를 수개월, 마침내 아이는 부모와 소통을 하게 되었습니다. 어려운 첫 걸음을 떼고 나자 다음 걸음은 훨씬 쉬웠습니다. 아이는 완전히 회복되었고, 지금은 세계 각지를 돌아다니면서 자폐증을 앓고 있는 아이들에게 도움을 주고 있습니다.[187]

싫어하는 사람과의 관계에서의 수행

인생에서 가장 고통스런 경험의 하나는 미워하는 사람을 계속 만나야하는 일일 것입니다. 미워하는 사람은 직장 동료나 상사, 시부모나 부모, 배우자 등 다양할 수 있습니다. 싫은 사람과 매일같이 얼굴을 맞대고 살아야한다는 것은 정말 고통스런 일입니다. 그것이 너무

187) B. N. 카우프만은 『아들 일어나다』(열린, 2003)에서 이 과정을 감동적으로 서술하고 있습니다.

고통스러워서 정신병에 걸리는 사람도 있습니다.

우리가 싫어하는 사람의 흔한 유형은 이런 것들입니다. 이기적인 사람, 독선적인 사람, 공격적인 성향이 강한 사람, 간섭이 심한 사람, 지저분한 사람, 불평이 심한 사람, 힘없는 사람을 함부로 대하는 사람, 예의 없는 사람, 염치가 없는 사람, 배려심이 없는 사람, 마음이 차가운 사람, 시끄러운 사람, 무언가를 계속 알아내려고 하는 사람, 옹졸한 사람, 야비한 사람, 집착이 심한 사람, 허세를 부리는 사람, 진실하지 않은 사람, 위선적인 사람, 권력욕이 강한 사람, 승부욕이 강한 사람, 악착같은 사람, 화를 잘 내는 사람, 인색한 사람, 재미없는 사람 등입니다.

누군가를 특히 싫어하거나 좋아한다고 했을 때, 애증의 주체는 나의 '분리된 자아' 즉 에고입니다. 셀프는 평등한 사랑을 하며, 누군가를 특별히 싫어하거나 좋아하지 않습니다. 그러므로 누군가를 특히 싫어할 때, 이는 자신의 에고를 자각하기 위한 좋은 기회가 됩니다. '싫은 사람과의 만남을 통한 수행'을 한다고 했을 때, 수행의 출발점은 자신에게로 시선을 돌리는 것입니다.

우리가 누군가를 싫어할 때, 시선은 싫어하는 대상을 향하고 있습니다. 하나의 예를 들어보기로 하겠습니다. 『주홍 글씨』란 소설에는 이런 형태의 사회심리가 잘 묘사되어 있습니다. 불륜을 저지른 여성에 대해 사람들은 무자비한 비난과 증오를 표출합니다. 그들의 시선은 죄를 범한 헤스터를 향하고 있습니다. 이렇게 해서는 '악연을 통한 수행'을 할 수 없습니다.

'악연을 통한 수행'의 시작은 '싫은 너'로부터 '너를 싫어하는 나'에게로 시선을 돌리는 것입니다. 이때, 우리는 새로운 사실을 발견하게 됩니다. 내가 정말 싫어하는 그 사람을 다른 사람들은 나만큼 싫어하지는 않으며, 심지어는 그 사람을 좋아하는 사람도 있다는 것을 알게 됩니다. 그러므로 내가 어떤 사람을 싫어한다고 했을 때, '내가 싫어하는 그 사람이 책임져야 할 부분'이 있음과 동시에 '내가 책임져야 할 부분'이 있다는 것을 알게 됩니다.

이런 자각이 생겨났을 때, 비로소 악연을 통한 배움과 성장이 있습니다. 자각 이전에 우리는 '상대편이 책임져야 할 부분'에 우리의 비난하는 마음이 가 있습니다. 자각이 생겨나면, 우리 마음은 '내가 책임져야 할 부분'을 향하게 됩니다. '심하게 거슬리는 상대방이 갖고 있는 어떤 특징'에 마음이 가 있었다면, '상대방이 갖고 있는 어떤 특징에 심하게 마음이 거슬리는 나'에게로 마음이 향하게 되는 것입니다.

이제 비로소 나는 '상대편을 불편하게 여기고 싫어하는 나'와의 만남을 이루게 됩니다. '상대편의 눈에 있는 티끌'이 아니라 '내 눈에 있는 들보'를 보게 됩니다. 이제 나는 '내 눈에 있는 들보'에 관심을 기울입니다. 내 안에 있는 억압된 감정이나 욕망, 오만한 마음, 나만 옳다는 생각 등을 만나게 됩니다. 나는 이런 '내 눈 안의 들보'를 비난하지 않습니다. 나는 이것들이 나의 상처임을 알기에 깊은 관심을 갖고 이것들을 돌보아줍니다. 따뜻하게 미소지어주고 품어줍니다. 이렇게 했을 때, 나는 조금씩 내가 싫어하는 것들로부터 자유로워집니다.

에고가 남아 있는 한 여전히 싫은 사람과의 만남은 불편하고 힘들 것입니다. 하지만, 그 무게는 이제 훨씬 가벼워집니다. 그리고 '내 눈 안의 들보'가 나의 상처이듯이, '상대편 눈 안의 티끌' 역시 상대편의 상처라는 것을 자각할 수 있는 힘이 생겨납니다. 이렇게 되었을 때, 나는 '나 자신'과 '내가 싫어하는 상대편'에게 자비로운 눈길을 보낼 수 있게 되고, 자유인으로서 행복한 삶을 살아갈 수 있습니다.

11장 탈현대적 삶의 양식 2 : 낙도로서의 삶

새로운 지구에서는 즐거움이 사람들의 행위에
동기를 부여하는 힘으로서 결핍감을 대체할 것이다.[188]

'수행으로서의 삶'이 '우주적인 존재로서의 나'를 깨어나게 하기 위해 노력을 기울이는 삶이라면, '낙도로서의 삶'은 깨어난 '우주적인 존재로서의 내'가 주인공이 되어 살아가는 삶입니다. 그러므로 '낙도로서의 삶'은 '분리된 자아로서의 내'가 주인공이 되어 살아가는 '노동과 소비로서의 삶'과는 행위의 동기나 삶의 목적에 있어서 근본적인 차이가 있습니다.

외적으로 볼 때 동일한 행위를 하더라도 '분리된 자아로서의 나'의 행위는 결핍감이나 이해타산 또는 성취 등이 동기가 되지만 '우주적인 존재로서의 나'의 행위는 충만함이나 사랑 또는 기쁨 등이 동기가 됩니다. '분리된 자아로서의 나'는 에고를 더 크고 높게 만드는데

188) E. Tolle, 류시화 옮김, 『Now』(조화로운 삶, 2008), p. 349.

매진하는 자아확장 투쟁으로서의 삶을 살아가지만, '우주적인 존재로서의 나'는 지금 이 순간 속에 깊이 머물며 단순한 것에서 기쁨을 느끼는 삶을 살아갑니다.

이렇듯 '우주적인 존재로서의 내'가 자신의 존재를 즐기며 살아가는 삶을 '낙도로서의 삶'이라고 합니다. '낙도로서의 삶'이란 도(道)와 하나가 되어 삶을 즐기는 것입니다. 삶을 즐기는 것에는 그 주체에 따라 두 가지 의미가 있습니다. 하나는 '분리된 자아로서의 내'가 삶을 즐기는 것이고, 다른 하나는 '우주적인 내'가 삶을 즐기는 것입니다. '낙도로서의 삶'이란 후자의 의미입니다. '낙도로서의 삶'이란 수행의 결과로 발견한 눈부시게 아름다운 나와 이 세계를 즐기는 삶을 살아가는 것입니다. 낙도란 지금 여기에서 영원한 시간과 무한한 공간을 느끼고 행복에 잠기는 것을 의미합니다.[189]

장자(莊子)는 낙도로서의 삶을 '소요유(逍遙遊)'라고 명명했습니다. 소요유란 도(道)와 하나가 되어 삶의 바다를 자유롭게 헤엄치며 살아가는 것을 말합니다. 틱낫한 스님의 다음 말은 낙도하는 삶을 잘 표현하고 있습니다.

> 우리가 어느 곳에 있든지 어느 시간이든지 우리는 햇빛을, 서로의 존재를, 그리고 우리 호흡의 감각까지도 즐길 수 있습니다.[190]

---

189) 홍승표, 「수행과 낙도로서의 여가」, 홍승표 외, 『동양사상과 탈현대의 여가』(계명대학교출판부, 2006), p. 240 참조.

190) N. T. Thich, *Being Peace,* Berkeley, California: Parallax Press, 1987, p. 14.

1. 가족생활의 즐거움

가족생활은 '낙도하는 삶'의 가장 친근한 영역입니다. 가족생활은 삶에 즐거움을 주는 가장 지속적이고 중요한 원천일 것입니다. 그런데 현대 가족생활을 보면, 거기에는 많은 고통과 불행이 있습니다. 가족은 그 본질이 사랑의 공동체이지만, 현대 가족구성원들은 대부분 사랑의 무능력자이기에 이런 고통이 빚어집니다. 수행을 통해 셀프가 자신의 삶의 새로운 주인공이 되면, 그 사람은 흙탕물 아래에서 지속적으로 맑은 물을 뿜어내는 샘과 같은 사람이 됩니다. 그래서 그의 가족은 진정한 사랑의 공동체가 되고, 그와 그의 가족원들은 가족생활의 즐거움을 누릴 수 있게 됩니다.

1.1. 부부생활의 즐거움

부부는 이 세상에서 가장 가까운 관계일 것입니다. 그리고 서로 사랑해서 만난 사람들입니다. 부부관계는 전형적인 사랑의 관계입니다. 그런데 현실의 부부관계를 보면, 서로 다투거나 무관심한 부부가 많습니다. 고통스럽게 살아가는 부부가 많으며, 그들 중 일부는 별거나 이혼을 합니다. 이런 불행한 부부관계의 근원은 그들이 사랑의 무능력자라는 사실입니다.

대부분의 현대 부부는 사랑에 대한 오해를 갖고 있습니다. 그들은 결혼하기 전에 그들이 느꼈던 강렬한 열정을 사랑이라고 생각합니다. 만일 이것이 사랑이라면, 이 세상 모든 부부는 마침내 사랑할 수 없게 될 것입니다. 연애시절의 강렬했던 그 감정은 어느 누구에게도 지속적이지 않기 때문입니다. 이것을 사랑이라고 생각하고, 이것에 집착한다면, 그 부부는 반드시 불행해질 것입니다. 왜냐하면, 상대편의 마음속에서 그리고 자신의 마음속에서 강렬했던 그 감정이 사라져버렸음을 알게 될 것이기 때문입니다.

'서로에게 끌리는 강렬한 감정이 사랑'이라는 사랑에 대한 오해는 현 인류에게 광범위하게 퍼져 있으며, 인류의 삶에 큰 고통의 원천이 되고 있습니다. 남녀 간에 서로에게 끌리는 강렬한 감정은 꽃과 같이 아름다운 것입니다. 꽃은 눈부시게 아름답지만 질 수밖에 없고 져야 하는 것이듯이, 남녀 간의 강렬한 감정도 그와 같습니다. 남녀 간의 사랑을 주제로 하는 수많은 영화의 결말은 동일합니다. 결혼, 한 사람의 죽음, 또는 이별입니다. 결혼은 진정한 사랑의 출발점이지만, 어떤 영화도 강렬한 감정이 식어버린 연인의 사랑을 보여주지 않습니다. 강렬한 감정은 식을 수밖에 없으며, '강렬한 감정을 사랑'이라고 생각하면, 그것이 식는 순간 사랑도 끝나게 됩니다. 그러므로 사랑에 대한 이런 현대적인 미신에 감염된 현대 부부들은 사랑을 키워갈 수 없습니다.

현대사회에서 부부 간의 사랑에 대한 또 하나의 오해는 '사랑은 소유하는 것'이라는 생각입니다. 결혼을 하면서, 현대사회의 많은 부부들은 '이제 나는 너의 감정, 생각, 존재에 대한 소유권을 갖게 되었다.'고 생각합니다. 이런 생각을 갖는 순간, 부부 간의 사랑은 끝나게 됩니다. 상대편을 자유롭게 하지 않는 사랑은 없습니다. 사랑을 소유로 착각하는 순간 사랑은 질식해 버립니다.

많은 현대 부부들이 갖고 있는 사랑에 대한 오해의 요점은 무엇일까요? 현대 부부들은 에고의 사랑을 추구한다는 점입니다. 그런데 아이러니하게도 '에고가 할 수 없는 것이 사랑'입니다. 그러므로 에고의 사랑은 존재하지 않습니다. 왜 그럴까요? 사랑은 하나 됨인데, 에고는 분리를 전제로 삼고 있기 때문입니다. 그러므로 현대 부부들은 불가능한 사랑을 추구하는 것이고, 열심히 노력할수록 낙담도 더 커지게 됩니다. 그래서 행복의 원천이 되어야 할 부부관계는 고통과 불행의 원천이 됩니다. 요즘 많은 젊은이들이 결혼을 기피하는 것도 바로 이것이 근본 원인입니다.

그렇다면 부부생활의 즐거움을 누리기 위한 전제는 무엇일까요? 사랑에 대한 올바른 이해를 하는 것과 자기 자신이 사랑의 능력을 가진 사람이 되는 것입니다. 셀프만이 사랑의 능력을 갖고 있습니다. 그러므로 수행을 통해 셀프를 자각함으로써 우리는 사랑의 능력을 갖게 되고, 부부생활의 즐거움을 누릴 수 있게 됩니다. 이제 셀프가 자신의 주인공이 된 사람이 누리는 부부생활의 즐거움을 묘사해보도록 하겠습니다.

사랑이란 사랑스러운 것만을 골라 사랑하는 것이 아니며 사랑스럽지 않은 것도 사랑하는 것입니다. 그는 배우자가 갖고 있는 사랑스럽지 않은 면을 사랑합니다. 배우자의 사랑스럽지 않은 면은 다양할 수 있습니다. 성급함, 옹졸함, 과격함, 치사함, 편협함, 소심함 등 여러 가지 성격적인 단점이 있을 수 있습니다. 사치를 좋아한다거나 더럽다거나 하는 등의 습성의 문제도 있을 수 있습니다. 추한 외모, 경제적인 무능력, 이해심의 부족 등과 같은 문제점을 갖고 있을 수도 있습니다.

배우자가 갖고 있는 어떤 사랑스럽지 않은 면에 대해서도 그는 배우자의 그런 면을 깊이 바라봅니다. 그리고 마침내 다음과 같은 사실을 깨닫게 됩니다. 배우자 자신도 어쩔 수 없이 그렇게 된 것이며, 사랑스럽지 않은 그의 모습이 그의 상처라는 점을…… 그리고 그런 배우자의 모습에 짜증을 내고 미워하던 자신의 시선이 바뀌었음을 알게 됩니다

그는 이제 사랑스럽지 않은 배우자의 모습에 연민을 느끼고, 그런 모습을 용서하며, 따뜻하게 감싸안아줍니다. 이것이 배우자를 사랑함

입니다. 그의 마음이 증오에서 사랑으로 바뀌며 그는 행복해지고, 그의 배우자는 깊은 사랑을 받으면서 행복해집니다.

이렇듯, 배우자 중 한 사람의 셀프가 깨어나 활동하게 되면, 그것은 상대편의 셀프를 깨어나 활동하게 하는 좋은 효과를 일으키게 됩니다. 두 사람의 셀프가 모두 깨어나면서, 이들은 진정 행복한 부부생활을 영위하게 되고, 사랑은 깊어갑니다.

아내는 사랑하는 남편이 좋아하는 음식을 준비하며 행복해 합니다. 자신이 만든 음식을 맛있게 먹는 남편의 모습을 바라보며 기뻐합니다. 남편은 설거지를 하며 즐겁습니다. 두 사람은 매일같이 아름다운 산책로를 함께 걸으며 행복을 느낍니다. 비가 오는 날이면, 집 앞의 커피숍에 가서 따뜻한 커피를 함께 마시며 행복합니다. 추운 날에는 단팥죽을 호호불면서 먹으며 행복합니다. 당신이 이렇게 내 앞에 있어서 얼마나 좋은가를 깊이 느낍니다.

어디에 있건, 무엇을 하건, 당신과 함께 하니 행복합니다. 시장에서 장을 함께 보면서 행복합니다. 젊은이들로 꽉 찬 영화관에서도 둘이 손을 꼭 잡고 영화를 보며 행복합니다. 아름다운 저녁노을을 바라보면서, 지는 가을 잎을 보며 행복합니다. 세월이 흘러 함께 나이 들어감에 행복합니다. 두런두런 오늘 있었던 이야기를 나누며 행복합니다. 함께 해온 많은 날들을 기억하며 행복합니다. 부부가 나누는 사랑의 즐거움은 끝이 없습니다.

1.2. 부자관계의 즐거움

부모와 자녀의 관계는 이 세상에서 가장 가까운 것이며, 삶에서 느끼는 기쁨의 중요한 원천입니다. 하지만 현대의 부자관계를 보면 불행한 경우가 많습니다. 그들은 같은 집에서 오래 살아왔지만 섬처럼 뚝 떨어져 살고 있는 경우가 많습니다. 대화가 부족한 경우가 많습니다. 그래서 많은 부모와 자녀들은 상대편의 마음속의 근심이나 감정 등에 무지합니다.

더 나쁜 것은 이들이 서로에게 고통과 불행을 주는 경우가 많다는 점입니다. 세상에서 가장 가까운 사이인 이들이 서로에게 고통을 주는 것은 결코 그렇게 하고 싶어서가 아닙니다. 그들은 서로 상대편을 행복하게 해주고 싶어 합니다. 하지만, 상대편을 행복하게 해줄 수 있는 능력이 없기 때문에, 그들은 쉽게 불행한 부자가 됩니다.

부자관계 문제의 원천적인 책임은 부모에게 있습니다. 부모가 무능력하기 때문에 자녀들이 불행해집니다. 부모가 갖고 있는 무능력의 근원은 사랑에 대한 오해입니다. 많은 부모는 자녀에 대한 소유욕을 갖고 있고 집착하는 마음을 떨치지 못합니다. 그리고 그런 자신의 마음을 사랑이라 여깁니다. 그래서 부모는 자녀의 일에 사사건건 간섭하고, 지배하려 합니다.

부모는 자신이 생각해서 자녀에게 필요하다고 생각하는 것을 자녀에게 베풀고자 합니다. 이것은 화초를 키우는 사람이 화초 자신의 필요를 생각하지 않고 자신의 마음대로 물을 주는 것과 똑같습니다. 이것은 자녀에게 폭력이 됩니다. 주변에서 이런 사례를 자주 봅니다. 자녀는 음악을 좋아해서 뮤지션이 되기를 간절히 바라는데, 부모는 자녀가 회사원이 되기를 원합니다. 그리고 그 길이 옳은 길이니 뮤지션이 되기를 포기하고, 회사원 준비를 하라고 강요합니다. 자녀는 부모 앞에만 가면 숨이 막힙니다.

부모가 자녀에게 이렇게 폭력을 행하면, 행복한 부자관계를 만들어가는 것은 불가능합니다. 행복한 부자관계를 위해서는, 부모가 수행을 통해 셀프를 자각함으로써 사랑의 능력을 키우는 것이 무엇보다 중요합니다. 이리하여 부모가 자녀를 진정으로 사랑할 수 있게 되었을 때, 부자관계가 정립될 수 있습니다.

사랑의 능력을 갖고 있는 부모는 자녀를 자유롭게 합니다. 그들은 자녀에게 깊은 관심을 기울입니다. 자녀의 말을 많이 들어줍니다. 자녀가 원하는 것을 이룰 수 있도록 도와줍니다. 자녀가 어떤 잘못을 범했거나 실수를 했을 때도, 부모는 비난하거나 처벌하지 않으며 용서해줍니다. 그리고 자녀가 어떤 믿을 수 없는 행동을 하더라도, 부모는 그들을 깊이 믿습니다.

부모의 진정한 사랑은 반드시 자녀를 행복하게 합니다. 사랑하는 상대편을 행복하게 하지 못하는 사랑은 진정한 사랑이 아닙니다. 부모의 진정한 사랑을 받은 자녀는 햇빛을 받은 새싹처럼 무럭무럭 자라며 꽃을 피웁니다. 자녀는 부모의 사랑을 받아 행복하고, 부모는 자녀를 행복하게 함으로써 행복합니다.

부모와 자녀는 많은 것을 함께 즐깁니다. 부모와 자녀는 함께 산책을 즐깁니다. 함께 호흡의 즐거움을 누립니다. 양지바른 곳에 앉아서 햇볕을 쬐며 두런두런 대화를 나누는 것을 즐깁니다. 아름다운 음악을 함께 듣는 것을 즐깁니다. 함께 텃밭 가꾸기를 즐깁니다. 함께 여행을 즐깁니다. 그들은 삶을 함께 하며, 상대편의 존재에 깊이 감사하며, 행복해 합니다.

2. 관계의 즐거움

일상적으로 만나는 사람들과의 관계는 삶의 행복과 불행에 큰 영향을 미칩니다. 낙도하는 삶의 한 가지 양태는 인간관계의 즐거움을 누리는 것입니다. 여기에서는 친구관계의 즐거움과 사제관계의 즐거움을 중심으로 서술하고자 합니다.

2.1. 벗과 함께하는 즐거움

마음을 함께 하는 벗과 함께 거닐며 담소를 나누고, 더불어 술잔을 기울이며 즐거워하는 것은 동서고금을 막론하고 삶의 큰 즐거움일 것입니다. 필자의 개인적인 경험을 이야기하자면, 요즘 제 삶에서 가장 즐거운 부분은 격주로 토요일마다 모여 하루 종일 함께 공부하는 모임에서의 시간입니다. 우리는 동양사상의 기반 위에서 새로운 인류문명의 청사진을 마련한다는 원대한 꿈을 공유하며 올해로 15년째 꾸준히 만나 함께 공부하고 있습니다.

경전을 읽으면서 현 문명의 근본적인 문제를 인식하고 새로운 문명의 형상화를 위해 열띤 논쟁을 벌입니다. 공부모임을 진행하면서 많이 웃습니다. 공부를 마치면, 즐거운 식사시간이 기다리고 있습니다. 우리 모두는 고기를 무척 좋아하고 많이 먹습니다. 식사시간에도 차를 마시면서도 우리는 서로를 놀리면서 많이 웃습니다. 방학 때면, 가끔 해외여행을 함께 갑니다. 여행지에서는 공부모임 때보다 더 많이 웃습니다. 우리는 나이 들면 함께 모여살기로 했고, 터도 마련해 놓았습니다. 죽는 날까지 함께 웃으며 공부할 계획입니다. 만일 사랑하는 공부 모임의 친구들이 없었다면, 필자의 삶은 무척 쓸쓸한 것이 되었을 것입니다.

2.2. 배우고 가르치는 즐거움

여기서 말하는 배우고 가르치는 즐거움이란 셀프 차원에서의 배우고 가르치는 즐거움을 가리킵니다. 그것은 지식의 전달과 습득을 포함한 에고 차원에서의 배움과 가르침을 의미하지 않습니다. 가르치는 즐거움이란 제자가 에고의 늪에서 벗어날 수 있도록 도와주는 즐거움이며, 배우는 즐거움이란 선생님의 가르침을 받아 셀프가 깨어나 활동하게 되는데서 느끼는 즐거움입니다.

훌륭한 스승을 만난다는 것은 큰 행운입니다. 이 세상에는 깨달았다고 자처하는 사람이 많지만, 그들 중 많은 수는 진정으로 깨달은 사람이 아닙니다. 깨달았다고 하는 에고를 갖게 되는 순간, 사랑의 존재로 변화를 일으키는 것은 거의 불가능해집니다. 이들은 자신의 깨달음의 에고를 드높이고자 하며, 깨달음의 체험을 통해 교주가 됩니다. 이들은 진정한 스승이 될 수 없습니다. 또한 이런 사람을 스승으로 삼게 되면 진정한 배움을 얻을 수 없습니다.

훌륭한 스승을 만나 배우는 것은 즐거운 일입니다. 개인적인 사례를 이야기한다면, 필자는 5년 전에 김기태 선생님을 만났습니다. 선생님을 만나 배우면서, 완고한 필자의 에고를 조금씩 자각할 수 있었습니다. 그리고 선생님의 가르침과 삶을 통해 사랑을 배워가게 되었습니다. 선생님은 언제나 우리의 시선을 우리 자신에게 향하도록 도와주었습니다. 열정을 다해 가르쳤지만, 가르침 자체가 사랑이고 즐거움이었기에 에너지의 소진이 없었습니다. 5년이 지난 지금 선생님께 가르침을 받는 그 시간이 필자에게는 즐겁고 소중한 시간이 되었습니다.

총명한 제자들을 만나 가르침을 베푸는 것 역시 인생의 큰 즐거움입니다. 공자는 훌륭한 스승이기도 했지만 행복한 스승이기도 했습니다. 공자가 가장 즐거워했던 것은 사랑하는 제자들을 둘러앉히고 그들에게 가르침을 베푸는 일이었을 것입니다. 『논어』에는 이런 구절이 있습니다. "민자건은 옆에서 모시는데 온화하였고, 자로는 굳세었고, 염유・자공은 강직하니, 공자께서 즐거워하셨다."191) 가르치는

191) 『論語』, 「先進」, "閔子侍側 誾誾如也 子路 行行如也 冉有子貢 侃侃如也 子樂"

사람의 하나로 절로 부러운 마음이 드는 대목입니다. 제자들이 조금씩 도를 깨쳐가는 모습을 바라보면서, 공자의 마음은 마냥 즐거웠을 것입니다.[192)]

3. 일상생활의 즐거움

셀프가 우리 삶의 주인공이 되면, 우리는 일상생활의 모든 것을 즐길 수 있습니다. 하늘, 아름다운 노래, 아기의 웃음, 시냇물 속의 돌멩이, 아내가 정성껏 만들어주는 음식 등, 우리는 그 모든 것과 진정으로 접촉하고, 이를 즐길 수 있습니다. 여기에서는 산책과 숨쉬기의 즐거움을 그 예로 소개하도록 하겠습니다.

3.1. 산책을 즐김

필자에게 하루 중에서 가장 행복한 시간은 아내와 함께 매일 밤 집 앞에 있는 대덕산 산책로를 걷을 때입니다. 틱낫한 스님이 말했듯이, 아름다운 행성 지구 위를 마음껏 걸을 수 있다는 것은 큰 행운입니다. 어떤 날은 나무사이로 보름달을 봅니다. 아내와 나누는 이런저런 대화가 즐겁습니다. 봄밤은 삼비롭습니다.

걷는 것을 즐길 수 있다면, 우리는 쉽게 행복해질 수 있습니다. 에고는 걸음을 즐길 수 없습니다. 에고는 걸어서 도달하고자 하는 목적지에 마음을 빼앗깁니다. 현재의 걸음은 목적지에 도달하지 못한

192) 홍승표, 「유교 여가관의 탈현대적 함의에 대한 연구」, 『한국학논집』 34집 (한국학연구원, 2007), p. 259 참조.

부족한 순간일 따름입니다. 그러므로 에고는 조급한 마음으로 발길을 재촉합니다.

걷는 것을 즐긴다는 것은 걷는 것 자체를 사랑하는 것입니다. 그리고 그 주체는 셀프입니다. 셀프가 깨어나 활동하게 되면 우리는 걷는 것을 즐길 수 있게 됩니다. 우리는 마음을 더 이상 미래와 과거에 빼앗기지 않습니다. 걷는 동안, 내 발밑에 닿는 대지와 접촉하며, 마음은 지금 내딛는 걸음에 깊이 머뭅니다.

걷는 것을 유난히 즐겼던 틱낫한 스님은 걷는 즐거움에 대해 다음과 같이 썼습니다.

> 걷기 선은 걷는 것을 참으로 즐기는 것입니다. 어디에 도달하기 위해서가 아니라 그저 걷는 것입니다. 그 목적은 지금 이 순간에 있어서 당신이 걷는 그 한걸음 한걸음을 즐기는 것입니다. 그러므로 당신은 과거를 생각하지도 않고 미래를 생각하지도 않은 채 모든 걱정과 근심을 떨치고 그 순간을 즐겨야만 됩니다.[193)]

3.2. 숨쉬기를 즐김

낙도하는 삶의 하나는 숨쉬기를 즐기는 것입니다. 생각해보면, 숨쉬기는 경이로운 것입니다. 대기와 내가 끊임없이 서로 만나고, 서로가 되어가는 과정이 숨쉬기입니다. 우리는 태어나서 죽을 때까지 숨쉬기를 멈추지 않습니다. 그러므로 만일 우리가 숨쉬기를 즐길 수 있게 된다면, 삶에서 즐길 수 없는 순간은 없습니다.

필자보다 6살이 많은 대학 동기 형이 있었습니다. 학생운동을 하다가 2년 간 형을 살았습니다. 감옥에서 그 형의 별명이 '태산부동'

---

193) N. H. Thich, *Being Peace,* Berkeley, California: Parallax Press, 1987, p. 185.

이었다고 합니다. 정치범이어서 징역이 없던 형은 하루 종일 벽을 마주대하고 꼼짝도 않고 숨쉬기를 즐겼다고 합니다. 숨쉬기를 즐길 수 있었기에, 그 형의 감옥살이는 다른 동료 죄수들보다 행복했었습니다.

운전 중의 현대인은 빨간 신호등이 켜지면, 2분 정도의 대기 시간 동안 초조해하고 고통스러워 합니다. 하지만 우리가 숨쉬기를 즐길 수 있는 능력이 있다면 대기하는 2분은 행복한 것이 될 수 있습니다. 빨간 신호등이 켜지면 모든 운전자는 멈추어야 합니다. 멈추느냐 아니냐는 운전자의 선택이 아닙니다. 운전자의 선택은 '대기하는 2분의 시간을 불행하게 보내느냐 행복하게 보내느냐' 하는 것입니다. 숨쉬기를 즐기는 것은 무척 쉽기 때문에 대부분의 사람들이 행복하게 보내기를 선택할 것 같지만, 실제로는 정반대입니다. 왜냐하면 대부분의 현대인은 숨쉬기를 즐길 수 있는 능력이 없기 때문입니다. 하지만 셀프의 삶을 살아가는 사람은 이럴 때 숨쉬기를 즐기며 행복한 시간을 보냅니다.

숨쉬기를 즐긴다는 것은 어떤 것일까요? 그것은 숨을 들이쉬고 내쉬는 것을 자각하면서, 그 느낌을 즐기는 것입니다. '숨쉬기를 하느냐 아니냐'는 우리의 선택이 아닙니다. 우리의 선택은 '아무런 자각 없이 숨쉬기를 하느냐 숨이 들어오고 나가는 것을 자각하면서 행복한 마음으로 숨쉬기를 하느냐' 하는 것입니다. 셀프의 삶을 살아가는 사람은 바로 후자의 선택을 하고, 그래서 늘 행복할 수 있습니다.

4. 사랑의 즐거움

수행하는 삶의 핵심이 사랑의 능력을 키우는 것이라면, 낙도하는 삶의 핵심은 사랑의 즐거움을 누리는 것입니다. 자비롭지 않은 석가모니를 상상할 수 없고, 사랑에 충만하지 않은 예수를 상상할 수 없듯이, 사랑은 태양이 빛을 발하는 것과 마찬가지로 진정으로 깨달은 사람에게 넘쳐납니다. 그래서 노자는 "대도가 넘쳐남이여, 그 좌우로 넘치는구나!"라고 말했습니다.[194]

사랑은 깊은 행복의 원천입니다. 우리가 언제 정말 행복함을 느끼는가를 곰곰이 생각해보면, '누군가를 깊이 사랑할 때'와 '누군가로부터 깊이 사랑받을 때'임을 알 수 있습니다. 누구나 이것을 알고 있지만, 현대인이 불행한 삶을 살아가고 있는 것은 사랑할 수 있는 능력이 없기 때문입니다. 하지만 수행을 통해 참된 자기를 실현한 사람은 사랑에 충만하며, 사랑의 즐거움을 누리는 삶을 살아갑니다.

필자가 플럼 빌리지를 방문했을 때, 틱낫한 스님은 80세에 가까운 노인이셨습니다. 현대인은 그 정도 연배가 되면, 대부분 외롭고 고통스런 삶을 사는 경우가 많습니다. 하지만 필자가 만난 틱낫한 스님은 행복해 보였습니다. 스님은 우리 모두를 깊이 사랑하셨습니다. 그가 만난 적이 없지만 끝없는 분쟁과 증오로 인해 고통받고 있는 이스라엘과 팔레스타인 사람들에 대해서조차 그는 깊은 연민을 갖고 있었습니다.

스님이 특히 사랑하는 사람은 어린 아이들이었습니다. 산책할 때도 아이들의 손을 잡고 하는 경우가 많았습니다. 아이들도 스님을 무척 존경하고 따랐습니다. 플럼 빌리지에는 다양한 인종과 연령대의 사람들이 모여 있었습니다. 하지만, 우리 모두는 스님을 존경하고 사랑했습니다. 이렇게 깊이 사랑하고 사랑받으면서도 불행해진다는 것은 불가능한 일로 보입니다.

---

194) 『老子』, 34章, "大道氾兮 其可左右"

5. 일하는 즐거움

낙도하는 삶의 한 가지 형태는 일하는 즐거움을 누리는 것입니다. 이때, 일은 무엇에 도달하기 위한 수단으로서의 일이 아니라 그 자체가 목적이 됩니다. 텃밭을 가꾸는 즐거움, 설거지의 즐거움, 집안 청소의 즐거움, 음악을 작곡할 때의 즐거움, 아이들을 가르치는 즐거움, 글을 쓸 때의 즐거움, 집을 짓고 수리하는 즐거움, 운전하는 즐거움 등 그 가지 수는 헤아릴 수 없으며, 사람에 따라 다릅니다. 다만 그 일을 하는 자체에서 행복을 느낀다면, 그 일이 어떤 일이건 그것은 낙도로서의 일하기가 됩니다.

중학교 재학 시절, 필자는 늘 만원버스를 타야했습니다. 그때 버스는 출입문이 두 개가 있었고, 차장도 두 명이 있었습니다. 워낙 많은 승객을 태우다보니, 버스 차장에게 요구되는 필수 기술 중 하나가 승객들을 밀어 넣기 위한 배치기였습니다. 대부분의 차장들에게 배치기는 고역이었습니다. 그런데 체격이 좋은 총각 차장이 있었는데, 그는 늘 웃으며 배치기를 즐겼습니다. 그래서 우리는 그 차장을 좋아했던 기억이 납니다. 버스 차장과 같이 힘든 일도 본인이 그 일 자체에서 행복을 느낀다면 그것은 낙도로서의 노동이 될 수 있습니다.

낙도로서의 일하기에서, 일은 서둘러 해치워야 할 그 무엇이 아닙니다. 일은 나의 에고를 더 크고 높게 만들기 위한 수단이 아닙니다. 일 속에서 우리는 자유로우며 행복합니다. 낙도로서 일을 하게 되면, 우리는 행복할 뿐 아니라 그 일을 정말 잘하게 됩니다. 그는 작곡가로서, 화가로서, 작가로서, 청소부로서, 농부로서, 그 분야에서 정말 일을 잘하는 사람이 될 것입니다.[195]

---

195) E. Tolle, 류시화 옮김, 『Now』(조화로운 삶, 2008), p. 146 참조.

6. 자연의 아름다움을 즐김

수행을 통해 마음에 욕심이나 집착이 사라지면, 아름다운 자연이 들어올 수 있는 마음의 빈자리가 생겨납니다. 아름다운 산길, 걷는 즐거움, 싱그러운 공기, 무성한 잎새, 졸졸 흘러가는 계곡물 등 아름다운 것들을 즐길 수 있게 됩니다.196)

수행을 하던 사람은 어느 날 문득 이런 의문을 갖게 됩니다. '어떻게 내가 지금까지 이렇게 멋진 것들에 무관심할 수 있었던 것일까?' 하늘은 매일 매시간마다 황홀한 우주 쇼를 보여줍니다. 소나기가 그치고 나서 하늘을 떼 지어 나는 잠자리의 날개 짓을 구경하는 것도 즐겁습니다. 태풍이 지난 후 콸콸 넘치는 계곡물을 구경하는 것도 신납니다.

에고도 경이로운 자연경관을 좋아합니다. 하지만 에고는 쉽게 싫증을 냅니다. 그래서 에고는 자연을 즐기기 위해 때로 수천 킬로미터를 날아가기도 합니다. 하지만 셀프는 마당에 심겨있는 한 그루 매화나무를 오래도록 즐길 수 있습니다. 비가 그친 뒤, 가지에 달려 보석처럼 빛나는 빗방울을 즐깁니다. 깊은 밤 달빛에 드러난 앙상한 겨울 가지의 아름다움을 즐깁니다. 이른 봄 매화 향기와 꽃잎의 아름다움을 즐깁니다. 가을날 벌레 먹은 채 물든 매화 잎의 아름다움을 즐깁니다. 셀프의 존재가 된 그에겐 이 아름다운 행성 지구에서의 100년 간 여행이 즐겁습니다.

---

196) 홍승표, 「동양사상과 수행과 낙도로서의 블랙잭」, 『여가학연구』 6권 2호 (한국여가문화학회, 2008), p. 17 참조.

7. 한가로움을 즐김

에고의 삶을 살아가는 사람을 『논어』에서는 소인이라고 합니다. 소인에게는 늘 근심이 많습니다. '우주적인 존재로서의 나'의 삶을 살아가는 사람을 『논어』에서는 군자라고 합니다. 군자에게는 근심이 없으며,[197] 마음이 늘 화평합니다. 『논어』에서는 공자가 한가로울 때의 모습을 다음과 같이 묘사하고 있습니다. "공자께서 한가로이 계실 적에 마음은 평화롭고도 즐거운 듯하고 얼굴은 환히 피어나셨다."[198]

노자 역시 도인의 모습을 "편안하고 태평함"[199]이라고 묘사하고 있습니다. 즉 도인의 마음은 편안하고 태평하다는 것입니다. 어떻게 도인은 편안하고 태평하며, 근심이나 두려움이 없는 것일까요? 그는 셀프의 삶을 살기 때문입니다.

현대인은 에고의 삶을 살아갑니다. 그에게는 매사가 심각하며 근심거리입니다. 연봉을 동결한다는 소식을 들어도, 수업에 조금 늦을 것 같아도, 강의평가가 조금 나쁘게 나와도, 누가 자기를 조금 비난해도, 현대인은 근심에 빠집니다. 왜냐하면 에고는 어떤 사소한 문제로도 손상을 입기 때문입니다. 현대인은 에고의 삶을 살아가기 때문에 늘 근심에 싸여 있습니다.

하지만 노자의 도인은 셀프의 삶을 살아갑니다. 셀프에게는 심각한 일이란 없습니다. 이 세상 어떤 일도 큰 바다에 일어나는 작은 파도와 같은 것입니다. 태풍이 불어올 때도 깊은 바다 속은 고요합니다. 어떤 것도 그를 동요하게 할 수 없습니다. 그러므로 셀프의 삶

197) 『論語』, 「顔淵篇」, "君子不憂"
198) 『論語』, 「述而」, "子之燕居 申申如也 夭夭如也"
199) 『老子』, 35章, "安平太"

을 살아가는 사람은 근심하지 않으며, 늘 태평합니다.[200]

틱낫한 스님은 이렇게 말했습니다. 수행을 잘하면, "여러분은 강하고 안정된 존재가 되어 진정한 평화로움 속에서 모든 일을 미소로 맞이할 수 있게 됩니다."[201] 우리들은 더 이상, 분노나 원망, 질투나 시기, 기대나 회한 같은 것들에 사로잡히지 않으며, 마음의 평화가 깨뜨려지지 않는 새로운 삶의 경지에 들어서게 됩니다.

8. 자유로움을 즐김

셀프의 존재로 재탄생한 나는 대자유인입니다. 나는 어떤 것에도 속박 받지 않습니다. 그래서 노자는 "비록 영화로운 곳에 있어도 편안히 처하고 초연하다."[202]고 했습니다. 나는 일체가 무상함을 깨닫고, 모든 것에 대한 집착에서 벗어납니다. 나는 자유인이 되어 돈이나 명예, 권력이나 인기 등과 같이 자신을 얽매고 있던 것으로부터 해방되며, 더 이상 욕망이나 희망, 분노나 불안, 과거나 미래에 사로잡히지 않습니다.[203] 심지어는 죽음조차도 나에게 위협이 되지 못합니다.

셀프의 존재로 재탄생한 나는 자기 자신이나 아내, 자식이나 부모, 뜰 앞의 민들레 등 그 모든 것이 무상함을 자각하고 있기에 그것을

200) 그래서 지두 크리슈나무르티는 이렇게 말했습니다. "나는 무슨 일이 일어나도 근심하지 않습니다."(Tolle, 2008: 234)

201) N. H. Thich, 박혜수 옮김, 『틱낫한의 사랑의 가르침』(열림원, 2003), p. 51.

202) 『老子』, 26章, "雖有榮觀 燕處超然"

203) 홍승표, 「유교 여가관의 탈현대적 함의에 대한 연구」, 한국학논집 34집(한국학연구원, 2007), p. 265 참조.

더욱 소중하게 여깁니다. 삶에서 그에게 다가오는 어떤 것도 편안하게 맞아들이며, 이를 즐깁니다. 하지만 그는 어떤 것에도 집착하지 않으며, 떠날 때가 되면 쾌히 이것을 보내줍니다.

그는 자신이 이루어낸 모든 성취로부터도 자유롭습니다. 자신의 저술, 자신이 작곡한 음악, 자신이 그린 그림, 자신이 지은 집 등 자신이 이루어낸 어떤 성취에 대해서도 거기에 머물려고 하지 않습니다. 노자는 이런 삶의 모습을 잘 표현했습니다.

> "낳되 소유하지 않고, 하되 했다는 의식이 없으며, 공을 이루되 거기에 머물지 않는다."204)

> "낳되 소유하지 않고, 하되 했다는 의식이 없으며, 길러 주되 주재하지 않는다."205)

9. 경이로움을 즐김

수행을 통해 제 3의 탄생을 이룬 사람은 자신과 세계를 깊이 볼 수 있습니다. 셀프가 깊은 잠에서 깨어나면, 그때까지 그의 주변에서 잠들어 있던 모든 것들이 깨어나 자신의 생생한 모습을 보여줍니다. 남녀 간에 사랑을 느낄 때 일시적으로 경험하는 이 세상 모든 존재의 경이로움에 대한 자각을, 셀프의 존재가 된 사람은 지속적으로 경험합니다.

---

204) 『老子』, 2章, "生而不有 爲而不恃 功成而弗居"

205) 『老子』, 51章, "生而不有 爲而不恃 長而不宰" 또한 10장에서도 '生而不有'를 말하고 있으며, 34장에서는 '生而不辭'라고 말합니다. 77장에서는 '功成而不處'를 말하고, 34장에서는 '功成不名有'를 말하며, 9장에서는 '功遂身退'라고 말하고 있습니다.

아내, 어머니, 집 앞에 있는 동산, 하늘과 바람, 샤워기에서 쏟아지는 물, 사월의 어린 잎 등, 이 모든 것들이 자신의 안에 간직하고 있던 비경을 그에게 보여줍니다. 셀프의 존재가 된 사람은 경이로운 것을 찾아 멀리 떠날 필요가 없습니다. 늘 곁에 있는 아내, 발에 차이는 작은 돌멩이, 길가에 핀 작은 들꽃 등, 그때까지 그냥 지나쳤던 이 모든 것에서 그는 경이로움을 느낍니다.

외적으로 보면, 바뀐 것이 아무 것도 없지만, 모든 것이 바뀐 경이로운 세계와 마주칩니다. 틱낫한 스님은 이렇게 말합니다.

> 깨어 있는 마음이 밝게 빛날 때, 우리는 우리 안, 그리고 우리 주위에서 수많은 경이로움과 만날 수 있습니다.[206]

10. 유머를 즐김

낙도하는 삶의 중요한 요소의 하나가 유머입니다. 유머란 무한과 영원의 눈으로 유한한 존재를 바라볼 때 생겨나는 웃음입니다. 다시 말하자면, 셀프가 나와 너의 에고를 바라보며 짓는 웃음이 유머입니다. 에고에 매몰된 삶을 살아가는 현대인에게는 유머가 부족합니다. 현대인은 에고가 거두는 성공과 실패를 웃을 수 없습니다. 작은 성공이라도 거두면 우쭐하는 마음의 노예가 되고, 작은 실패라도 경험하면 마음은 끝없이 움츠려듭니다.

수행을 통해, 우리는 무한과 영원의 빛 아래 유한한 자신과 세계를 바라볼 수 있는 새로운 눈을 갖게 됩니다. 이런 눈을 갖게 되면,

206) N. H. Thich, 류시화 옮김, 『마음을 멈추고 다만 바라보라』(꿈꾸는 돌, 2002), p. 51.

이 세상에는 어떤 심각한 일도 없습니다. 자신의 죽음은 에고에게 일어날 수 있는 가장 심각한 일일 것입니다. 그러나 이런 눈을 가진 사람은 죽음의 불안과 공포를 느끼는 자신을 따뜻하게 미소 지으며 바라볼 수 있습니다. 설혹 혜성이 지구와 충돌해 지구 최후의 날이 온다고 하더라도, 이런 눈을 가진 사람은 대우주 안에서 일어나는 작은 에피소드로 이 일을 받아들일 수 있습니다.

우리가 만일 자신의 죽음과 지구의 종말을 웃으며 맞을 수 있다면, 이 세상에 일어나는 일 중에 웃을 수 없는 것이 없습니다. 그래서 낙도하는 삶을 살아가는 사람은 모든 것을 향해 따뜻하게 웃음 짓습니다. 외모가 조금 잘났다든지 못났다든지, 머리숱이 많다든지 적다든지, 살고 있는 아파트가 넓다든지 좁다든지, 일류대학을 다닌다든지 그렇지 못하다든지, 인기가 많다든지 적다든지, 이런 사소한 일에 우쭐거리고 움찔하는 자신의 에고를 바라보며, 따뜻하게 미소 지어주는 것이 유머입니다.

그러므로 셀프가 주인공이 되어 살아가는 삶에는 유머가 끊이지 않습니다. 유머는 자신이나 상대편을 에고의 감옥에서 벗어나게 하는 치료약입니다. 유머는 현대적인 삶과 문명을 그 근원에서부터 무너뜨릴 수 있는 비책입니다. 유머는 자각 속에 사는 사람에게도 끊임없이 다시 나타나는 에고의 망령을 쫓아내는 부적이기도 합니다.

세상에는 자신이 깨달았다고 주장하는 사람들이 많습니다. 그들이 진정으로 깨달은 사람인가를 판명할 수 있는 시금석의 하나가 '유머감각'입니다. '깨달음을 얻은 자기 자신을 향해 미소지을 수 있는가?' 이것이 없다면, 그는 가짜입니다. 그 사람은 깨달음의 체험에 압도당한 사람이고, 깨달음의 체험을 자신의 에고를 더 높이는데 활용하는 사람이며, 그래서 보통 사람보다 에고의 감옥을 벗어나기 더 힘든 불치병에 걸린 사람일 가능성이 높습니다.

11. 도와주는 것을 즐김

에고의 삶은 나를 지금보다 더 크고 높게 만들고자 하는 성취에 중심을 둡니다. 이에 반해서, 셀프의 삶을 살아가는 사람에게는 더 이상 성취할 것이 없습니다. 나는 이미 목표에 도달해 있기 때문입니다. 그래서 한편으로 보면, 셀프의 삶은 도움이 필요한 사람에게 도움을 제공하는 일종의 '서비스로서의 삶'[207]이라고 할 수 있습니다.

노자는 "만물이 스스로 그러하도록 돕되 감히 작위하지 않는다."[208]라고 말했습니다. 또 "물은 만물을 이롭게 함을 즐긴다."[209]라고 했습니다. 『금강경』에서는 '무주상보시(無住相布施)'를 말합니다. 이 말들은 모두 셀프의 삶을 살아가는 사람이 누리는 진정한 도와줌이 어떤 것인가를 잘 나타내고 있습니다.

진정한 도와줌이란 상대편이 자신의 본성을 이룰 수 있도록 도와주는 것입니다. 그것은 상대편의 입장에서 상대편이 정말 필요로 하는 것을 도와주는 것입니다. 예수는 '구제할 때에 오른손이 하는 것을 왼손이 모르게 하라.'고 말했는데, 이것이 무주상보시의 의미이기도 합니다. 도와준다는 생각을 일으키지 않고 도움을 주는 것이 진정한 도와줌입니다. 또한 진정한 도와줌은 도와주는 것 자체에 즐거움이 있습니다.

---

207) '서비스로서의 삶'이라는 말은 김기태 선생님이 『노자』를 강의하면서 사용했던 용어임을 밝힙니다.

208) 『老子』, 64章, "以輔萬物之自然 而不敢爲"

209) 『老子』, 8章, "水善利萬物"

맺는 글

그리고 나는 새 하늘과 새 땅을 보았다.[210]

현 인류는 문명의 역사에서 매우 중대한 시점을 살고 있습니다. 현 인류가 직면해 있는 선택지는 '문명의 대파국이냐 새로운 비상이냐'입니다. 현대 세계관의 틀 안에서 점진적으로 현 문명을 개선해나갈 수 있는 가능성은 없습니다. 왜냐하면 현 문명 위기의 근원이 현대 세계관이기 때문입니다. 그러므로 현대 세계관을 고수하고자 한다면, 인류 문명의 미래는 암담합니다. 반면 세계관의 혁명을 이룬다면, 문명은 새로운 비상을 할 것입니다. 이 책의 목표는 통일체적 세계관의 기반 위에서 미래 인류의 새로운 삶의 양식을 구상함으로써, 인류가 현대문명 위기를 극복하고 새로운 문명 건설에 매진할 수 있는 기초를 제공하는 것입니다.

인류는 현대 세계관의 바탕 위에서 노동과 소비에 삶의 중심을 두

210) 『성서』, 「요한계시록」, 21장 1절.

는 현대적인 삶의 양식을 구성했고, 이것은 오늘날에 이르기까지 인류의 지배적인 삶의 양식으로 자리 잡고 있습니다. 그런데 현대적인 삶의 양식이 새롭게 출현하는 사회구조와 충돌하면서 문명 위기가 심화되고 있습니다. 이런 현재 상황에서, 미래 인류가 살아갈 새로운 삶의 양식에 대한 탐구는 긴요한 작업입니다. 인류의 새로운 삶의 양식을 구상하는데 있어 활용할 수 있는 자원을 동양사상은 풍부하게 내장하고 있습니다. 이 책은 동양사상의 기반 위에서 통일체적 세계관을 구성했고, 통일체적 세계관의 바탕 위에서 탈현대적인 삶의 양식을 제시하고자 했습니다.

이 책의 1부와 2부는 문명의 역사에 관한 것입니다. 하지만 이 책의 핵심 부문인 3부의 탈현대적인 삶의 양식은 현재 상태에 대한 기술도 아니고 확정된 미래의 모습도 아닙니다. 이 책에서 서술한 탈현대적인 삶의 양식은 미래 인류의 이상적인 삶의 양식에 대한 구상입니다. 만일 인류가 세계관의 혁명적인 변화를 이룬다면, 탈현대적인 삶의 양식은 그때 출현하게 될 새로운 삶의 양식입니다.

그렇다면 이 책에서 탈현대적인 삶의 양식을 서술하는 이유는 무엇이겠습니까? 그것은 궁지에 처해 있는 현 인류에게 새로운 미래에 대한 비전을 제시하고자 하는 것이고, 또한 이를 통해서 탈현대적인 삶의 양식이 미래 인류의 새로운 삶의 양식으로 자리 잡기를 바라는 희망에서입니다.

문명사를 바라보는 이 책의 관점은 새로운 것입니다. 문명 단계에 관한 여러 가지 이론이 있지만, 오늘날 가장 보편적인 문명 단계에 대한 구분은 현대문명기를 중심으로 해서, 전현대문명기와[211] 탈현대문명기를 구분하는 방식입니다. 하지만 이 책에서는 전현대문명기

211) 전현대문명기를 고대문명기와 중세문명기로 구분하는 시대구분 역시 흔히 사용됩니다.

와 현대문명기를 묶어 에고의 문명기로 분류했습니다. 그리고 탈현대문명기를 셀프의 문명기로 새롭게 명명했습니다. 문명에 대한 이런 새로운 단계 이론을 제시한 이유는 현대 중심적인 관점으로부터의 탈피를 추구하고자 하는 것입니다. 현대는 궁극적인 역사의 도달점이 아니라 새로운 문명의 출현을 준비하는 과도기적인 시대임을 분명히 하는 것이 새로운 시대 구분의 의도입니다.

이 책은 현재 시점에 대한 새로운 관점을 밝히고자 했습니다. 현재 인류는 생태 문제, 관계악화 문제, 소외증대 문제 등 문명의 존망 자체를 위협하는 심각한 위기에 직면해 있습니다. 이 책은 현재 문명 위기의 본질이 새로운 창조를 위해 겪는 창조의 고통임을 밝히고자 노력했습니다. 현재 인류문명은 에고의 문명에서 셀프의 문명으로 넘어가는 대전환기에 처해 있다는 것이 이 책의 관점입니다. 현대문명 위기는 에고의 문명이 붕괴되는 과정에서 초래된 것입니다. 현대문명 위기로 말미암아 인류가 겪고 있는 고통은 셀프의 문명이라는 새로운 문명 건설의 에너지로 사용될 것이라는 점을 이 책은 설명하고자 했습니다.

상기의 연구 목표를 달성하기 위해서, 이 책에서는 제일 먼저 현대문명이 탄생하기까지의 과정을 서술하고, 두 번째로 현대적인 삶의 양식의 특징과 문제를 밝히며, 마지막으로 탈현대적인 삶의 양식을 구상하고자 했습니다. 각각의 단계에 대한 연구 성과는 다음과 같습니다.

1부에서는 문명 발생 이전부터 현대문명 탄생까지의 지구 역사를 서술했습니다. 이 부분에서 강조하고자 한 것은 두 가지였습니다. 하나는 지구의 탄생부터 현대문명이 출현하기까지의 모든 과정이 '기적'이라고 말할 수밖에 없는 놀라운 일들이었음을 부각시키고자 했습니다. 다른 하나는 현대문명 이전의 모든 과정이 작게는 현대문명의 출현을, 크게는 미래의 새로운 문명 형성을 준비하는 단계였음을 드러내고자 했습니다.

2부의 내용에서는 노동과 소비에 삶의 중심을 두는 현대적인 삶의 양식을 서술하고자 했습니다. 이런 현대적인 삶의 양식이 출현하게 된 역사적인 요인을 밝히고, 현대적인 삶의 양식의 세계관적인 기초인 현대 세계관을 서술했으며, 현대적인 삶의 양식을 '노동으로서의 삶'과 '소비로서의 삶'으로 나누어 설명했습니다. 그리고 마지막으로 현대적인 삶의 양식이 초래하는 문제점에 대해 서술했습니다.

2부 첫 부문에서는 전현대적인 삶의 양식으로부터 현대적인 삶의 양식으로의 전환을 다루었습니다. 이 부문에서는 다음과 같은 사실을 확인할 수 있었습니다. 즉 어떤 문명이건 그 문명이 많은 고통과 불행을 양산하면 문명에 대한 불만이 고조되며, 이때 그 문명은 오래 지속할 수 없다는 점입니다.

중세 세계관에 바탕을 두고 있는 중세문명 내에서 빈곤 문제나 비합리성의 문제와 같은 중세 말 문명 위기를 해결하는 것은 불가능했습니다. 뿐만 아니라 이미 낡은 것이 되어버린 중세 세계관은 근대과학이나 자본주의와 같이 새롭게 출현하는 사회구조와 충돌했습니다. 그 결과, 전환기를 살아가던 중세 말 사람들은 많은 고통과 불행을 겪었습니다. 이에 따라서, 중세 말 문명 위기에 창조적으로 대응할 수 있는 새로운 세계관에 대한 모색이 심화되었고, 결국 현대 세계관이 출현했습니다.

현대 세계관은 새로운 문명[현대문명]에 대한 비전을 제시했고, 현대 세계관의 바탕 위에 노동과 소비에 삶의 중심을 두는 현대적인 삶의 양식이 확립될 수 있었습니다. 현대적인 삶의 양식은 분리된 개체로서의 인간 인식에 바탕을 두고 있습니다. 자신을 분리된 개체로 인식하면, 내 삶의 목표는 분리된 개체로서의 나[에고]를 더 높고 크게 만드는 것이 됩니다. 이런 삶의 목표에 도달하는 두 가지 방식이 노동과 소비였습니다.

노동과 소비에 삶의 중심을 두는 현대적인 삶의 양식은 에고의 문명 발전에 기여했습니다. 하지만 오늘날에 이르러서, 현대적인 삶의 양식은 고통과 불행을 양산하고 있습니다. 현대적인 삶의 추구가 심해질수록, 거기에 따른 좌절과 고통도 늘어났습니다. 인류가 현대적인 추구를 계속하면 계속할수록, 그리고 현대적인 추구를 달성하면 달성할수록, 문명위기가 가속화되는 역설적인 상황에 현 인류는 처해 있습니다.

그러므로 이제는 망상이 되어버린 현대적인 추구의 본질을 자각하고, 새로운 삶과 문명의 목표를 정립하는 것이 현 인류에게 긴급한 일입니다. 이 책에서 되풀이해서 강조했듯이, 만일 현대가 만들어놓은 매트릭스를 깨뜨리지 못한다면, 인류에게 미래의 희망이란 없습니다. 그래서 이 책에서 저는, 한 때는 새로운 문명 건설의 청사진이 되어주었지만, 이제는 새로운 문명 건설의 장애물이 되어버린 현대의 망령을 깨뜨려버리려 노력했습니다. 그리고 통일체적 세계관이라고 하는 새로운 판 위에, 미래 인류의 새로운 삶의 양식을 구상화하려 시도했습니다.

이런 문제의식에 바탕을 두고, 이 책의 3부에서는 인류의 새로운 삶의 양식을 구상화하는 작업을 수행했습니다. 3부는 이 책의 중심 부문입니다. 3부에서는 제일 먼저 현대적인 삶의 양식으로부터 탈현대적인 삶의 양식으로 대전환이 이루어지는 과정을 설명했습니다. 현대 말 문명 위기의 근본적인 원인이 현대 세계관임을 서술했습니다. 환경문제의 심화, 사회관계의 악화, 인간 소외의 증대 등과 같은 현대 말 문명 위기는 현대 세계관의 바탕 위에서 발전을 추구하고 달성한 결과라는 것입니다. 또한 현대 말 문명 위기는 현대의 관점에서 보면 문명 위기이지만, 탈현대의 관점에서 보면 탈현대의 맹아임을 지적했습니다.

현대적인 삶의 양식으로부터 탈현대적인 삶의 양식으로의 문명 대전환을 촉발시키는 또 하나의 요인은 탈현대 사회구조와 현대 세계관의 충돌입니다. '새롭게 출현하는 탈현대 사회구조'와 '낡은 현대 세계관' 간에 격렬한 충돌이 일어나고, 그 결과 세계관의 대전환이 이루어진다는 것입니다. 충돌의 주요 영역으로 '여가가 삶의 중심을 차지하는 새로운 삶의 구조'의 출현과 '노동을 삶의 중심에 두는 현대 노동관' 간의 충돌을 다루었습니다. 그리고 '다문화사회의 확산'과 '현대의 적대적인 대립관' 간의 충돌을 다루었습니다. 이런 문명 충돌은 불필요한 많은 고통을 낳고, 결국 새로운 사회구조와 조화를 이루는 새로운 세계관의 확산으로 결말을 맺는다는 점을 설명했습니다.

위의 논의 이후, 새로운 문명의 세계관적인 토대가 되는 통일체적 세계관을 설명했습니다. 통일체적 세계관은 시공간을 넘어 '모든 존재들 간의 근원적인 통일성'을 대전제로 삼습니다. 이 부문에서는 통일체적 세계관을 통일체적 세계상, 통일체적 인간관, 통일체적 관계관으로 나누어 설명했습니다.

통일체적 세계상은 일물(一物)이 만물(萬物)을 포함하며, 모든 존재가 시간적·공간적으로 상즉·상입 하는 우주만물의 통일성을 전제합니다. 통일체적 세계상은 개체의 독자성을 존중하는 가운데, 개체들 간의 조화를 중시하며, 아무리 미물이라고 하더라도 모든 존재에 도(道)가 관통하고 있다고 가정합니다. 또한 통일체적 세계상은 이 세상 모든 존재들이 절대적으로 평등하다고 간주합니다.

통일체적 인간관의 핵심은 두 가지입니다. 하나는 인간은 다른 우주만물과 마찬가지로 자신 안에 우주를 담고 있는 우주적인 존재라는 점입니다. 다른 하나는 인간은 다른 우주만물과는 달리 우주적인 존재로서의 자신과 세계를 자각할 수 있는 존재라는 점이며, 이것이 인간을 다른 존재와 구분짓는 중요한 특징입니다.

통일체적 관계관이란 대대적 대립관을 뜻합니다. 대대적 대립관의 관점에서 보면, 대립물은 상호의존 관계를 갖고 있습니다. 뿐만 아니라, '나 속에는 네가', '너 속에는 내가' 살고 있다고 간주합니다. 그리고 끊임없이 나는 네가 되어가고 너는 내가 되어갑니다. 모든 대립물 간의 관계의 본질은 사랑의 관계입니다.

책의 마지막 부문에서, 이 책을 집필하게 된 궁극적인 목적이기도 한 '탈현대적인 삶의 양식'에 대해 서술했습니다. 현대적인 삶이 그 중심을 '노동과 소비'에 둔다면, 탈현대적인 삶은 그 중심을 '수행과 낙도'에 둡니다. 이런 차이는 세계관과의 관련에서 필연적인 것입니다. 현대 세계관의 관점에서 보면, 인간이란 '분리된 개체[에고]'입니다. 따라서 삶의 목적은 에고를 더 크고 높게 만드는 것이 되며, 이것이 현대적인 의미에서 인간다운 삶의 의미이기도 합니다. 노동과 소비는 에고를 더 크고 높게 만드는 핵심적인 기제입니다. 그러므로 현대 세계관에 기반하고 있는 현대적인 삶의 양식에서는 노동과 소비가 삶의 중심을 차지하고 있습니다.

반면에 통일체적 세계관의 관점에서 보면, 인간이란 '우주적인 존재[셀프]'입니다. 따라서 삶의 목적은 '진정한 나를 자각하고 즐기는 것'이 되며, 이것이 탈현대적인 의미에서 인간다운 삶의 의미이기도 합니다. 수행은 '진정한 나를 자각하기 위해 기울이는 노력'이며, 낙도는 '진정한 나를 즐기는 삶'입니다. 그러므로 통일체적 세계관에 기반하고 있는 탈현대적인 삶의 양식에서는 수행과 낙도가 삶의 중심을 차지하게 됩니다.

결국 탈현대적인 삶의 양식이 의미하는 바는 수행과 낙도가 삶의 중심을 차지하는 새로운 삶의 양식입니다. 그리고 이런 탈현대적인 삶의 양식은 통일체적 세계관에 바탕을 두고 있습니다. 통일체적 인간관의 관점에서 볼 때, 인간의 자기완성은 외적인 성취에 있지 않습니다. 인간다움에 도달하는 방법은 자기 안에 살고 있는 우주적인 나[셀프]를 자각하는 것입니다. 이런 자각을 위해 노력을 기울이는 것을 수행이라고 합니다. 일단 우주적인 나에 대한 자각이 이루어지고 나면, 잘산다는 것의 의미는 '참된 자기의 자연을 즐기는 삶[낙도]'을 살아가는 것입니다. 그러므로 수행과 낙도는 통일체적 세계관의 관점에서 보았을 때 삶의 목적입니다.

바로 이런 이유에서, 이 책은 탈현대적인 삶의 양식을 수행으로서의 삶과 낙도로서의 삶으로 나누어 설명했습니다. 수행으로서의 삶에서는 수행 방법과 수행 양태, 그리고 일상생활에서의 수행을 나누어 설명했습니다.

수행 방법에서는 대표적인 수행 방법 몇 가지를 소개했습니다. 깨어 있기 수행은 에고가 하는 모든 종류의 활동에 깨어 있는 것입니다. 마음 다하기 수행이란 지금 이 순간의 삶에 온 마음을 기울이는 수행 방법입니다. 무위(無爲)의 수행이란 에고의 활동을 멈추는 수행입니다. 받아들이기 수행이란 일어난 상황을 저항하지 않고 받아들이기 위해 노력을 기울이는 것을 말합니다. 비우기 수행은 에고를 더 크고 높게 만들고자하는 욕망을 비우는 수행입니다. 미소 짓기 수행은 자신과 세상을 향해 따뜻하게 미소 짓는 수행입니다. 감사 수행은 자신에게 주어진 모든 것에 감사를 느낄 수 있는 능력을 키우는 수행입니다.

수행 양태에서는 상실과 고통을 통한 수행, 사랑의 수행, 이해의 수행, 자유의 수행, 겸손의 수행 등을 살펴보았습니다. 상실과 고통을 통한 수행은 인생에서 겪는 상실과 고통의 경험을 셀프를 자각하는 기회로 활용하는 수행입니다. 늙어감의 수행은 늙어감으로 인한 에고의 상실과 고통을 셀프의 자각을 위한 기회로 활용하는 것입니다. 죽음의 수행이란 현대인이 갖고 있는 견고한 에고의 껍질을 깨뜨리기 위해 '분리된 나[에고]'의 죽음을 활용하는 것입니다. 질병을 통한 수행은 질병 체험을 무상(無常)을 자각할 수 있는 기회로 활용하는 수행입니다. 경쟁에서의 패배를 통한 수행은 패배로 인해 고통받고 있는 자신을 따뜻하게 포용하고 감싸안아주는 노력을 기울이는 수행입니다. 경제적인 상실을 통한 수행은 경제적인 상실을 인정하고 경제적인 상실로 인해 고통받고 있는 자신을 돌보아주는 수행입니다.

사랑의 수행은 사랑할 수 있는 능력을 키우는 것입니다. 사랑의 수행은 여러 가지 수행 양태의 핵심입니다. 사랑의 능력 키우기 수행은 나와 너의 에고를 사랑하는 연습입니다. 사랑의 수행은 다양한 형태로 이루어집니다.

열등함에 대한 사랑의 수행은 나와 너의 에고가 갖고 있는 열등함을 따뜻한 눈으로 바라보고 품어주는 연습을 하는 것입니다. 우월함에 대한 사랑의 수행은 나와 너의 에고가 갖고 있는 우월함과 이에 따른 우쭐거림에 따뜻한 미소를 보내주는 연습을 하는 것입니다. 이기심에 대한 사랑의 수행은 이기적인 나나 너의 에고를 따뜻한 눈으로 바라보고, 위로해주는 연습을 하는 것입니다. 악함에 대한 사랑의 수행은 나와 너의 에고의 악함을 깊은 이해하고, 가엾이 여겨주는 연습을 하는 것입니다. 초라한 나에 대한 사랑의 수행은 소심한 나, 교활한 나, 야비한 나 등 볼품없는 나의 에고를 받아들여주고, 용서해주며, 사랑하는 연습을 하는 것입니다. 신경증에 대한 사랑의 수행은 나나 너의 에고의 신경증을 깊이 이해하고, 용납하며, 따뜻한 눈으로 바라보는 연습을 하는 것입니다.

이해의 수행은 통일체적 세계관의 바탕 위에서 이루어지는 깊은 이해, 올바른 이해를 위해 노력을 기울이는 것을 말합니다. 이해의 수행이란 이해하고자 하는 대상과 하나가 되어 안에서부터 그것을 바라보고 느끼면서 생성되는 이해를 위해 노력을 기울이는 것입니다. 깊은 이해는 반드시 이해한 대상에 대한 사랑을 낳습니다.

자유의 수행이란 내적인 속박으로부터의 자유를 얻기 위해 노력을 기울이는 것을 말합니다. 이 책에서는 몇 가지 자유의 수행을 논의해보았습니다. 몰입으로부터의 자유를 수행한다는 것은 우리가 닥친 상황을 맞이하는 주인공이 에고에서 셀프로 바뀌도록 노력하는 것을 의미합니다. 에고는 일어난 상황에 대해 몰입하고 그로 인해 고통을 확대 재생산하는데 반해, 셀프는 일어난 상황 자체가 주는 고통만을 받습니다. 몰입으로부터의 자유를 수행하는 방법은 어떤 일이 일어났을 때, 대우주의 관점에서 그 일을 바라보려고 노력하는 것입니다.

중독된 삶으로부터 자유의 수행이란 다음의 내용을 포함합니다. 첫째, 중독된 자신에 대한 비난의 중지입니다. 둘째, 중독된 행위를 단호하게 중지하는 것입니다. 셋째, 중독의 중지로 인해 고통받는 나를 따뜻한 눈으로 포용하면서 돌봐주는 것입니다.

욕망으로부터 자유의 수행은 욕망 대상을 멀리 하는 것이 가장 쉽고 효과적입니다. 욕망에 깊이 빠져 있는 경우는 이런 자신을 깊이 이해해주고, 용서하며, 따뜻한 마음으로 돌봐주는 노력을 기울여야 합니다.

겸손의 수행은 '우주적인 내[셀프]'가 내 삶의 주인공이 되도록 노력을 기울이는 것입니다. 오만이나 비굴은 분리된 나의 태도이며, 겸손은 우주적인 나의 모습이기 때문입니다. 분리된 나도 겸손의 모양을 흉내 낼 수는 있지만, 그것은 겸손이 아닙니다. 진정한 겸손은 오직 우주적인 존재로서의 나에게만 가능한 것입니다.

수행으로서의 삶의 마지막 부문에서 일상생활에서의 수행을 다루었습니다. 수행은 일상생활의 어떤 국면에서나 이루어질 수 있으며, 이루어져야만 하기 때문입니다. 탈현대적인 삶에서 수행은 일상적인 삶 자체입니다. 일상생활에서의 수행은 일상적인 삶의 과정에서 행해지는 수행과 인간관계 속에서의 수행으로 나누어 설명했습니다.

일상적인 삶의 과정에서 수행의 요점은 '그 순간에 깨어서 깊이 머물기'라고 할 수 있습니다. 이 책에서는 몇 가지 예를 중심으로 일상생활에서의 수행을 설명했습니다. 걷기 수행은 걷는 한 발자국 한 발자국에 온 마음을 기울이면서 행복하게 걷는 것입니다. 숨쉬기 수행은 호흡을 자각하면서 행복하게 숨쉬기를 하는 것입니다. 운전하기 수행은 즐기는 마음으로 행복하게 운전하는 것입니다. 이 밖에도 수행으로서의 문 열기, 식사, 설거지, 세수, 양치, 샤워, 전화 받기, 앉고 일어서기, 텃밭 가꾸기, 청소 등 일상생활의 모든 활동이 수행으로서의 삶이 될 수 있습니다.

마지막으로 인간관계에서의 수행을 설명했습니다. 인간관계는 수행이 이루어질 수 있는 중요한 장입니다. 인간관계에서의 수행은 우리의 관계를 창조적인 사랑의 관계로 변화시킵니다. 이 책에서는 가장 중요한 인간관계인 부부관계와 부자관계에서의 수행, 그리고 가장 어려운 관계인 싫어하는 사람과의 관계에서의 수행을 다루어보았습니다.

부부관계에서의 수행은 다양한 형태로 나타납니다. 부부관계에서의 수행의 하나는 자신과 다른 배우자의 특징을 존중하는 것입니다. 다른 하나는 배우자를 깊이 믿는 것입니다. 또 하나는 배우자의 단점을 따뜻하게 바라보는 노력을 기울이는 것입니다.

부자관계에서의 수행 역시 중요합니다. 부자관계에서 수행의 요점은 부모가 자녀를 존중하고 자유롭게 하는 것입니다. 수행의 다른 한 가지는 부모가 자녀에 대해 깊은 믿음을 갖는 것입니다.

싫어하는 사람과의 관계에서의 수행은 어렵고 중요합니다. 싫은 사람과의 만남을 통한 수행의 출발점은 자신에게로 시선을 돌리는 것입니다. 그래서 너를 싫어하는 나와의 만남을 이루고 이런 나를 돌봐주는 것입니다. 이후 내가 싫어하는 것들로부터 자유로워지게 될 때, 비로소 내가 싫어하는 상대편에게 자비로운 눈길을 보낼 수 있게 됩니다.

탈현대적인 삶의 양식의 다른 한 축은 낙도로서의 삶입니다. 수행으로서의 삶이 '우주적인 존재로서의 나'를 깨어나게 하기 위한 노력을 기울이는 삶이라면, 낙도로서의 삶은 깨어난 '우주적인 존재로서의 내'가 주인공이 되어 살아가는 삶입니다. 낙도로서의 삶은 수행으로서의 삶의 결과로 가능한 것이지만, 양자는 실제로는 동시적으로 이루어집니다. 이 책에서는 몇 가지 양태의 낙도로서의 삶을 설명해 보았습니다.

먼저 가족생활의 즐거움을 설명했습니다. 가족생활은 삶에 즐거움을 주는 가장 친근하면서도 중요한 영역입니다. 수행을 통해 셀프가 자신의 삶의 주인공이 되면, 가족은 진정한 사랑의 공동체가 되고, 가족원들은 가족생활의 즐거움을 누리게 됩니다. 가족생활 중에서 부부생활의 즐거움, 부자관계의 즐거움을 중심으로 설명했습니다. 우리의 셀프가 깨어나 활동하게 되면, 배우자의 사랑스럽지 않은 면을 사랑할 수 있게 되고, 세월과 더불어 사랑이 깊어가며, 행복한 부부생활을 영위할 수 있게 됩니다. 부자관계에서, 깨어있는 부모는 자녀를 자유롭게 하며, 굳게 믿으며, 행복하게 합니다. 그래서 부모와 자녀는 많은 것을 함께 즐기며 행복합니다.

가족 외에, 벗과 함께하는 즐거움, 배우고 가르치는 즐거움 등과 같은 인간관계의 즐거움을 설명했습니다. 셀프가 깨어나 활동하게 되면, 친구 간에는 높고 깊은 관계가 발전하게 됩니다. 함께 차를 마시고, 담소를 나누며, 아름다운 음악을 듣고, 산책하며, 친구 간에는 우정이 깊어가고, 만남은 행복합니다. 사제 간에도 큰 기쁨과 행복이 있습니다. 스승은 가르치는 즐거움을 누리고, 제자는 배우는 즐거움을 얻습니다.

일상생활의 즐거움을 설명했습니다. 셀프가 우리 삶의 주인공이 되면, 우리는 일상생활의 모든 것을 즐길 수 있습니다. 이 책에서는 산책을 즐김, 숨쉬기를 즐김 등을 설명했습니다. 산책의 즐거움이란 걷는 것 자체를 즐기는 것입니다. 걷는 동안, 내 발밑에 닿는 대지와 접촉하며, 마음은 지금 내딛는 걸음에 깊이 머뭅니다. 숨쉬기를 즐긴다는 것은 숨을 들이쉬고 내쉬는 것을 자각하면서, 그 느낌을 즐기는 것입니다. 숨쉬기를 즐길 수 있고, 걷는 것을 즐길 수 있으면, 우리는 일상생활의 모든 곳에서 기쁨을 얻고 행복을 누릴 수 있습니다.

사랑의 즐거움을 설명했습니다. 수행하는 삶의 핵심이 사랑의 능력을 키우는 것이라면, 낙도하는 삶의 핵심은 사랑의 즐거움을 누리는 것입니다. 태양이 모든 존재를 대상으로 빛을 발하듯이, 셀프의 존재가 된 사람은 자신과 세계를 깊이 사랑하며, 사랑의 즐거움을 누립니다. 우리 눈길이 닿는 모든 곳에 따뜻한 빛을 전하며, 사랑받는 그에게 기쁨을 주고, 나 역시 행복을 느낍니다.

일하는 즐거움을 설명했습니다. 낙도하는 삶의 한 가지 형태는 일하는 즐거움을 누리는 것입니다. 셀프가 내 삶의 주인공이 되면, 일하는 주체도 셀프가 되며, 내가 하는 일상적인 일에도 신성함과 즐거움이 스며들게 됩니다. 우리는 일 속에서 자유로우며 행복합니다. 텃밭을 가꾸는 즐거움, 설거지의 즐거움, 집안 청소의 즐거움, 집을 짓고 수리하는 즐거움, 운전하는 즐거움 등 그 가지 수는 헤아릴 수 없습니다.

자연의 아름다움을 즐김을 설명했습니다. 수행을 통해 마음에 욕심이나 집착이 사라지면, 아름다운 자연이 들어올 수 있는 마음의 빈자리가 생겨납니다. 셀프가 깨어나 활동하면, 우리는 그 동안 무관심하게 지나쳤던 자연의 경이에 깨어나게 됩니다. 아름다운 산길, 싱그러운 공기, 무성한 잎사귀 등 우리는 자연의 모든 아름다움을 즐길 수 있습니다.

한가로움을 즐김을 설명했습니다. 셀프가 자신의 삶의 주인공이 된 사람은 근심이 없으며, 마음이 늘 화평합니다. 이 세상 어떤 일도 큰 바다에 일어나는 작은 파도와 같은 것입니다. 태풍이 불어올 때도 깊은 바다 속은 고요합니다. 어떤 것도 그를 동요하게 할 수 없습니다. 그러므로 셀프의 삶을 살아가는 사람은 근심하지 않으며, 늘 태평합니다. 그는 일없음을 즐깁니다.

자유로움을 즐김을 설명했습니다. '우주적인 존재로서의 나'는 어떤 것에도 속박 받지 않습니다. 그는 일체가 무상함을 깨닫고, 모든 것에 대한 집착을 벗어나 있기 때문입니다. 죽음조차도 그를 속박하지 못합니다. 그래서 삶에서 그에게 다가오는 어떤 것도 편안하게 맞아들이며, 이를 즐깁니다.

경이로움을 즐김을 설명했습니다. 수행을 통해 제 3의 탄생을 이룬 사람은 자신과 세계를 깊이 볼 수 있습니다. 셀프가 깨어나 활동하게 되면, 그때까지 잠들어 있던 모든 것들이 깨어나 자신의 생생한 모습을 보여줍니다. 외적으로 보면 아무 것도 바뀐 것이 없지만, 모든 것이 바뀐 경이로운 세례를 그는 즐깁니다.

유머를 즐김을 설명했습니다. 낙도하는 삶의 중요한 요소의 하나가 유머입니다. 유머란 무한과 영원의 눈으로 유한한 존재를 바라볼 때 생겨나는 웃음입니다. 수행을 통해서, 우리는 무한과 영원의 빛

아래 유한한 자신과 세계를 바라볼 수 있는 새로운 눈을 갖게 됩니다. 이런 눈을 갖게 되면, 이 세상과 자신의 마음속에서 일어나는 어떤 일에 대해서도 그는 미소 지으며 바라볼 수 있습니다.

도와주는 것을 즐김을 설명했습니다. 셀프에게는 더 이상 성취할 것이 없습니다. 그래서 셀프는 도움이 필요한 사람에게 도움을 제공하는 일종의 서비스로서의 삶을 살아갑니다. 그는 도와준다는 생각을 일으키지 않고 상대편이 필요로 하는 도움을 주며, 도와줌을 즐깁니다.

이상으로 이 책의 전체 내용을 요약해보았습니다. 결국 이 책에서의 핵심 논점은 다음과 같은 것입니다.

첫째, '현 인류가 문명의 역사에서 참으로 중요한 시기를 살아가고 있음'에 대한 자각을 촉구하고자 했습니다. 현재 사회에서는 에고의 삶과 문명으로부터 셀프의 삶과 문명으로의 전환이라고 하는 중대한 변화가 일어나고 있습니다. 눈부시게 아름다운 문명의 탄생과 문명의 대파국이라고 하는 기로에 서서, 현 인류는 암중모색을 계속하고 있습니다.

문명 대전환의 와중에서, 현 인류는 여전히 에고의 문명 틀 안에서 해결책을 구하고, 이로 인해 많은 고통과 불행이 생겨나고 있습니다. 하지만 이 고통과 불행은 파괴적인 것이 아니고 새로운 문명 탄생을 위한 창조적인 것임을 설명하고자 했습니다. 문명 대전환기로서의 현시점에 대한 인식이 이루어질 때, 이 중요한 시기에 현 인류에게 가해지는 도전에 대한 창조적인 응전이 가능하리라고 봅니다. 이 책의 목적의 하나는 대전환기로서의 현 시점에 대한 자각을 돕고자하는 것이었습니다.

둘째, 탈현대적인 삶의 양식에 대한 논의에 앞서서, '노동과 소비에 중심을 두는 현대적인 삶의 양식이 현대라는 특정한 역사적인 시점 속에서만 지배적인 삶의 양식이 될 수 있을 뿐'이라는 점을 분명히 밝히고자 했습니다. 현대 세계관도 현대사회도 분명한 사실은 전현대 이후, 탈현대 이전이라는 한정된 역사적인 시기 동안만 유효하다는 것입니다.

현대적인 삶의 양식은 인간을 세계와 단절된 유한한 개체로 인식하는 현대 인간관의 바탕 위에 출현하고 지배력을 갖게 된 삶의 양식입니다. 그러므로 현대 세계관이 특수한 것임과 동시에 현대적인 삶의 양식도 특수한 것입니다. 현대적인 삶의 양식이 특수한 것이라는 사실에 대한 자각이 분명해졌을 때, 우리는 비로소 보다 높은 차원에서 인간다운 삶이 가능한 새로운 삶의 양식에 대한 논의가 가능해진다고 봅니다.

셋째, 위의 논의의 바탕 위에서, 탈현대적인 삶의 양식을 서술하고자 했습니다. 현대적인 삶의 양식이 현대 인간관에 바탕을 두고 있듯이, 탈현대적인 삶의 양식은 통일체적 인간관에 바탕을 두고 있습니다. 통일체적 인간관의 관점에서 보았을 때, 삶의 궁극적인 목표는 더 이상 외물의 성취가 아니라 '참된 자기에 대한 자각'과 '참된 자기의 자연을 즐기는 것'입니다. 바로 이런 이유에서, 수행과 낙도가 탈현대적인 삶의 중심을 차지하게 됩니다.

존재 차원이 에고의 차원에서 셀프의 차원으로 수직적으로 상승하는 존재 혁명을 거치게 되면, 수행과 낙도로서의 삶은 인류의 새로운 삶의 양식으로 자리잡게 될 것입니다. 수행과 낙도로서의 삶은 스스로에게 평화와 행복을 줄 뿐 아니라 자신의 주변 사람들에게도 기쁨을 선물하는 삶이 될 것입니다.

참 고 문 헌

1. 경전류와 번역본

유가경전

『周易』(影印本), 學民文化社, 1989

김석진, 『周易傳義大全』, 대유, 1996

김병효, 『亞山의 周易講義』, 소강, 2002

『大學』(影印本), 學民文化社, 1989

박완식 편저, 『大學 · 大學或問 · 大學講語』, 이론과 실천, 1993

성백효 역주, 『大學 · 中庸集註』, 전통문화연구회, 1991

김병효, 『亞山의 大學講義』, 소강, 1996

『中庸』(影印本), 學民文化社, 1989

김병효, 『亞山의 中庸講義』, 소강, 1996

憨山, 오진탁 옮김, 『감산의 中庸 풀이』, 서광사, 1991

『論語』(影印本), 學民文化社, 1989

성백효 역주, 『論語集註』, 전통문화연구회, 1990

『孟子』(影印本), 學民文化社, 1989

성백효 역주, 『孟子集註』, 전통문화연구회, 1991

도가경전

『老子』

남만성 옮김, 『老子道德經』, 을유문화사, 1970
王弼, 임채우 옮김, 『왕필의 노자』, 예문서원, 1997
憨山, 오진탁 옮김, 『감산의 老子 풀이』, 서광사, 1990
『莊子』
안동림 옮김, 『莊子』, 현암사, 1993
憨山, 오진탁 옮김, 『감산의 莊子 풀이』, 서광사, 1990
嚴遵, 『老子持歸』, 北京: 中華書局, 1994

불가경전

『한글대장경 華嚴經(六十卷本) 1·2·3』, 東國譯經院, 1989
『한글대장경 華嚴經(八十卷本) 1·2·3』, 東國譯經院, 1992
대한불교조계종편, 『화엄종관행문』, 조계종출판사, 2001
法藏, 김무득 옮김, 『華嚴學體系(華嚴五敎章)』, 우리출판사, 1998

기독교경전

『베스트 성경』, 성서교재간행사, 1995

2. 국내단행본

김해주, 『義湘華嚴思想史硏究』, 민족사, 1993
김혜련, 『학교종이 땡땡땡』, 미래M&B, 1999
류시화, 『나는 왜 너가 아니고 나인가』, 김영사, 2003
신준식, 『宗敎社會學: 막스 베버의 宗敎·經濟關係論』, 문예출판사, 1994
원정근, 『도가철학의 사유방식』, 법인문화사, 1997

유승무, 『불교사회학』, 박종철출판사, 2010
이영찬, 『유교사회학』, 예문서원, 2001
______, 『유교사회학의 패러다임과 사회이론』, 예문서원, 2008
이현지, 『동양사상과 탈현대의 발견』, 한국학술정보, 2009
장윤수, 『정주철학원론』, 이론과 실천, 1992
전경갑, 『현대와 탈현대의 사회사상』, 한길사, 1993
정재걸, 『만두모형의 교육관』, 교육신문사, 2001
______, 『삶의 완성을 위한 죽음교육』, 지식의 날개, 2010
______, 『오래된 미래교육』, 살림터, 2010
정재걸 외, 『동양사상과 탈현대의 죽음』, 계명대학교출판부, 2010
차하순, 『르네상스의 사회와 사상』, 탐구당, 1991
최봉영, 『韓國人의 社會的 性格(Ⅰ)(Ⅱ)』, 느티나무, 1994
최석만 외, 『유교적 사회질서와 문화, 민주주의』, 전남대학교출판부, 2006
______, 『탈현대와 유교』, 전남대학교출판부, 2007
최영진, 『유교사상의 본질과 현재성』, 유교문화연구소, 2002
홍승표, 『깨달음의 사회학』, 예문서원, 2002
______, 『존재의 아름다움』, 예문서원, 2003
______, 『동양사상과 탈현대』, 예문서원, 2005
______, 『노인혁명』, 예문서원, 2007
______, 『동양사상과 새로운 유토피아』, 계명대학교출판부, 2010
홍승표 외, 『동양사상과 탈현대의 여가』, 계명대학교출판부, 2006
________, 『한국전통사상과 새로운 노동관』, 계명대학교출판부, 2010

3. 국내논문류

강영한, 「동양의 순환적 사유와 그 배경」, 『동양사회사상』 4: 81-110, 2001

강의숙, 「원효의 자유 개념의 논리적 구조에 관한 고찰」, 『동양사회사상』 9: 57-80, 2004

곽신환, 「周易에서의 大德관 萬物一體論」, 허원선생·이경선생화갑기념논문집 『동서철학의 제 문제』, pp. 1-19, 1996

김명하, 「지식정보화 사회에서의 '중용의 도'」, 『동양사회사상』 3: 39-72, 2000

김병희, 「유교적 교육 전통에서의 사제 관계의 성격」, 『동양사회사상』 7: 131-152, 2003

김영주, 「서양 이분법과 동양 음양법의 극복」, 『동양사회사상』 4: 37-80, 2001

김재범, 「동서 사상의 비교를 위한 인식 준거」, 『동양사회사상』 1: 47-78, 1998

______, 「동양 고전의 해석 관점과 방법 및 자세」, 『동양사회사상』 4: 5-36, 2001

김철수, 「일본 신종교의 생명주의적 세계관」, 『동양사회사상』 4: 199-231, 2001

박수호, 「정보사회의 가족 관계 변화와 불교적 가족가치관의 검토」, 『동양사회사상』 6: 47-79, 2002

______, 「여가에 대한 불교적 이해와 함의」, 『한국학논집』 32: 351-380, 2005

______, 「노동과 여가의 통합적 이해: 불교적 관점과 '좋은 노동'」,

『동양사회사상』 19: 21-50, 2009
백승대, 「르네상스 휴머니즘의 사회사상」, 신오현 외 6인 공저, 『르네상스 휴머니즘의 현대적 의의』, pp. 186-229, 영남대학교 출판부, 1990
백진호, 「양명의 죽음관」, 『원불교사상과 종교문화』 44: 317-353, 2010
송혁기, 「신유한 산문의 일고찰: 기사(記事)의 문학성을 중심으로」, 『한국학논집』 39: 7-36, 2009
신오현, 「르네상스 휴머니즘과 철학」, 신오현 외 6인 공저, 『르네상스 휴머니즘의 현대적 의의』, pp. 65-129, 영남대학교 출판부, 1990
신종화, 「현대 사회와 여가」, 홍승표 외, 『동양사상과 탈현대의 여가』, 계명대학교출판부, pp. 19-44, 2006
오세근, 「공자의 인과 예사상의 현대 평화이념으로서 독해 가능성에 관한 연구」, 『동양사회사상』 10: 127-169, 2004
오창균, 「동·서양의 인간 본성관과 탈근대 사회의 욕망」, 『동양사회사상』 7: 39-63, 2003
유승무, 「처사 신분 집단과 성리학적 민본주의」, 『동양사회사상』 3: 149-177, 2000
______, 「상즉상입의 불교사회학」, 『동양사회사상』 10: 33-58, 2004
______, 「불교와 마르크시즘의 동몽이상」, 『동양사회사상』 20: 75-99, 2009
이규성, 「우주적 연대 속의 인간과 욕망」, 김종철 편, 『녹색평론선집 1』, pp. 134 146, 녹색평론사, 1993
이동인, 「이이 사회사상의 철학적 기초」, 『동양사회사상』, 3: 237-263, 2000

이동일, 「공동체에 있어서 유교적 가치의 함의」, 『동양사회사상』 4: 129-161, 2001
이승연, 「'개(個)'와 '가(家)'」, 『동양사회사상』 3: 179-209, 2000
______, 「종법과 공사론」, 『동양사회사상』 7: 153-184, 2003
______, 「화서 이항로의 도덕국가론」, 『동양사회사상』 9: 109-131, 2004
이영찬, 「유가의 불평등 이론」, 『동양사회사상』 1: 161-194, 1998
______, 「유가의 국가관」, 『동양사회사상』 2: 79-101, 1999
______, 「리기론적 패러다임으로 본 유교 사회학」, 『동양사회사상』 6: 81-111, 2002
______, 「리기론적 세계관과 사회이론」, 『동양사회사상』 10: 59-88, 2004
이현지, 「음양론의 여성학적 함의」, 『동양사회사상』 4: 255-275, 2001
______, 「동양사회사상과 새로운 세계관의 모색」, 『동양사회사상』 16: 15-32, 2007
______, 「『주역』과 탈현대 가족 여가의 '즐거움'」, 『동양사회사상』 21: 45-69, 2010a
______, 「동양사상의 관점에서 본 한국 노인복지의 현주소」, 『동양사회사상』 22: 145-174, 2010b
장윤수, 「자유의 스승 장자」, 『동양사회사상』 3: 265-291, 2000
______, 「현대신유가의 현대화 이론」, 『동양사회사상』 4: 111-128, 2001
정재걸, 「신자유주의와 전통적 자유의 개념」, 『중등우리교육』 102: 40-45, 1998
______, 「유가 교육 사상의 탈근대적 의미」, 『동양사회사상』 2: 127-162, 1999

______, 「전통 교육, 근대 교육, 탈근대 교육」, 『동양사회사상』 6: 133-168, 2002

______, 「복기초(復其初)의 의미에 대한 일 고찰」, 『동양사회사상』 11: 35-57, 2005

______, 「나는 누구인가?: '唯識 30頌'의 경우」, 『교육철학』 32: 245-273, 2007a

______, 「노인을 위한 죽음준비교육 프로그램 개발 연구」, 『동양사회사상』 16: 197-236, 2007b

______, 「한국 전통사상과 수행과 낙도로서의 노동」, 『한국학논집』 38: 145-169, 2009

최봉영, 「'사회' 개념에 전제된 개체와 전체의 관계와 유형」, 『동양사회사상』 1: 79-104, 1998

______, 「성리학적 인간관과 인본주의」, 『동양사회사상』 2: 31-77, 1999

최석만, 「사회윤리로서의 합리주의와 유교의 비교」, 『동양사회사상』 1: 133-160, 1998

______, 「유교사상과 민주주의의 접합을 위한 이론 구성 및 방법론」, 『동양사회사상』 2: 5-29, 1999

______, 「공(公)과 사(私)」, 『동양사회사상』 5: 5-21, 2002

허재윤, 「르네상스 휴머니즘의 종교적 의의」, 신오현 외 6인 공저, 『르네상스 휴머니즘의 현대적 의의』, pp. 130-185, 영남대학교 출판부, 1990

장회익, 「우주생명과 현대인의 암세포적 기능」, 김종철 편, 『녹색평론선집1』, pp. 115-133, 녹색평론사, 1993

정성원, 「전통, 근대, 탈근대의 결합」, 『동양사회사상』 9: 81-108, 2004

최우영,「긴장과 갈등의 유교」,『동양사회사상』 7: 97-130, 2003
홍승표,「깨달음의 사회학을 위한 시론」,『동양사회사상』 5: 23-63, 2002
______,「통일체적 세계관과 늙어 감에 대한 새로운 인식」,『동양사회사상』 9: 5-30, 2004
______,「유교 여가관의 탈현대적 함의에 대한 연구」,『한국학논집』 34: 251-270, 2007
______,「유교사상을 통해 본 다문화사회」,『철학연구』 107: 19-89, 2008
______,「동양사상과 수행과 낙도로서의 블랙잭」,『여가학연구』 6권 2호: 15-30, 2008
______,「동양사상과 복지 주체로서의 노인」,『사회과학논총』 28집 1호: 433-445, 2009

4. 중국단행본

勞思光, 정인재 옮김,『中國哲學史』, 탐구당, 1987
蒙培元,『中國哲學主體思惟』, 北京: 東方出版社, 1993

5. 서양문헌

Blake, William, 김종철 옮김,『天國과 地獄의 結婚』, 민음사, 1974
Bronowski, J. and Bruce Mazlish, 차하순 옮김,『西洋의 知的 傳統』, 학연사, 1986

Burckhardt, Jacob, The Civilization of the Renaissance in Italy, New York: Harper & Row, Publishers, 1958
Capra, Fritjof, 이성범 · 구윤서 옮김, 『새로운 科學과 文明의 轉換』, 범양사출판부, 1985
Chang, Garma C. C., 이찬수 옮김, 『華嚴哲學』, 경서원, 1998
Darwin, Charles R., 이민재 옮김, 『種의 起源』, 을유문화사, 1983
Eckhart, Meister, 이민재 옮김, 『마이스터 에크하르트 1 · 2』, 다산글방, 1994
Eliot, Thomas Sterns, The Waste Land, London: Faber and Faber, 1971
Emerson, Ralph Waldo, 이창배 옮김, 『에머슨 隨想錄』, 서문당, 1973
Feuerbach, Ludwich Andreas, 김쾌상 옮김, 『기독교의 본질』, 까치, 1992
Fromm, Erich, 이종오 옮김, 『자유로부터의 도피』, 계명대학교 출판부, 1998
Hobbes, Thomas, Leviathan, Indianapolis, Indiana: Hackett Publishing Company, Inc., 1994
Johnston, William, 이원석 옮김, 『禪과 기독교 신비주의』, 대원정사, 1993
Kaufman, Barry Neil, 최영희 옮김, 『이들 일어나다』, 열린, 2003
Laurent, Alain, 김용민 옮김, 『개인주의의 역사』, 한길사, 2001
Locke, John, 강정인 · 문지영 옮김, 『통치론』, 까치, 1996
Lukacs, Georg, 박정호 · 조만영 옮김, 『역사와 계급의식: 마르크스주의 변증법연구』, 거름, 1999
Malthus, Thomas R., 이민재 옮김, 『인구론』, 대양서적, 1972
Marx, Karl and Friedrich Engels, The German Ideology, Karl

Marx and Frederick Engels Collected Works Vol. 5, Moscow, U.S.S.R.: Progress Publishers, 1984

______________________________, Manifesto of the Communist Party, Karl Marx and Frederick Engels Collected Works Vol. 6, Moscow, U.S.S.R.: Progress Publishers, 1984

Mirandola, Giovanni Pico della, "Oration on the Dignity of Man", In The Renaissance Philosophy of Man, edited by Ernst Cassirer, Paul Oskar Kristeller, and John Herman Randall, Chicago: The University of Chicago Press, 1948

Popitz, Heinrich, 「史的唯物論의 哲學的 기초」, 김창호 편역, 『마르크스의 人間觀』, 동녘, 1983

Rousseau, Jean Jacques, 정영하 옮김, 『사회계약론』, 산수야, 2005

Thich, Nhat Hanh, Being Peace, Berkeley, California: Parallax Press, 1987

________________, Peace is Every Step - The Path of Mindfulness in Everyday Life, Bantam Books, 1992

________________, 박혜수 옮김, 『틱낫한의 사랑의 가르침』, 열림원, 2003

Timasheff, Nicholas S. and George A. Theodorson, 박재묵·이정옥 옮김, 『사회학사: 사회학 이론의 성격과 발전』, 풀빛, 1976

Tolle, Eckhart, 류시화 옮김, 『Now』, 조화로운 삶, 2008a

____________, 노혜숙·유영일 옮김, 『지금 이 순간을 살아라』, 양문, 2008b.

Veblen, Thorstein, 김성균 옮김, 『유한계급론』, 우물이있는집, 2005.

Weber, Max, 김상희 옮김, 『프로테스탄트 윤리와 자본주의 정신 - 금욕과 탐욕 속에 숨겨진 역사적 진실』, 풀빛, 2006.

Westby, David L., The Growth of Sociological Theory: Human Nature, Knowledge, and Social Change, New Jersey: Prentice Hall, 1991

Wu, John C. H., 류시화 옮김, 『禪의 황금시대』, 경서원, 1986

Young, Robert, 「맬더스와 진화론자들」, 김영식 편, 『근대사회와 과학』, pp. 206-245, 창작과 비평사, 1989

Zeitlin, Irving, 이경용·김동노 옮김, 『사회학 이론의 발달사』, 한울아카데미, 1985

6. 기타

무로타니 츠네조, 이소라 옮김, 『만화 세계사 1: 인류의 출현과 고대문명의 발생』, 삼성출판사, 2007

歷史敎育者協議會 편, 양인실 옮김, 『나만 모르는 유럽사』, 모멘토, 2004

淸水正德, 한마당 편집부 옮김, 『노동의 의미』, 한마당, 1983

통계청 보도자료, 「2009년 혼인통계 결과」, 2010년 3월 24일

7. 인터넷 사이트

http://agendanet.co.kr/zb41pl7/bbs/zboard.php?id=world_poll&no=19, 아젠다넷

http://www.kostat.go.kr/nso_main/nsoMainAction.do?method=main&catgrp=nso2009, 통계청

http://kosis.kr/nsportal/wnsearch/totalSearch.jsp 『인구동향조사: 인구동태건수 및 동태율 추이』 통계청

http://news.naver.com/main/read.nhn?mode=LSD&mid=sec&sid1=102&oid=003&aid=0003104629, <이스라엘 이야기> 다문화 공동체 유대인, 기사입력 2010년 2월 24일

http://www.silvernetnews.com/index.php?inc=newsview&no=4913&s=16&page=7, 『Silvernet News』 2008년 10월 28일자

http://kin.naver.com/qna/detail.nhn?d1id=6&dirId=611&docId=62954214&qb=7IOd7YOc6rOE67aV6rS0&enc=utf8&section=kin&rank=2&sort=0&spq=0&pid=guHHag331y8ssvQi5xlssv--348168&sid=TC55FX5wLkwAADfZI1g 네이버 지식인

http://kin.naver.com/qna/detail.nhn?d1id=11&dirId=110307&docId=37836141&qb=7Jm466qo7KeA7IOB

7KO87J2Y&enc=utf8&section=kin&rank=2&search_sort=0&spq=0&pid=g44YWv331xhsstAEKXKssv--422809&sid=TIIvtFULgkwAABimLG0 외모지상주의

http://blog.naver.com/monkey_biz?Redirect=Log&logNo=100009967415 성형실태조사

http://www.hani.co.kr/arti/international/america/177349.html 세계최고 감옥국가 미국

찾 아 보 기

ㄱ

ㄴ

ㄷ

ㄹ

ㅁ

ㅂ

ㅅ

ㅇ

ㅈ

ㅋ

ㅌ

ㅍ

ㅎ

동양사상과 탈현대적 삶

2011년 6월 23일 초판1쇄 발행
2012년 8월 30일 초판2쇄 발행

〔값 25,000원〕

저 자 홍 승 표
발행인 신 일 희
발행처 계명대학교출판부
등록 · 1970. 9. 1. (신고번호 제347-1998-1호)
주소 · 대구광역시 달서구 달구벌대로 1095
전화 · 053-580-6233 팩스 · 053-580-6235

ISBN 978-89-7585-555-9 93150